{ 31명의 현장 교육전문가들이 제시하는
미래 교육의 전망과 해법 }

2026 대한민국 미래 교육 트렌드

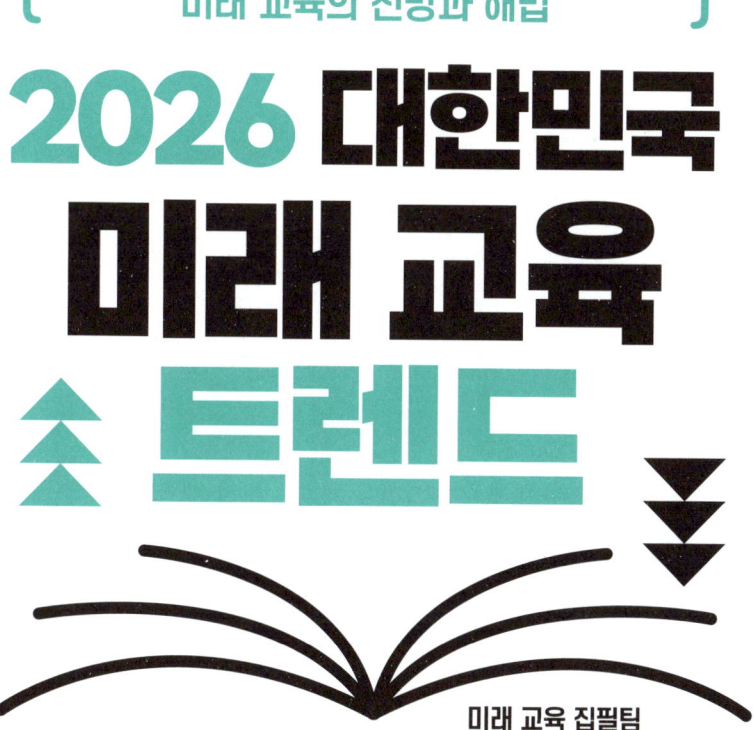

미래 교육 집필팀

뜨인돌

▶▶▶ 여는 글

교사의 '조용한 퇴직', 그리고 우리가 지켜야 할 교실

(사)교사크리에이터협회 회장, 충청남도교원단체총연합회 회장
이준권

2024년 한 해 동안 9,194명의 교사가 정년을 채우지 못한 채 학교를 떠났다. 역대 최다 기록이다. 지난 5년간(2020-2024년) 중도 퇴직한 교사는 총 36,386명에 달하며, 특히 5년 차 미만 젊은 교사들의 중도 퇴직은 2020년 290명에서 2024년 380명으로 31%나 급증했다. 정년퇴직보다 명예퇴직 또는 의원면직으로 학교를 떠나는 교사가 압도적으로 많은 것이 오늘날 교육계가 맞닥뜨린 현실이다.

교사들은 왜 학교를 떠나는 것일까. 전국교직원노동조합이 2024년에 실시한 '교사 직무 관련 마음건강 실태조사' 결과에 따르면, 교사의 76.1%가 업무로 인한 소진을 경험했고, 67.3%는 우울 증상을 겪고 있다고 한다. 이는 일반 성인 집단의 6배가 넘는 충격적인 수치이다. 교사 대부분이 직무 수행과정에서 심각한 정신적 위협을 겪고 있으며, 이것이 교사들을 학교 밖으로 내모는 주요 요인으로 작용하고 있다.

그러나 더 심각한 현실은 따로 있다. 사직서를 제출한 교사보다 훨씬 더 많은 이들이 선택한 길, 바로 '조용한 퇴직 Quiet Quitting'이다. '조용한 퇴직'이란 실제로 사직하지는 않지만 최소한의 업무만 처리하며, 추가적 노력을 회피하려는

태도를 일컫는다. 다시 말해 대한민국의 많은 교사들은 여전히 교실에 머물러 있지만, 그들의 마음은 이미 학교를 떠난 상태인 것이다.

한편, 2026년은 대한민국 교육에 있어 또 하나의 중대한 분기점이 될 것으로 전망된다. 의대 정원 회귀, AIDT 정책의 실패와 개선 과제, 고교학점제의 수정 보완과 교사 정원 감축, 그리고 청소년의 정신건강 문제와 사회정서교육의 강화 등 교육 현장을 뒤흔들 중대한 변화들이 한꺼번에 맞물리는 시기이기 때문이다. 교육의 외적 환경과 내적 토대가 동시에 흔들리는 가운데, 교사들의 '조용한 퇴직'은 단순한 개인적 태도의 변화가 아니라 우리 교육의 미래를 위협하는 중요한 징후라 할 수 있다.

이에 따라 이 글에서는 교사들의 조용한 퇴직 현상이 지닌 의미를 짚어보고, 다가올 2026년 교육계의 변화를 전망한 뒤, 두 흐름이 어떻게 교차하며 새로운 전환점을 만들어갈 수 있을지 논의해보고자 한다.

교사들의 조용한 퇴직 : 1. 방어적 수업의 일상화

교사들의 조용한 퇴직은 실제 학교 현장에서 매우 복합적인 양상으로 나타나며, 그중 가장 두드러진 현상이 방어적 수업의 일상화다. 교육활동에 대한 통제력을 상실했다고 느낀 교사들이 생존을 위해 방어적 태도를 취하고, 그 결과 수업 운영 전반이 위축되는 것이다. 미국의 교육학자 맥닐 L. M. McNeil은 이러한 '방어적 수업 Defensive Teaching'이 네 가지 형태로 구체화된다고 설명한다.

① 단편화: 복잡한 주제를 단순한 사실들로 작게 쪼개거나 연결고리를 제거하여 단편적인 내용만 제시하기
② 신비화: 논의의 여지가 있는 주제 토론을 막기 위해 "나중에 알게 될 것"이라며 신비한 것처럼 다루기
③ 생략: 논란이 될 만한 주제를 아예 다루지 않기
④ 방어적 단순화: 깊숙이 들어가지 않고 간단하게 넘기거나 정답이 명확한 문제 풀이에만 집중하기

네 가지 모두 교사가 학생이나 학부모의 문제 제기를 피하고 자신을 보호하기 위한 방법이라는 공통점이 있다. 이제 교사들은 더 이상 수업을 확장하거나 새롭게 설계하려 하기보다는, 무난한 방식으로 운영하는 것이 안전하다고 생각한다. 학생 참여형 수업, 프로젝트형 수업 등 혁신적 시도를 하지 못하고, 오히려 과거의 전통적인 교수법으로 후퇴하는 경우도 잦다. 20년 차 교사인 필자 역시 마찬가지다. 10년 전만 해도 활발한 토론 수업과 야외체험학습을 즐겼다. 하지만 학부모의 항의를 받은 이후 교과서 중심 수업으로 운영방식을 바꿀 수밖에 없었다.

이런 상황 속에서 2025년 2월, 현장체험학습 도중 발생한 교통사고와 관련해 인솔교사에게 금고 6개월에 집행유예 2년을 선고한 사건은 교사들을 더욱 얼어붙게 만들었다. 더구나 교권 침해 사건의 41.3%가 학부모에 의해 발생하고, 그 중 38.5%가 무고성 아동학대 신고라는 현실을 감안하면, 교사들이 방어적 태도를 취하게 되는 것은 어쩌면 당연한 결과다.

교사들의 조용한 퇴직 : 2. 학생과의 정서적 단절

조용한 퇴직의 또 다른 양상은 바로 '친절한 무관심'이다. 교사들이 관계 맺기를 부담스럽게 느끼며, 최소한의 소통만 유지하려 하는 모습을 보이는 것이다. 예전에는 학생이 그린 그림을 보며 "와, 정말 잘 그렸네! 선생님 책상에 붙여놓아도 될까?"라고 칭찬하곤 했지만, 이제는 "네, 잘했어요"로 간단히 마무리하는 경우가 많다. 특정 학생의 작품을 칭찬했다가 차별 논란에 휩싸인 경험이 영향을 준 결과다.

생일 축하 노래를 부르며 간식을 나눠 먹던 학급 생일잔치도, 하이파이브 같은 격려의 스킨십도 줄어들었다. 혹시 모를 항의와 오해를 예방하기 위해서다. 학급 단톡방 역시 예전과 달리 거의 사용되지 않는다. 몇 년 전만 해도 많은 교사들이 온라인으로 학부모 또는 학생들과 활발히 소통했지만, 사소한 텍스트나 사진 하나로 인해 문제가 불거지는 일이 반복되면서 이제는 거의 찾아볼 수 없게 되었다.

한 동료 교사는 이렇게 털어놓는다. "모든 아이를 똑같이 대하려다 보니 결국 누구에게도 특별하지 않은 선생님이 되어버렸어요. 로봇처럼 일관되게 대하는 게 가장 안전한 방법이죠." 이와 같은 정서적 단절은 교사와 학생 모두에게 상처가 되고 있다. 교사는 교육자로서의 보람을 잃고, 학생들은 인격적 성장의 기회를 놓치고 있으며, 교실은 점점 학습 내용 전달에만 집중하는 공간으로 변하고 있다.

이와 같은 현상은 단순히 교사 개인의 성향 문제가 아니라, 과중한 민원과 불신, 교권 침해 상황 속에서 스스로를 보호하기 위한 집단적 대응 방식이라 할 수 있다. 결국 조용한 퇴직은 교직 사회 전체가 겪는 구조적 피로의 집약적 표현이다. 교사들은 떠나지 않고 남아 있으면서도, 더 이상 소진되지 않기 위해 물러서고 있는 것이다.

희망의 신호 : 회복과 연대를 향한 움직임

그렇다고 해서 교사들의 현실이 오직 방어적 퇴행과 단절만으로 채워져 있는 것은 아니다. 최근 들어 의미 있는 변화의 조짐도 나타나고 있다. 교권 5법 개정으로 악성 민원으로부터 교사를 분리하는 시스템이 구축되었고, 무고성 아동학대 신고에 대한 법적 방어막이 생겼다. 법적으로 교사의 정당한 교육활동을 지켜주는 장치들이 마련되면서, 최소한의 심리적 안정을 보장하는 시도가 이어지고 있는 것이다.

또한 교원단체들의 연대가 과거보다 훨씬 강해졌다. 특정 사건이나 정책 앞에서 흩어지던 목소리가 하나로 모아져, 지난 6월 14일 故 현○○ 선생님의 추모집회에서 한국교총, 교사노조, 전교조가 손을 맞잡았다. 전국 92개 교원단체가 한목소리로 "교사도 사람입니다"를 외쳤는데, 이는 교사들이 개별적으로 방어하기보다는, 함께 목소리를 내는 방식으로 전환하고 있음을 보여준다.

또한 전국 단위의 교사 학습공동체가 활발히 활동하고 있다. ㈔교사크리에이터협회는 정회원 500여 명, 온라인 활동 교사 2,700여 명이 함께하는 전국 최대 규모의 자발적 전문적 학습공동체로 성장했으며, 참쌤스쿨, 컴퓨팅교사협회ATC, 몽당분필, 책쓰샘, 좋아서하는어린이책연구회 등도 활발히 활동 중이다. 이런 전국 단위 교사 학습공동체는 교사들의 시야를 넓히고, 조용한 퇴직을 선택했던 이들에게 다시 열정을 불어넣고 있다. 교사들이 방어적 태도에 머물지 않고 새로운 힘을 비축하는 과정을 경험하도록 이끌고 있다.

조용한 퇴직의 역설적 진실 : 적응적 휴식으로서의 회복

주목할 점은 조용한 퇴직이 반드시 부정적 현상만은 아니라는 사실이다. 교사들의 소극적 태도 속에는 '교육의 본질'을 다시 회복하고 싶다는 갈망이 숨어 있다. 무의미한 행정업무나 소모적 민원 응대 속에서 지친 교사들이 최소한의 업무만 수행하며 에너지를 비축하는 모습은, 생태학에서 말하는 '적응적 휴식'과 닮아 있다. 겉으로는 활동을 줄인 듯 보여도, 이는 새로운 출발을 위한 에너지 충전이며, 적절한 회복과 지원이 주어진다면 다시 활력을 얻을 수 있는 전략이다.

실제로 서울대학교 연구팀의 연구(이승현·신다희·임문영, 2025)에서도 주목할 만한 발견이 있었다. 서이초 사건 이후 부정적 교직 태도를 가진 교사가 17%에서 30.2%로 급증하긴 했지만, 그럼에도 여전히 24.2%의 교사들은 긍정적 태도를 유지하고 있었다는 점을 확인한 것이다. 한 15년 차 교사는 "최소한만 하려고 해도 아이들 얼굴을 보면 마음이 아파요.. 더 해주고 싶은데 못 하는 게 더 괴롭습니다"라고 토로했고, 또 다른 10년 차 교사는 "작년엔 정말 그만두고 싶었지만, 올해 새로운 동료들과 교권보호제도를 경험하며 다시 힘이 나기 시작했습니다. 제 안에 교사로서의 열정이 아직 남아 있더라고요"라고 말했다. 이처럼 조용한 퇴직은 개인의 나약함이 아니라, 혹독한 환경 속에서 회복을 준비하는 전략적 선택이다. 그 회복의 불씨를 지피는 것이 우리 모두의 과제다.

2026년 교육계의 변화 : 구조적 전환의 도래

그렇다면 2026년, 대한민국 교육계에는 어떤 변화가 예고되고 있을까?

첫째, 의대 정원의 원점 회귀다. 그러나 자연계 상위 20위 이내 학과의 목록을 모두 의대가 차지하고 있는 현실은 변하지 않았다. OECD 보고서가 지적했듯, 대한민국은 AI 인재 유출 규모가 세계 4위 수준에 이르렀고, 이는 우수 인재가 의사 등 특정 직업군으로 쏠리면서 미래 산업 분야의 경쟁력이 약화된 결과이기도 하다. 이러한 현상은 장기적으로 국가 혁신 역량과 산업 경쟁력에도 심각한 영향을 미칠 수 있다.

둘째, 청소년의 정신건강 문제가 교육 현안의 중심으로 떠올랐다. 학업 부담, 관계 문제, 디지털 환경 속에서 불안과 우울이 심화되고 있기 때문이다. 질병관리청의 2024년 청소년 건강행태 조사 결과에 따르면, 중학생의 37.5%가 극심한 스트레스를 호소하고 있고, 26.5%가 우울감을 경험했다고 한다. 특히 여학생의 스트레스 인지율은 46.8%로 남학생(28.5%)보다 18%p나 높았다. 중학교 3학년 여학생의 자살 시도율이 4.0%에 달한다는 것은 25명 중 1명이 자살을 시도했다는 의미로 이는 청소년의 정신건강 위기가 단순한 개인 문제를 넘어 사회 문제로 확산되고 있음을 보여준다.

셋째, 초등교사 정원은 감축, 중등교사 정원은 증원되었다. 2026학년도 초등교사 정원은 전년에 비해 1,159명 감축되었다. 늘봄지원실장 채용 때문에 일시적으로 늘렸던 2025학년도 선발 인원을 즉시 이전으로 돌린 것이다. 중등 교과 신규교사 선발 규모는 7,147명, 2025학년도에 비해 1,643명 증가했다. 교육부는 "고교학점제 및 과밀학급 지원을 위한 추가 확보분 등을 반영한 것"이라고 했지만, 과거 교육부의 연구용역 보고서에 따르면 2026년 고교학점제 운영을 위한 추가 교원 수요가 제도 도입 이전보다 17.4%(현 기준 약 2만 2,000명) 더 필요하다고 분석했는데 그 수에 크게 못 미치고 있다. 실제로 전국 중·고교 학급의 84% 이상이 학생 수 21명을 초과하는 과밀학급인 상황이다. 정규교원 감축 기조 속에서 고교 교원 4명 중 1명(23.1%)이 기간제 교사로 채워지는 불안정한 교육 환경이 지속되고 있으며(《한국교육신문》, 2025.10.1), 이로 인해 교사들은 과중한 업무 속에 교육의 질 저하와 소진 위험이 함께 높아지고 있다.

넷째, 고교학점제의 이상과 현실의 충돌이다. 2025년 전면 시행된 고교학점제는 졸업 기준을 204단위에서 192학점으로 조정하고, 교과 174학점(필수 84학점, 자율 90학점), 창의적 체험활동 18학점으로 구성하여 학생들의 선택권을 보다 확대했다. 그러나 정책이 의도한 것과 달리, 학생과 교사 모두에게 막대한 부담을 안겼다. 학생들은 한 학기에 최소 30개 이상, 연간 100개가 넘는 수행평가를 치러야 하는 상황이며, 최소 성취수준 보장 지도에서는 출석률 2/3 이상, 학업 성취율 40% 이상을 기준으로 제시했지만, 이를 관리해야 하는 교사들의 부담은 기하급수적으로 증가했다.

또한 내신 5등급제 도입으로 상위 10%가 1등급, 다음 24%가 2등급, 32%가 3등급을 받게 되었다. 기존 9등급제에서 1등급이 4%였던 것과 비교하면 등급 간 변별력은 줄었지만, 대학들이 새로운 변별 요소를 찾으면서 오히려 불확실성은 커진 상황이다.

다섯째, AI디지털교과서 AIDT의 지위 변동이다. 교육부는 2023년 6월 AIDT 시범 서비스 계획을 발표하고, 2024년 검정 심사를 거쳐 2025년 3월 정식 도입을 추진했으나, 채택률은 30%대에 그쳤다. 한편, AIDT를 '교과서'가 아닌 '교육자료'로 재분류하는 초·중등교육법 개정안은 정부의 재의 요구로 한 차례 무산되었다가, 2025년 6월 재추진되어 8월 최종 확정되었다.

여섯째, 한국형 사회정서교육의 현장 안착이다. 미국 뉴욕시 공립학교는 모든 학년에 사회정서교육 프로그램을 의무 적용했고, 그 결과 학업 성취도가 평균 11% 향상되고 정서·행동 문제는 10% 감소했다. 우리나라에서도 2025학년도부터 '한국형 사회정서교육'이 시행되었고, 초등 저학년, 초등 고학년, 중학교, 고등학교의 4단계로 구분하여 단계별 연간 6차시씩 운영되고 있다.

일곱째, 정답 교육을 넘어서는 패러다임 전환이다. 일론 머스크가 2014년 설립한 실험학교 '애드 아스트라Ad Astra'는 학년 구분 없이 7~14세 학생들이 프로젝트 기반 학습을 수행한다. 타일러 코웬은 대학 교육의 상당 부분을 AI 활용 교육으로 전환해야 한다고 주장한다. 이들이 제시하는 것은 지식 암기가 아닌 비판적 사고와 창의적 문제 해결의 중요성이다.

교육 현장의 위기는 새로운 시스템 도입을 촉발했고, AI 기술의 도입이 교육 철학의 재정의를 요구하고 있다. 2026년은 이 모든 변화가 교차하며 충돌하고 융합하는 변곡점이 될 것이다. 다만, 분명한 것은 과거로의 회귀는 불가능하다는 사실이다. 의대 쏠림을 막을 수 없다면 다양성을 인정하는 구조를 만들어야 하고, 고교학점제의 문제를 완전히 해결할 수 없다면 현실에 맞는 보완책을 찾아야 한다. AIDT가 실패했다면 새로운 방식의 디지털 교육을 모색해야 하며, 정답 중심 교육이 한계에 봉착했다면 평가 체계 자체를 재설계해야 한다. 2026년 대한민국 교육은 새로운 지형도 위에서 길을 찾아야 한다.

변화와 교사의 회복 : 조용한 퇴직에서 출발점 찾기

그렇다면 중요한 질문이 남는다. 과연 이러한 변화를 누가, 어떻게 이끌어 갈 것인가? 정책은 제도적 틀을 만들 수 있지만, 그 틀을 채우고 실제로 교육 현장에 뿌리내리게 하는 주체는 바로 교사들이다. 그러나 교사들이 조용한 퇴직으로 물러서 있는 현실에서는, 어떤 변화도 제대로 이루어지기 어렵다. 교사의 회복과 연대 없이는 2026년의 변화도 단지 '이론적 정책'에 머물 수밖에 없다.

조용한 퇴직은 단순한 체념이 아니다. 교육의 본질을 지키고자 하는 교사들의 내면적 외침이며, 자신만의 속도로 회복을 모색하는 시간이다. 수십만 교사가 학교를 지키며 묵묵히 회복을 이어가고 있다. 그리고 이 회복이야말로 변화의 기초가 된다.

조용한 회복이 만드는 새로운 힘

변화는 이미 시작되었다. 교권 5법이 현장에 자리 잡고 있으며, 92개 교원단체가 손을 맞잡았다. 전국 곳곳에서 교사 학습공동체가 부활하고, 학부모와 교사가 함께 아이들을 위해 머리를 맞대는 사례도 늘어나고 있다.

무엇보다 중요한 것은 교사들 스스로의 자각이다. "우리가 먼저 우리를 지켜야 한다"라는 자각, "혼자가 아니라 함께"라는 연대의식, "포기하지 않고 조금씩 나아간다"라는 희망. 이것이 조용한 퇴직의 시대를 넘어서는 힘이다.

이제 우리가 할 일은 분명하다.

교사는 자신을 먼저 돌보아야 한다. 도움을 요청하고, 동료와 연대하며, 필요하다면 잠시 거리를 두는 것도 괜찮다.

학교 관리자는 무리한 민원을 차단하고 교육활동 침해에 단호히 대응해야 한다. 교육 당국은 선언이 아닌 실천으로, 전문상담교사 배치 확대와 악성 민원 대응 시스템 구축을 서둘러야 한다.

학부모와 사회는 교사를 서비스 제공자가 아닌 교육전문가로, 일방적 요구가 아닌 협력의 대상으로 바라봐야 한다.

조용한 퇴직은 끝이 아니라 전환점이다. 상처받은 교사들이 조용히 회복하고, 지친 교사들이 다시 일어설 때, 학교는 다시 희망의 공간이 될 것이다.

"교사가 행복해야 아이들도 행복하다."

이것은 구호가 아니라 진실이다.

조용한 퇴직에서 '뜨거운 열정'으로의 대전환. 2026년 대한민국 교육의 미래는 바로 지금, 우리의 선택에 달려 있다.

혼란은 변화의 신호이고, 균열은 새로운 시작의 틈이다. 실패는 더 나은 길을 찾는 나침반이 된다. 이 책은 험난하지만 희망적인 여정의 지도가 되어, 교사와 학생, 학부모와 정책 입안자 모두가 함께 그려나갈 2026년 교육의 새로운 풍경을 보여주고자 한다.

▶▶▶ **차례**

여는 글   교사의 '조용한 퇴직', 그리고 우리가 지켜야 할 교실   이준권 … 4

▶▶▶ 1부. 흔들리는 교실, 교육의 본질을 다시 묻다

01 2025 대한민국 국정 과제, 각자의 가능성을 키우는 교육   윤지선 … 18
02 속도의 시대, 교육의 본질과 방향성 – 성찰에서 미래로   윤성호 … 28
03 의대 공화국에서 인재 강국을 다시 그리다   하유정 … 39
04 부모의 불안이 만든 교육생태계   김성곤 … 51
05 선생님은 왜 학교를 떠나는가   류성창 … 61
06 교실 안의 '다른 얼굴', 공존을 위한 새로운 교육을 상상하다   박만재 … 72
07 경계선의 아이들   김상현 … 84
08 '한국형 사회정서교육'은 학생들의 마음건강 문제를 해결할 수 있을까?   김태훈 … 97

▶▶▶ 2부. 고교학점제와 내신 5등급제, 선택의 명과 암

01 선택은 자유인가, 부담인가 – 고교학점제가 바꾸는 학교 풍경   이승우 … 114
02 고교학점제의 뜨거운 감자, 최소 성취수준 보장 지도   배혜림 … 126
03 고교 내신 5등급제의 평가 기준을 살펴본다   이도영 … 138
04 수행평가 논란, 그 해법은?   정태진 … 150
05 캐나다에서 고교학점제의 방향을 묻다   마영실 … 158
06 시·공간을 넘어 배움을 확장하는 경기이음온학교   임현우 … 172

▶▶▶ 3부. AI 시대, 교육의 방향을 바꾸다

01 'SKY 캐슬'은 무너졌다 – AI가 다시 쓰는 엘리트의 조건 강경욱 … 186
02 AI 리터러시, 미래 항해의 돛 김용욱 … 196
03 AI 시대 진로교육, 미래를 설계하다 김원배 … 210
04 기술의 시대, 감정의 언어를 배우다 강보람 … 221
05 AIDT, 실패를 딛고 차세대 교육 플랫폼으로 조재범 … 233
06 디지털 문해력을 넘어 AI 문해력으로 손민지 … 244
07 AI의 시대, 우리 아이는 가짜와 진짜를 구별할 수 있을까? 박한솔 … 253

▶▶▶ 4부. 미래 교육의 실험실, 새로운 패러다임을 설계하다

01 정답 교육의 종말, 주도성과 도전지능을 살리는 미래의 교육 서지예 … 268
02 1~2학년군 체육(신체활동 중심) 교과 신설과 나아가야 할 방향 국승옥 … 280
03 에듀테크 수업을 더 가치 있게 만드는 방법, TPACK 유일환 … 290
04 놀이로 키우는 미래 핵심 역량 서은철 … 299
05 워크맨에서 Suno까지, 수학으로 노래하는 아이들 김성문 … 313
06 해외 교육 교류 기회! 아는 만큼 가까워집니다 권기정 … 319
07 일본이 그리는 미래 교육,
　　자유진도 학습과 교사 업무개혁 우스이 유타(薄井 祐太), 이경배 … 329

참고자료 … 346

2026 대한민국 미래 교육 트렌드

판

흔들리는 교실, 교육의 본질을 다시 묻다

윤지선	2025 대한민국 국정 과제, 각자의 가능성을 키우는 교육
윤성호	속도의 시대, 교육의 본질과 방향성 – 성찰에서 미래로
하유정	의대 공화국에서 인재 강국을 다시 그리다
김성곤	부모의 불안이 만든 교육생태계
류성창	선생님은 왜 학교를 떠나는가
박만재	교실 안의 '다른 얼굴', 공존을 위한 새로운 교육을 상상하다
김상현	경계선의 아이들
김태훈	'한국형 사회정서교육'은 학생들의 마음건강 문제를 해결할 수 있을까?

2025 대한민국 국정 과제, 각자의 가능성을 키우는 교육

윤지선

경기도교육청 소속 초등교사
전국교사작가협회 '책쓰샘' 대표
(사)교사크리에이터협회 집필팀장
한국교원단체총연합회 정책위원, 교사권익위원

함께 만들어가는 진짜 대한민국

대한민국은 '교육'으로 세워진 '교육 공화국'이다. 국민 모두가 1년에 한 번 치러지는 수능일을 알고 있으며 수능시험 당일 영어 듣기 평가 시간에는 비행기 이·착륙까지 금지되는 나라다. 교육이 계층 이동의 사다리 역할을 톡톡히 하였으며 교육의 힘으로 대한민국은 선진국의 반열에 올랐다. 교육만이 살길이라는 오랜 믿음 속에서 부모들은 태교부터 시작해 자녀 교육에 열과 성을 다하고, 투자를 아끼지 않는다. 이렇게 국민들이 '교육'에 지대한 관심을 쏟는 나라가 전 세계에 또 있을까?

새 정부가 들어섰다. 2025년 8월 13일. 모두의 관심 속에 드디어 2025년 국정기획위원회 국민보고대회의 '국정운영 5개년 계획'이 발표되었다. 향후 5년간 추진될 국가정책의 종합 청사진 속 교육의 모습은 어떻게 그려졌을까?

각자의 가능성을 키우는 교육

새 정부는 123개의 국정 과제를 제시했고 '교육' 분야는 '각자의 가능성을 키우는 교육'이라는 큰 비전 아래 국가 핵심 전략의 위치를 차지하고 있다.

01 AI 디지털 시대 미래 인재 양성	02 공교육 국가 책임 강화	03 학교 자치와 교육 거버넌스 혁신	04 지역의 교육력 제고
초·중·고 AI 활용 교육 강화	기초학력 보장 및 영유아 교육 보육지원 확대	민주시민교육 강화	서울대 10개 만들기 추진
대학(원)을 통한 AI 인재 양성	온동네초등돌봄 도입	민주적인 학교 운영 기반 마련	지역 중심 대학 지원체계 (RISE) 재구조화
성인 AI 재교육 확대	특수교육 여건 개선	교사의 교육활동 보호	열린 평생·직업 교육 체계 구축
AI 역량의 기반인 기초 인문학교육 강화	학생 마음건강 지원 강화	국가교육위원회의 숙의·공론화 기능 강화	지역 실정에 맞는 다양한 학교 모델 개방

출처_ 2025 국정기획위원회 국민보고대회

주요 교육정책 비전 및 원칙

AI·디지털 시대 미래 인재 양성

인공지능(AI)과 디지털 역량은 미래사회 대한민국의 힘이 될 것이다. 새 정부는 초등학생부터 성인까지 누구나 AI 교육을 받을 수 있는 환경을 조성하고 AI를 기반으로 기초·인문교육을 강화한다. 대학 및 대학원을 통해 AI 핵심 인재 양성체계를 마련하며 AI 활용을 통한 평생학습 시스템을 구축할 계획이다.

공교육 국가 책임 강화

교육은 누구에게나 공평하게 시작되어야 한다는 '출발선 평등'을 보장하기 위해 '공교육의 국가 책임'을 대폭 강화한다. 지역·계층·장애·다문화 등 다양한 요인에서 비롯되는 교육격차를 해소하고 온동네초등돌봄·교육 정책을 도입한다.

영유아 교육 및 보육 지원을 확대하고 취약가정, 농산어촌, 특수교육 대상까지 교육복지망을 촘촘히 확충하며 학생 마음건강을 지원·강화한다. 특히 지난 정부에서 강조했던 '늘봄학교'에 대한 보완책으로 지역 인프라를 활용해 돌봄과 교육을 제공하겠다는 '온동네초등돌봄' 도입이 인상적이다. 이는 늘봄학교 운영을 지방정부 중심으로 바꾸고 지역사회와 협력하는 정책이다. 교사로서 돌봄의 주체가 학교 중심에서 지방정부 중심으로 바뀐다는 것은 환영할 일이다. 하지만 아이들을 늦게까지 사회가 돌보는 시스템이 아닌 가정에서 부모가 안정적으로 보육할 수 있는 환경 조성을 위한 근로 환경 변화가 먼저라는 비판도 있다.

학교 자치와 교육 거버넌스[1] 혁신

공교육은 '민주시민 양성'을 그 목표로 한다. 이에 학교는 단순한 학력 습득의 공간을 넘어 민주시민교육의 장이 되어야 한다 이에 따라 교사·학생·학부모가 함께 참여하는 민주적인 학교 운영 기반을 마련하고 민주시민교육을 강화해 전인적 역량을 기를 수 있도록 한다. 무고성 아동학대 신고 등으로 정상적인 교육활동 침해 사례가 빈번하였기에 교사의 교육활동 보호 항목이 추가되었다. 교사의 교육활동 보호는 교권 보호뿐 아니라 안전한 학교 환경을 만들고 궁극적으로 건강한 학교문화를 조성할 수 있다. 또, 국가교육위원회의 숙의, 공론화 기능을 강화한다. 이는 주요 교육정책·제도 결정 과정에서 소수의 전문가나 관료가 주도하는 것이 아닌 각계각층의 참여를 통한 심도 있는 토론(숙의)과 공론화를 통해 사회적으로 합의된 방안을 도출함을 의미한다. 예를 들어 대입제도 개편 등의 중대한 교육정책 이슈 발생 시 시민참여단을 구성해 정제된 의견을 도출하고 사회적 합의를 이끌어내겠다는 것이다. 불확실한 미래에 대비하기 위해 국가 중심의 운영방식이 아닌 여러 교육 관련 이해 동반자들의 연대체계를 구축하는 교육 거버넌스가 이에 해당된다.

지역의 교육력 제고

서울대 10개 만들기 프로젝트, 지역중심대학 혁신(라이즈, RISE) 체계, 열린 평생·직업 교육 체계 구축, 지역 실정에 맞는 다양한 학교 모델 개발 등을 통해 수도권에 집중된 교육 기회를 전국적으로 확대하고 지역격차 해소를 위한 대학 교육과 인재 양성이 가능하도록 적극 지원한다.

---

[1] 거버넌스 Governance는 다양한 주체들이 함께 참여하여 의사결정을 하고 문제를 해결해나가는 시스템이나 과정

주요 정책 과제별 심층 해설

AI·디지털 인재 양성

새 교육정책에서 가장 주목받는 분야는 'AI와 디지털'이다. 새 정부는 국가적 차원의 AI 인재 대량 양성을 위해 초·중·고 전체 교육과정에 AI·코딩 교육을 추가하고, 대학원·평생교육기관·산업체 연계를 포함, 평생교육 차원으로 인재 훈련 체계를 세웠다. '모두를 위한 AI 시대'라는 목표 아래 미래사회 변화를 주도할 인재 육성을 실질적으로 준비하려는 점이 특징이다.

그렇다면 다른 나라는 어떻게 AI 시대를 대비하고 있을까?

미국은 AI4K12를 통해 K-12(유치원부터 고등학교까지)에 AI 교육을 도입하였다. AI4K12는 5 Big Ideas를 통해 인공지능 이해를 위한 5대 학습 분야를 정의하고 학령별 교육 목표를 제시하였다.

미국 AI4K12 이니셔티브, 초중등 AI 교육 가이드라인

주제	인식	표현·추론	학습	상호작용	사회적 영향
개념	AI는 센서를 사용하여 세상을 인식	AI는 세상을 표현하고 구조화해 추론에 사용	AI는 데이터를 통해 학습	AI와 인간의 상호작용에 많은 지식이 필요	AI는 긍정적·부정적 효과를 동시에 야기
교육 목표	• 인간 감각과 센서의 차이 이해 • 컴퓨터 인식의 작동방식과 한계 이해 • 시각·음성 등 인식 유형 파악	• 표현의 유형 파악 • 추론 알고리즘 유형 및 작동원리 이해 • 추론 알고리즘의 한계 이해	• 학습 알고리즘 유형 • 인공신경망 기초 개념 이해 • 데이터가 학습에 미치는 영향 이해 • 기계학습의 한계	• 자연어의 이해 • 감성 컴퓨팅 이해 • 상식 추론 이해 • 인간-로봇의 자연스런 상호작용	• AI 산업, 정부 등 영향력 이해 • AI의 윤리적 딜레마 및 윤리 표준 마련 • AI에 의한 일자리, 업무 변화 이해

출처_ https://fishpoint.tistory.com/4866

영국은 2017년부터 국가 교육과정에 AI 교육을 도입했다. Barefoot Computing이라는 프로그램을 통해 초등교사들이 코딩 및 컴퓨팅 교육을 효과적으로 가르칠 수 있도록 했다. 또, 국가 공공 온라인 교육자원 플랫폼으로 주로 4세부터 16세까지의 학생(유치원부터 11학년)과 교사를 위한 무료 수업자료와 교육 콘텐츠를 제공하는 Oak National Academy를 운영 중이다.

핀란드는 전 국민 대상 AI 기초교육인 Elements of AI를 제공하고 있다. 국민 1% 이상(약 5만 5천 명)에 AI 기초교육 제공을 목표로 한다.

교육격차 해소 및 공교육 강화

대한민국의 만성적인 문제 중 하나는 교육 불평등이다. 이를 타개하기 위해 ▲무상교육·돌봄 확대 ▲농산어촌 자기주도학습 지원센터 ▲지역 발전 특구와 혁신대학 육성 ▲저소득·이주·장애아 맞춤 지원 등 정부의 책임성을 크게 높였다.

이와 동시에 '기초학력 보장'을 주요 국정 과제로 명시하며 사교육비 부담 경감, 지역 간 교육격차 완화를 추진한다. Every Student Succeeds Act를 통해 농촌 및 저소득층 학생 지원을 강화하는 미국, 30시간 무료 유아교육 제공으로 조기 교육격차 해소를 도모하는 영국, 우선교육네트워크로 지정해 취약지역 학교 그룹을 집중 지원하는 프랑스의 사례처럼 교육격차 완화를 위한 공교육 강화는 우선 추진해야 할 사업으로 평가된다.

민주시민교육·학교 참여 활성화

새 정부는 '국민이 주인인 나라'를 국정 기조로 삼고 있다. 국민주권을 강조하고 있는 것이다. 이에 민주적 학교 운영은 새 정부 교육정책의 밑바탕이다. 학생과 학부모가 운영에 직접 참여하는 학교 시스템 구축, 교사-학생-학부모 삼자 협력 확대, 학교 운영 정보의 투명성 증진이 주요 과제이다. 민주시민교육을 통해 학생들은 공동체의식, 책임감, 비판적 사고능력을 기를 수 있다. 다만, '사공이 많으면 배가 산으로 간다'고 교육의 3주체가 학교에서 교육 거버넌스의 역할을 효과적으로 할 수 있는 생태계 조성이 시급하다. 교권을 안정시키고 학교에 힘을 실어주어야 학교가 중심이 되어 민주시민교육을 할 수 있을 것이다.

교권 보호 및 안전한 학교 환경 조성

새 정부는 기본이 튼튼한 사회를 만들기 위해 교사, 학생, 학부모가 존중하고 협력하는 민주적 학교 운영의 기반 위에서 교권 보호 및 안전한 학교 환경 조성 등 모두를 위한 학교 문화를 확립한다고 발표했다. 학교는 가장 안전한 장소가 되어야 하고 교원은 교육적 신념에 따라 올바르게 학생을 지도해야 한다. 하지만 교권 침해와 이에 따른 교원의 심리적 부담이 사회 문제로 부상하고 있는 것이 현실이다. 이에 ▲교사 권익 강화 ▲무분별한 민원 및 부당한 행정업무 감축 ▲교실 안전 체계 확립 ▲특수교육·마음건강 지원 등 종합적 대책이 마련된다.

서울대 10개 만들기

이번 정부의 핵심 교육정책 중 하나는 '서울대 10개 만들기'이다. '서울대 10개 만들기'는 단순한 대학 지원을 넘어 수도권 집중과 지역격차, 사회 구조적 차별을 해소하겠다는 국가적 실험이자 전략이다.

'서울대 10개 만들기'는 전국 주요 9개 거점 국립대 및 지방 거점 대학들에 '서울대' 수준 이상의 투자를 약속하고 각종 인프라를 지원해 지방대학의 '서울대화'를 이루겠다는 계획이다.

자세히 살펴보면, 학생 1인당 교육비를 서울대(2023년 약 6,059만 원) 수준으로 대폭 올리고 첨단연구소, 산학 연계, 특화 학과 신설, 석학 유치 등 세계 수준의 대학생태계를 구축해 10년 내 세계 100대 대학에 우리 대학 3곳 이상 진입을 목표로 한다.

명문대의 80%가 서울에 있고 '인서울' 집중으로 인한 경쟁과 사교육, 극심한 입시 스트레스, 지역 인재 유출과 지방 공동화, 출산·양육 부담, 저출생 등 교육과 경제, 사회의 위기에 대한 대응책으로 나온 전략이라 할 수 있다.

서울대 10개 만들기 프로젝트의 롤모델로 '미국 캘리포니아주의 고등교육 체계'를 살펴볼 수 있다. 완전히 같지는 않지만 캘리포니아 주립대 시스템CSU과

캘리포니아대학교 시스템(UC)을 통해 서울대 프로젝트의 큰 틀을 이해할 수 있을 것이다. 캘리포니아주는 UCUniversity of California 10개, CSUCalifornia State University 23개, CCCCalifornia Community Colleges 116개로 구성된 전국 공립대 네크워크를 운영한다. 각 대학은 각자의 독립성과 전문성은 유지할 수 있지만 동일한 시스템과 브랜드 관리를 받는다. UC버클리나 UCLA는 개별 대학이지만 UC라는 브랜드 아래 운영된다. 로스앤젤레스, 롱비치 등은 지역 이름이 캠퍼스명이지만 모든 캠퍼스를 CSU라는 동일 시스템으로 운영하고 졸업장도 공유한다. 미국 고교 졸업생 중 캘리포니아주 대학의 진학을 희망하는 상위 12.5%는 UC로, 33.3%는 CSU로, 나머지 학생들은 CCC로 진학하고 편입도 자유롭다. UC 동문들은 연구 네트워크를 형성해 퀄컴과 구글 같은 회사를 만들고, CSU는 엔지니어링과 같은 실무 인재를 양성한다. 졸업생 대부분이 인근 지역산업체에 취업하면서 지역산업을 발전시킨다.

우리나라에 서울대 10개 만들기가 추진된다면 중앙본부가 교육과정, 학사·입학 시스템을 일원화해 운영하면서 전국 캠퍼스의 교육 품질을 관리할 수 있다. 또, 지역산업 육성을 위해 대학 기능 특화와 클러스터화(산학협력지구화)를 추진할 수 있다. 예를 들어, 경상대는 우주항공, 부산대는 조선·해양, 경북대는 미래교통의 특화를 통해 대학 서열을 타파하고 수도권 집중 현상을 완화해 지역 균형 발전을 이룰 수 있다.

하지만 '서울대 10개'라는 용어가 주는 거부감도 상당하다. 용어 자체가 이미 서열을 말한다. 물론 대한민국에서 서울대가 가지는 상징적 의미에 대한 비판이 실린 정책이겠지만 말이다. 또, 지방 거점 국립대만 육성한다면 상대적으로 지원받지 못하는 사립대는 낙오될 가능성이 있다.

그렇다고 극심한 지역 편중, 지방 교육시스템의 붕괴, 청년인구 감소라는 현재 문제를 간과하고 있을 수만은 없다. 서울대 10개 만들기는 대한민국의 구조를 다양성, 협력, 균형과 포용으로 대전환하려는 시도로 보아야 할 것이다.

교육정책에 대한 소회

　교사로서 대한민국 국정 과제에서 교육이 차지하는 비중에 크게 관심을 가졌다. 사회적으로 큰 이슈들이 있지만 123대 국정 과제 중 교육 부분이 겨우 4개라는 사실이 다소 실망스러웠다. 하지만 그 내용만큼은 대한민국 교육의 오랜 문제인 불평등과 지역격차 해소, 4차 산업혁명과 AI 시대에 맞는 미래 인재 양성, 교권 보호, 안전한 학교 만들기에 중점을 두고 있다는 사실에 안도하며 교육계의 목소리가 반영된 더 세부적인 정책들을 기대해본다. 특히 '서울대 10개 만들기'와 같은 대규모 지역대학 육성 프로젝트는 수도권 중심의 교육 집중 문제를 완화하고 교육·산업의 지역 균형 발전을 도모하는 국가 실험이라는 점이 혁신적으로 다가온다. 또한 AI·디지털 교육의 전면 도입과 평생교육 체계 구축, 기초학력 보장, 민주시민교육 강화 등은 교육시스템을 '획일화된 규격'에서 벗어나 각자의 개성과 가능성을 존중하는 방향으로 전환하려는 의지의 표명이라 환영한다.

　하지만 전국 대학과 학교의 다양한 현실과 특성을 고려한 맞춤형 정책 마련, 사립대 및 지방 소규모 학교 지원 문제 해결, 그리고 교육 거버넌스의 다양한 이해관계자 간 협력체계 구축 문제 등의 어려운 과제가 남아 있다. 입시와 학벌 문화, 사회적 불평등이라는 구조적 문제도 여전히 깊게 뿌리 내리고 있어 교육정책이 단기간에 효과를 내기 어려울 것이다.

　그간의 우리 교육은 지나가는 나그네를 침대에 눕혀 침대보다 키가 크면 그만큼 잘라버리고, 침대보다 키가 작으면 침대 길이만큼 늘려 나그네를 살해했다는 그리스로마 신화 '프로크루스테스의 침대'를 떠올리게 했었다. 정해진 틀에 학생을 맞춰 다양성과 가능성보다는 성적과 등급에 따라 서열을 나눠 대학에 진학시키는 것이 프로크루스테스의 침대와 크게 다를 바 없이 잔인하다고 생각했다. 교사로서도 학부모로서도 대한민국의 교육시스템에서 자라나는 아이들이 가엾다고 느껴질 때도 있었다.

새 정부에서는 기존의 규격에 맞추려는 강압적·일률적 교육시스템을 과감히 넘어서 모든 학생이 자신만의 길을 찾아 성장하는 교육 환경을 만들어가야 한다. 그것만이 대한민국이 지속가능한 미래로 도약하는 길이다. 이상향에 가까운 비전일지라도 새 정부의 교육정책을 환영하며 국민 모두가 '함께 만들어가는 진짜 대한민국'을 위한 교육 혁신의 가슴 뛰는 출발점에 서 있는 지금, 새 정부의 교육 비전을 응원한다.

속도의 시대, 교육의 본질과 방향성
– 성찰에서 미래로

윤성호

충청북도교육청 소속 중등교사
한국교원대학교 교육학 박사
강원대학교, 경국대학교,
한경대학교, 한국교원대학교 겸임교수

오늘날 교육은 그 어느 때보다 빠르게 변화하고 있다. 디지털 전환, 인공지능(AI), 빅데이터, 에듀테크의 확산은 교육의 경계를 새롭게 정의하고 교실의 풍경을 뒤흔들고 있으며, 학생과 교사 모두 그 속도에 압도당하고 있다. 이제 교사와 학생은 교실이라는 물리적 공간에 한정되지 않으며, 학습자원 또한 교과서나 학교 도서관을 넘어 온라인 강의, 공개강좌, 인공지능 기반 맞춤형 학습도구 등으로 확대되고 있다. 이러한 디지털 트랜스포메이션은 교육의 미래를 준비하는 핵심적 요인으로 자리매김하고 있다. 이에 발맞추어 정부와 교육기관은 앞다투어 '미래 핵심 역량'을 강조하며, 창의성·비판적 사고·문제 해결력·협력·자기주도성과 같은 역량의 함양을 교육의 목표로 제시한다. 구체적 실천 방안으로는 AI 리터러시 교육, 디지털 전환 교육, 에듀테크 활용 등이 적극 추진되고 있다.

교육의 본질을 다시 생각할 때

사실 그간의 우리 교육은 본질을 잊고 수단에 매달려왔다. 교육이 시험 준비와 입시 점수로 축소되었고, 그 과정에서 학생의 성장은 뒷전으로 밀려났다. 교육은 끊임없이 본말전도의 함정 속에서 방황해왔으며, 본질을 지켜야 한다는 외침은 늘 존재했지만, 현실은 항상 수단이 앞서 있었다. 최근에는 에듀테크와 AI의 도입이 가속화되면서, 기술 활용 자체가 목적이 되는 현상마저 나타나고 있다.

교육의 본질은 각 과목의 고유한 특성을 바탕으로, 학생들이 단순한 지식과 기술의 습득을 넘어 긍정적이고 유연한 사고, 성숙한 인격, 건강한 시민의식을 기르고, 궁극적으로 삶의 방향을 스스로 설계하도록 이끄는 데 있다고 생각한다. 그러나 과거부터 오늘날까지 교육의 본질은 종종 수단과 절차, 그리고 다양한 도구들에 가려져왔다. 즉, 교육이 '왜 존재하는가'라는 본질적 가치의 물음보다 '무엇을 얻기 위해 작동하는 순간', 수단으로서 논의가 앞서게 되며 교육이 길을 잃었던 것이다.

본질이 잊혔던 교육의 역사

최근 급속히 확산되는 AI와 에듀테크의 활용 역시 새로운 본말전도의 위험을 안고 있다. 인공지능은 학습자의 수준을 분석하고 맞춤형 콘텐츠를 제공하는 등 분명 유용한 기능을 가지고 있다. 문제는 도구가 본질의 자리를 대신하려 할 때이다. 학생들의 성찰적 사고나 공동체적 경험보다 플랫폼 사용 여부·데이터 관리·알고리즘·평가에 관심이 쏠리면, 교육의 본질은 도구에 종속된다.

그렇다고 새로움을 경계하자는 뜻은 아니다. 관건은 어떻게 활용하느냐이다. 옛것을 바탕으로 새것을 더한다는 온고지신溫故知新의 정신으로, 교육이 추구하는 본질(지식의 습득을 넘어 사고의 성숙·인격의 형성·공동체적 삶의 태도)을 강화하는 도구로 활용해야 한다.

교육의 역사를 돌아보면, 본질이 수단에 밀리는 순간은 반복되어왔다. 조선시대 과거제도는 도덕적 소양과 학문적 역량을 갖춘 인재 선발이라는 취지로 시작했으나, 시간이 지나며 형식화와 합격을 위한 교육의 강화로 흘러버린 경우가 적지 않다. 『조선왕조실록』에서는 문장의 기교에만 주목해 인품을 살피지 않는 시험 운영의 폐단을 지적하는 기록을 확인할 수 있으며, 『성호사설』에서도 과거 시험이 암기 위주로 변질되었다는 탄식을 찾아볼 수 있다. 과거제도가 합격을 위한 암기식 교육으로 기울며 본래의 목적인 인격 수양, 사회적 덕목에 대한 탐구를 소홀히 하고 있음을 지적하고 있는 것이다.

현대 교육 역시 유사한 상황을 겪어왔다. 해방 이후 교육은 양적 확대라는 분명한 성과를 이루긴 했지만, 대학 진학이 교육의 목표가 되면서 입시 경쟁을 교육 전반에 확산시켰다. 그 결과, 교과의 깊이 있는 탐구와 인격적 성장은 뒷전으로 밀려나고, 성적·점수라는 지표가 교육의 척도로 여겨지게 되었다. 이로 인해 내신과 수능, 각종 자격증에 몰두하느라 학생들은 학문과 학습활동의 깊이를 충분히 경험하지 못하였다. 시대는 달라졌지만, 본질이 수단에 가려지는 상황이 되풀이된 것이다.

기술은 교육의 촉매제일 뿐

오늘날의 교육 역시 마찬가지 상황이다. 다만 본말전도가 과거보다 더 정교한 형태로 나타나고 있다. 조선시대 과거제나 1970~2000년대 입시 경쟁이 단순히 시험 대비라는 노골적인 방식으로 본질을 흐렸다면, 지금은 첨단 기술과 정책, 새로운 문화라는 세련된 외피를 가장하여 나타난다. '미래형 스마트교실' '디지털 전환' '핵심 역량 강화'와 같은 언어는 겉으로는 창의성과 혁신을 지향하지만, 실제 교실에서 그것이 학생의 사고력과 교과 본질 구현에 어떻게 기여하는지는 충분히 논의되지 않고 있다고 생각한다.

새로운 기술은 교육의 본질을 강화하는 도구로서 받아들여야 한다. 문제는 기술을 쓰느냐 마느냐가 아니라, 무엇을 위해, 더 깊이 가르치기 위해 어떻게 쓸 것인가에 대한 고민이다. 즉, 새로운 기술은 과거로부터 이어져온 교육의 본질을 더욱 선명하게 구현하는 촉매제가 되도록 해야 한다. 전자칠판, 태블릿, AI 학습관리시스템은 분명 수업의 효율성을 높일 수 있다. 그러나 그것이 교과 개념의 구조적 이해를 심화시키는가, 학습자와의 상호작용을 증진시키는가에 대해 보다 깊은 성찰이 필요하다.

교사는 단순히 앱, 웨어러블 기기, 플랫폼 등의 사용법을 익히는 데 그쳐서는 안 된다. 교사의 자기계발이 단순한 기능 습득에 머물 경우, 교실에서는 기술이 수업을 주도하고 교과 목표가 뒤따르는 본말전도 현상이 발생할 수 있다. 반대로, 교과 특성에 기초한 명확한 교육 목표 아래 정밀하게 수업을 설계할 때, 새로운 기술은 교사의 전문성을 확장하고 수업의 깊이를 더하는 증폭제가 될 수 있을 것이다.

구체적으로 체육 수업을 통해 살펴보자. 웨어러블 기기를 활용해 심박수·활동량을 정밀하게 기록할 수 있다. 그러나 기록이 본질이 되는 순간, 활동은 데이터 이상의 의미를 가질 수 없다. 데이터는 학생이 스스로 운동 강도를 조절하고(자기조절), 동료와 전략을 논의하며(협력적 성찰), 건강 생활을 설계하고 실천하도록(건강 리터러시) 도와주는 도구가 되어야 한다. 다시 말해, 체육 교과에서 도구 활용은 '몸으로 배우는 경험'을 확장할 때에만 당위성을 가진다. 주지교과도 예외가 아니다. 국어에서 AI 활용은 초기 작업을 하는 데 필요한 데이터와 편의성을 제공하기 때문에 유용하지만, 최종 가치는 텍스트 해석력, 논리적 사고, 타자와의 소통, 리터러시 능력 등을 학습자가 키워나가도록 돕는 데 있다. AI는 초안 작성이나 개념 정리의 보조 장치로 제한되어야 한다. 또한, 수학 역시 정답 도출의 속도를 높이는 데만 사용할 것이 아니라, 추측-반례 탐색-정당화의 과정을 가시화하는 데 활용해야 한다. 영어의 디지털 플랫폼 또한 단순한 문제 풀이가 아니라, 의미 있는 발화, 상호작용, 문화 맥락 이해를 촉진하는 방식으로 수업 성과를 끌어올릴 때 의미가 있다.

교육의 본질을 회복하기 위한 구체적 방안

오늘날의 교육이 다시 제자리를 찾기 위해서는 단일한 수단이나 정책이 아니라, 다양한 관점에서의 접근과 다각도에서의 성찰이 필요하다. 교육의 방향, 교사의 역할, 학생의 학습 경험, 그리고 정책과 사회적 환경이 함께 논의될 때 비로소 교육이 본질을 회복할 수 있다.

교육과정 개편이 아무리 정교하게 이루어져도, 그것이 현장에서 실질적으로 구현되고 교육적 가치를 발휘하는지 여부는 결국 교사의 역할에 달려 있다. 교사는 단순한 지식 전달자가 아니라, 본질을 지켜내는 관문자이자 교육적 판단을 실천하는 전문가이다. 앞으로 교사의 역할은 더욱 복잡해질 것이다. 기술과 정책이 수업을 압도할 수 있는 시대에 교사는 오히려 그 속도를 조절하고, 무엇이 본질이고 무엇이 수단인지를 구분해내는 역할을 맡아야 한다. 교사의 비판적 성찰 없는 맹목적인 첨단기술의 찬양과 활용은 교육의 본질을 강화하기보다 오히려 희석시킬 수 있다. 따라서 교사는 교육적 분별력을 지닌 전문가로서 역할이 커졌다고 볼 수 있다. 분별력은 단순히 경험에서 나오지 않는다. 교사가 끊임없이 연구자적 태도를 지니고 교과 학문과 교육학을 함께 탐구할 때, 수업에서 일어나는 현상을 본질적 시각으로 바라볼 수 있다. 또한 교사의 전문성은 동료와의 협력 속에서 더욱 강화된다. 혼자만의 교실에서 고립되는 것이 아니라, 다른 교사와 함께 수업을 성찰하고 교과의 본질을 재해석할 때, 교육의 질이 개선되고 교사의 역량이 발전하는 것이다.

    교사는 학생들에게 교육의 본질을 경험하게 하는 동행자이자 조력자로 서야 한다. 교과의 본질이 제대로 전달되었는지는 학생들의 학습 경험 속 변화를 통해 확인할 수 있다. 이는 단순한 지식 전달만으로는 불가능하며, 교사의 전문적 조력이 필수적이다. 그러므로 교사의 연수와 전문성 개발은 단순한 기술 습득 차원에서 벗어나야 한다. 오늘날 연수가 종종 새로운 플랫폼이나 앱 활용법 습득에 치중하는데, 진정한 연수는 교과의 본질, 학습자의 발달, 수업 목표와의 연계 속에서 교사의 성찰을 이끌어내야 한다. 기술은 교사의 전문성을 대체할 수 없으며, 오히려 교사가 본질적 판단을 내릴 수 있는 힘을 갖출 때 비로소 의미를 지닌다. 교사는 교육의 본질을 지키는 최전선에 서 있으며, 인공지능 등 첨단기술의 부상 속에서도 흔들리지 않는 마지막 보루이다. 교육이 본말전도되는 순간 가장 먼저 흔들리는 존재가 교사이지만, 동시에 본질을 회복시킬 수 있는 힘

또한 교사에게 있다. 교사가 자기성찰과 연구, 협력을 통해 본질을 붙잡을 때 교육은 중심을 되찾을 수 있다.

그러나 교육의 중심은 교사만으로 완성되지 않는다. 아무리 교과 목표가 정교하게 설계되고 교사의 전문성이 뛰어나더라도, 학생이 수업을 통해 삶의 변화를 체감하지 못한다면 교육이 온전히 작동한다고 말하기 어렵다. 교육의 본질은 정책이나 문서 속 규정에 머무는 것이 아니라, 학생의 실제 학습 경험 속에서 살아 숨 쉬어야 한다. 이러한 맥락에서 학생의 경험이 본질과 연결되기 위해서는 몇 가지 조건이 필요하다.

첫째, 배움이 삶과 연결되어야 한다. 학생들은 '이 과목이 내 삶에 어떤 의미가 있는가'를 발견할 때 학습에 몰입한다. 예를 들면 체육에서 심박수 데이터를 기록하는 활동이 단순한 측정으로 끝나는 것이 아니라, 스스로 건강을 관리하고 일상생활에서 운동 습관을 형성하는 경험으로 이어질 때 학습은 살아 있는 힘을 갖는다. 국어에서 텍스트 분석이 단순한 시험 대비가 아니라, 사회 문제를 이해하고 자신의 관점을 세우는 경험으로 이어질 때 배움은 삶의 도구가 된다.

둘째, 학생이 배움의 주체로 참여해야 한다. 수업이 교사의 전달과 도구의 시연으로만 채워진다면, 학생은 여전히 수동적 존재에 머물게 된다. 반대로 토론, 협력 프로젝트, 실험과 탐구, 신체적 체험 등에서 학생이 스스로 탐색하고 선택하며 의미를 구성할 수 있을 때 학습은 본질적 경험이 된다. 이 과정에서 학생은 단순히 '배운 사람'이 아니라, 스스로 '배움을 만들어가는 사람'으로 성장한다.

셋째, 성찰과 협력이 경험의 일부가 되어야 한다. 성찰은 배움의 과정을 되돌아보며 자신이 어떤 변화를 겪었는지 자각하는 단계이고, 협력은 타인의 관점을 접하며 자기 배움을 확장하는 기회다. 체육에서는 경기 후 자기 수행을 분석하거나 팀원과 전술을 점검하는 과정이 성찰과 협력의 경험이 된다. 국어나 사회에서는 토론과 피드백이, 수학에서는 풀이 과정을 설명하고 반례를 찾아내는 활동이, 영어에서는 서로의 발화를 수정하며 더 나은 표현을 찾아가는 과정이 이에 해당한다. 결국 교육은 지식이나 기술을 '가지게 하는 것'이 아니라, 삶을 해석하고 의미를 창조하는 경험을 열어 주는 것이다. 학생이 경험으로 본질을 체감할 때, 교육은 시대와 제도의 변화를 넘어 흔들리지 않는 힘을 갖는다.

함께 변화해야 한다

또 다른 관점에서 교사, 학생과 함께 정책과 사회 환경이 변화해야 한다. 오늘날 교육정책의 키워드를 살펴보면 '미래 핵심 역량' '디지털 전환' 'AI 리터러시' '창의·융합 교육' 같은 용어가 빈번하게 등장한다. 이러한 용어들은 분명 시대의 요구를 반영하고 있으며, 교육의 변화를 자극하는 긍정적 힘이 있다. 그러나 문제는 이 용어들이 정책적으로 슬로건에 머물거나 기술적 수단의 확대로만 사용될 경우, 교실에서는 본말전도 현상이 벌어진다. 정책은 수단을 표준화하는 지침이 아니라, 교사가 교과의 본질을 구현할 수 있도록 조건을 마련하는 지원 구조가 되어야 한다. 이를 위해서 몇 가지 방향을 제안해보고자 한다.

첫째, 정책 문서가 단순히 기술 도입이나 역량 항목의 나열에 머무르지 않으려면, 그것을 실제 현장에서 구현할 주체인 교사가 교과의 본질을 재해석하고 적용할 수 있도록 지원해야 한다. 이미 이루어지고 있는 교사 연수와 연찬에 대한 단순한 확대가 아니라, 현장의 변화를 촉진할 수 있는 실용적이면서 새로운 방식으로 연수가 기획되고 강화되어야 한다. 예컨대 일방적인 강의식 전달을 넘어, 교사들이 실제 수업 사례를 공유하고 공동 프로젝트를 설계하는 참여형 연수, 디지털 도구를 직접 적용·실험해보는 실습형 연찬, 지역사회와 연계한 융합형 프로그램 등이 필요하다. 교사들이 위와 같은 창의적 재교육 과정을 통해서 성찰, 협력, 창의적 문제 해결 같은 '디지털 역량'을 실제 수업에서 전략적으로 키워줄 수 있다.

둘째, 평가 체제의 전환이 요구된다. 현재의 교육정책은 여전히 점수, 지표, 순위와 같은 양적 척도에 의해 작동하는 경우가 많다. 그러나 본질을 살리는 교육은 숫자로만 측정하기 어려운 영역까지 두루 살펴야 한다. 학생의 성찰 능력, 공동체 협력, 비판적 사고와 같은 요소를 질적 평가나 과정 중심의 기록으로 담아낼 수 있어야 한다. 정책은 단순한 점수 경쟁 구조를 넘어 "교육이 무엇을 길러내야 하는가?"라는 질문을 반영한 평가 문화를 만들어야 한다.

셋째, 교사의 자율성과 전문성 보장이 중요하다. 정책은 종종 교사를 새로운 지침과 보고 체계에 묶어두는 방식으로 작동한다. 그러나 교육의 본질을 구현하는 것은 행정적 준수가 아니라, 교사의 전문적 판단이다. 따라서 정책은 교사에게 교과의 목표를 해석하고 학생의 경험을 설계할 수 있는 자율성을 보장해야 한다. 동시에 교사가 스스로 성장할 수 있도록 연구 지원, 협력 네트워크, 장기적 연수 체계 같은 실질적 지원을 해주어야 한다.

넷째, 사회적 인식의 전환이 필요하다. 교육은 학교 안에서만 완결되는 것이 아니다. 사회가 여전히 학벌, 스펙을 성공의 기준으로 삼는 한, 본질은 지표에 밀려날 수밖에 없다. 사회적 인식이 성적보다 배움의 깊이와 삶의 태도를 중시하는 방향으로 이동할 때, 교육정책도 비로소 본질을 강화하는 역할을 할 수 있다. 언론, 학부모, 기업, 지역사회가 교육의 성과를 보는 관점을 바꾸지 않는다면, 학교의 노력은 제도적 압력에 묻히고 만다. 결국 정책과 사회적 인식은 교육의 본질을 실현하게 하는 토양이다. 기술과 제도가 도구에 머물고, 성적과 지표가 평가의 일부분일 때, 교사와 학생은 본질에 집중할 수 있다. 따라서 정책과 사회적 환경은 단순히 변화를 주도하는 슬로건이 아니라 교과의 본질, 교사의 전문성, 학생의 경험을 뒷받침하는 구조로 재편되어야 한다.

사회 문제를 중심으로 교육의 방향성 찾기

사회 전반에서 기후위기, 인공지능, 초고령화, 불평등과 같은 구조적 변화가 동시에 일어나고 있으며, 이러한 문제들은 단순히 교실 수업의 방식이나 제도적 개선만으로 해결할 수 있는 수준이 아니다. 앞으로 닥칠 대표적 문제를 중심으로 교육의 방향성을 제시하고자 한다.

첫째, 기후위기와 생태 전환은 교육의 본질과 직결된다. 다른 사회적 문제도 심각하지만, 기후위기는 인간과 지구생태계의 생존을 직접적으로 위협한다. 교육은 지식 전달을 넘어, 학생이 몸과 마음으로 위기의 실체를 체감하고, 지속가능한 삶의 태도를 내면화하도록 도와야 한다.

둘째, 인공지능과 디지털 전환은 교육의 본질을 시험하는 또 다른 조건이다. 지식의 축적과 정보 처리 능력은 이제 기계가 인간보다 더 효율적으로 수행한다. 따라서 교육을 통해 길러야 할 힘은 인간만이 수행할 수 있는 성찰, 비판적 사고, 윤리적 판단, 타자와의 공감 능력이다. AI가 초안을 작성하고 데이터를 분석해주는 시대일수록, 학생이 스스로 의미를 해석하고 결정을 내리는 힘은 더 중요하다. 기술을 단순히 활용하는 것을 넘어, 본질적 사고 과정과 연결할 때 AI는 오히려 교육의 도구로서 본질을 강화할 수 있다.

셋째, 초고령 사회와 세대 간 단절이 심화될수록 공동체적 삶과 교육의 본질적 가치인 인격 형성, 삶의 태도가 더욱 중요하다. 미래 학생들은 여러 세대와 공존하며 살아가는 법을 배워야 한다. 지역사회와 연계한 세대 간 교육 프로그램, 노인과 청소년이 함께하는 프로젝트, 돌봄과 봉사 경험 등은 학생이 공동체적 관계 속에서 공존을 배우도록 돕는 구체적 실천이다.

넷째, 불평등과 사회적 격차 문제 속에서 교육의 본질은 기회의 균등과 성장을 위한 정의를 보장하는 데 있다. 기술과 에듀테크가 발전하면서 새로운 기회가 열리는 듯 보이지만, 실제로는 경제적·사회적 배경에 따라 접근과 활용의 격차가 발생한다. 디지털 기기와 네트워크 접근의 차이는 곧 학습 기회의 차이로 이어지고, 이는 교육의 본질적 가치인 평등을 훼손한다. 따라서 미래 교육은 누구나 본질적 배움을 경험할 수 있는 조건을 마련하는 방향으로 설계되어야 한다.

이러한 본질적 교육은 미래사회의 불확실한 문제에 대응할 힘과 연결된다. 성찰을 통해 학생은 스스로를 보호하는 힘을 배우고, 창의적 사고를 통해 문제해결력을 기르며, 이는 개인과 공동체가 직면할 거대한 도전에 대응할 핵심 역량으로 이어진다. 학교는 가정과 지역사회를 연결하는 허브 역할을 수행하며, 교사는 부모와 지역 전문가, 공동체 구성원과 협력해 교육을 설계하고 실행하는 활동가가 된다. 학생은 가정에서 배움의 의미를 이해하고, 지역사회에서 경험을 실천하며, 학교에서 이를 지식과 성찰로 재구성하게 된다. 이러한 삼각축이 건강하게 작동할 때, 교육은 단순한 점수와 순위 경쟁을 넘어, 학생이 미래사회의 도전을 헤쳐나갈 힘을 길러줄 수 있다.

결국 교육은 시대의 변화 속에서 끊임없이 옷을 갈아입지만, 그 뿌리는 변하지 않는다. 학생들이 삶의 의미를 발견하고, 성숙한 인격을 형성하며, 공동체 속에서 함께 살아갈 힘을 기르는 것, 이것이 바로 교육의 본질이다. 본말전도의 위험은 시대마다 다르게 나타나지만, 우리가 본질을 기억하고 수단을 제자리에 둘 때, 교육은 제 길을 다시 찾는다. 무엇보다 중요한 것은 '무엇으로 운영되는가'가 아니라 '무엇을 위해 존재하는가'에 충실하는 것이다. 이것이 바로 속도의 시대 속에서도 흔들리지 않는 교육의 중심이며, 교사들이 앞으로 나아갈 방향을 안내하는 기준이다.

의대 공화국에서 인재 강국을 다시 그리다

3

하유정
경상남도교육청 소속 초등교사
유튜브 채널 '어디든학교' 운영

2024년을 뜨겁게 달군 '의대 증원'이 1년 만에 원점으로 돌아갔다. 2025학년도 4,695명으로 확대되었던 의대 정원이 2026학년도에는 기존 수준인 3,058명으로 복귀한다. 정부는 관련 시행령 개정을 확정했고, 대학들은 선발 계획을 조정했다.[1] 그 짧은 기간 동안 벌어진 변화는 그야말로 격동적이었다. 낮아진 의대 문턱에 학생과 학부모는 물론, 직장인까지 시험장으로 몰려들었다. 학원가는 다시 한번 뜨거운 열기에 휩싸였고, 의대 입시 설명회장은 인산인해를 이뤘다. 반면 의료계는 전례 없는 진통을 겪었다. 전국 의대생의 98% 이상이 휴학계를 제출했고, 전공의들의 집단 이탈로 수련 공백이 1년 반 넘게 지속됐다. 2025년 하반기 전공의 모집이 재개되고 복귀 창구가 열리면서 수습 국면에 들어섰지만, 교육 현장에 남긴 충격은 여전하다.

이 파동이 보여준 것은 단순한 정원 조정의 문제가 아니었다. 그것은 우리 사회가 의대에 품고 있는 극단적인 열망이었다. 한 직업군이 이토록 압도적인 선망을 받는 것이 정상적인 구조일까? 오늘의 대한민국은 '의대 공화국'이다. 특정 직업군이 최상위 인재를 독점하면서 사회 발전의 균형을 깨뜨리고 있다. 이는 국가의 지속가능성 자체를 위협하는 문제다. 이 문제를 추적하기 위해 지난 2년간 『대한민국 미래 교육 트렌드』에서 '의대 광풍으로 인한 선행과 심화에 올인하는 아이들'을 진단했고, '의대 증원의 나비효과'를 분석했다. 이번에는 신기루처럼 왔다가 사라진 증원 파동이 남긴 충격과, 더욱 공고해진 '의대 공화국'의 현실을 데이터로 점검하고, 앞으로 교육생태계 전반에 미칠 장기적 영향과 근본적인 해법을 모색하려 한다.

---

[1] "개혁도 정상화도 못한 채…결국 의대 증원 '원점' 회귀", 〈동아일보〉, 2025. 4. 17

의대 증원 파동, 무엇을 남겼을까

N수생은 실제로 얼마나 폭증했는가

2025학년도 수능장에는 졸업생과 검정고시생이 160,897명 몰렸다. 전체 응시자의 3분의 1을 넘는 34.7%였다. 2016학년도(23.3%)와 비교하면 11.4%나 뛴 수치다. 수만 늘어난 게 아니다. 졸업생들이 성적에서도 재학생을 압도했다.[2] 국어 표준점수 평균은 13.1점, 수학은 12.2점 더 높았고, 영어 1등급 비율은 9.6%로 재학생의 거의 두 배였다.[3] 입시판이 흔들렸다. 상위권이 '의대 올인' 전략을 택하면서 일부 수도권 공대와 계약학과에 빈자리가 생겼다. 지방 의대의 문턱은 낮아졌지만, 수도권 주요 의대는 여전히 바늘구멍이었다.

지방 의대의 문턱은 얼마나 낮아졌는가

지방 의대는 정원 확대와 지역인재전형 강화로 합격선이 뚜렷이 낮아졌다. 일부 지방에서는 2등급대 합격 사례도 나왔다. 실제로 의대 29개교 교과전형 최종등록자 70%의 컷 평균이 1.16등급에서 1.25등급으로 떨어졌다.[4] 더 큰 변화는 지역인재전형이었다. 비수도권 의대의 지역인재 비율이 60%대 후반까지 치솟았고, 일부 지역은 70%를 넘겼다.[5] 단기적 변화였지만, 전문가들은 이 경험이 2026학년도 정원 복귀 이후에도 정책 설계의 기준치로 남아 지방 의료인력 기반을 넓히는 '경험적 증거'가 될 수 있다고 본다. 단순한 정원 조정을 넘어 지역별 의료인력 배치와 선발 구조에 변화의 씨앗이 심어진 셈이다.

2　"'N수생' 수능 응시 비율, 9년간 11.4%↑", 〈경기일보〉, 2025. 6. 11
3　'2025학년도 수능 성적 분석 결과', 한국교육과정평가원, 2025. 6. 8
4　의대증원에 지방의대 정시 합격선 하락… 충청권 지역인재 전형도 하락세", 〈중도일보〉, 2025. 5. 25
5　"2025학년도 의대 모집 4,610명 확정…지역인재전형 1,913명", 〈대한민국 정책브리핑〉, 2024. 5. 30

'지방 유학'과 '탈대치'는 실제로 일어났는가

지역인재전형 확대가 예상치 못한 변화를 불러왔다. 지역인재전형 비율이 일부 대학에서 60%, 어떤 곳은 70%를 넘자, 가족 단위로 이주해 중·고교 6년 거주 요건을 채우려는 움직임이 눈에 띄게 늘었다.[6] 지방 이동 수요가 실제로 자극을 받은 것이다. 상담 문의가 몰린 곳은 대전·세종 같은 신흥 학군지였다.[7] '탈대치'라는 말도 과장이 아니었다. 대치동 학군 내 원룸 공실이 생기고 지방 학군 근처 중개업소에는 소형 주택 문의가 늘었다. 최근에는 명문 자사고인 휘문고마저 신입생 모집에서 미달을 기록했다는 보도가 나왔다. 한때 '대치동 프리미엄'을 상징하던 학교에서 이런 일이 벌어진 건 상징적이다. 이런 흐름이 이어지면, 특정 지역의 학군과 부동산 시장은 교육의 변수 하나에도 크게 요동치는 구조로 바뀔 수 있다. 2026학년도 의대 정원이 원래대로 돌아가면 속도가 조절될 수 있을지 모르나 지방 교육생태계가 바뀌는 계기가 될 가능성은 충분하다.

이공계 이탈은 수치로 확인되는가

의대 쏠림의 이면에는 이공계 이탈이 있었다. 2025학년도 수시에서 일부 의대(인하대) 논술전형은 660대 1을 넘겼다. 반면 정부가 공들여 신설·확대한 반도체·AI 등 첨단학과 평균 경쟁률은 16대 1로, 자연계 평균보다도 낮았다. 더 심각한 건 중도 이탈이다. 첨단학과에 입학해놓고도 1~2학년 도중에 반수나 N수를 택해 의대·약대로 빠져나갔다. KAIST만 봐도 2025학년도 중도 이탈자가 130명이었는데, 이 중 절반 가까이(46.2%)가 의대로 향했다. 포스텍과 지스트 등 다른 이공계 특성화대도 사정은 비슷하다. 서울대 역시 자연계열 일부 합격자가 등록을 포기해, 의대 쏠림이 더욱 가중되었다.[8] 결국 안정성 때문이다. 첨단산업의 미

---

6 "대학생은 대치동으로, 중학생은 지방으로…의대증원 발표 후 전국 들썩", 〈매일경제〉, 2024. 2. 6
7 "新학군지 떠오른 대전·세종…초2 엄마도 '지방유학' 문 두드린다", 〈시사저널〉, 2025. 6. 11

래가 밝다고 해도, 지금 당장의 처우와 사회적 지위는 의사를 따라갈 수 없다는 인식이 지배적인 것이다.

의대 광풍이 휩쓸고 간 교육 현장

뒤집히는 입시, 빨라지는 부모의 준비

의대 정원 널뛰기를 겪으며 부모들이 뼈저리게 깨달은 사실이 있다. "입시는 언제든 뒤집힐 수 있다"는 것이다. 한 번의 발표가 몇 년 치 계획을 갈아엎고, 다시 번복되는 경험이 남긴 건 '불확실성에 대한 깊은 불신'이다. 혹시 모를 변화에 대비하려는 마음이 커지면서, 부모들은 더 일찍부터 자녀 교육계획을 세우고 장기 관리 프로그램에 기꺼이 투자하기 시작했다. 1년간의 변화는 새로운 전략을 낳았다. 지방 의대 문턱이 낮아지면서 '어디서, 어떤 전형으로 지원해야 유리한지'에 대한 나름의 공식이 생겨났다. 이 공식은 2026학년도 원복 이후에도 전략의 기본이 되고 있다.

결과적으로 '의대는 성적으로 갈 수 있는 가장 높은 목표'라는 인식만 더 굳어졌다. 유아 대상 의대 설명회가 열릴 만큼 입시 준비 연령대가 급격히 낮아졌고, 부모의 희망에 따라 의대로 몰리는 아이들이 더욱더 급증했다. 물론 자녀의 안정적 미래를 바라는 마음 자체는 이해할 수 있다. 문제는 그것이 전부가 아니라는 점이다. 자녀의 의대 진학을 자신이 거머쥘 수 있는 최고의 트로피로 여겨 아이들을 재수, 삼수를 넘어 N수로 떠미는 부모도 적지 않다. 적성 불문, 성적이 좋다는 이유 하나로 등 떠밀려간 학생이 과연 사명감과 열정을 갖춘 의사가 될 수 있을까. 긍정적인 답을 하기는 쉽지 않다.

---

[8] "'의대증원' 여파에…SKY 수시합격자 2,369명 등록 포기", 〈뉴스1〉, 2024. 12. 19

안정성이 이끄는 교육 투자

한국이 선진국 대열에 합류했지만, 양극화는 심해졌고 계층 이동은 한층 더 어려워졌다. 이런 현실에서 부모들의 생각은 단순하다. "내 자식만큼은 안정적인 직업을 가져야 한다." 그 생각이 향하는 완벽한 선택지가 바로 의사다. 경기 불황에도 흔들리지 않고, 높은 소득도 보장하는 직업으로 여겨지기 때문이다. 특히 자녀를 의대로 보내려는 가정 중엔 자녀 교육을 '투자'로 보는 경우가 많다. 투입한 시간과 돈, 부모의 정서적 노력까지도 결과와 비교해 계산한다. 모호한 길보다, 예과-본과-인턴-레지던트-전문의로 이어지는 '뚜렷한 경로'가 훨씬 안전해 보인다. 취업·창업·이직처럼 스스로 개척해야 하는 불확실한 길보다, 힘들어도 결과가 보장된 길이 낫다고 판단하는 것이다. 이런 심리는 CPA, 행시, 로스쿨 같은 자격증 코스에서도 드러난다. 의대는 그중에서도 '투자 대비 성공 확률이 가장 높은 길'로 여겨진다.

의대 쏠림은 영재학교와 과학고 졸업생의 데이터로도 확인할 수 있다. 교육부는 최근 3년간 영재학교와 과학고 졸업생의 의약계열 진학률이 4.8%→5%→3.7%→2%로 하락했다고 발표했지만, 이는 '고3 현역'만을 기준으로 한 수치다.[9] N수로 의대에 재도전하는 '징검다리 이탈'을 제외한 결과라 실제 흐름과는 거리가 있다. 영재종단 연구에 따르면 N수생 의대 진학 규모는 현역의 최소 1.6배 이상이며, 최근 3년간 영재학교 N수생은 매년 100명을 웃돌았다. 장학금 환수 제재에도 의대 쏠림은 꺾이지 않고 있다.

취업을 확실히 보장하는 학과를 만든다고 이 흐름을 막을 수 있을까? '취업은 확보했으니 반수해도 된다'고 생각하지 않을까. 이제 대학은 꿈을 실현하거나 깊이 있는 공부를 하는 곳이 아니라, 4년이라는 시간과 등록금을 투자해 미래를

---

[9] "영재학교(8개교) 및 과학고(20개교) 최근 3년간 의·약학 계열 진학률 지속 감소", 대한민국 정책브리핑, 2025. 8. 12

계산하는 곳이 됐다. 불확실한 세상에서, 부모와 학생이 조금이라도 경제적으로 보장된 길을 택하는 건 어찌 보면 당연한 일이다. 문제는 그 길이 점점 하나로만 좁혀지고 있다는 사실이다.

의대 로드맵을 내건 사교육 시장 성행

최근 몇 년간 지역인재전형과 학생부전형이 확산되면서, 입시의 무게중심이 '학교 안 성과'로 옮겨가고 있다. 단순히 시험 성적이 좋은 것만으로는 부족하다. 수행평가·탐구활동·동아리 기록을 촘촘히 관리해야 하는 시대가 된 것이다. 고교학점제까지 도입되면서 계산은 더욱 복잡해졌다.[10] 사교육 시장이 이 변화를 놓칠 리 없다. 내신 성적 관리부터 탐구 포트폴리오, 비교과 활동까지 의대 맞춤형으로 설계해주는 '올케어 서비스'가 급속히 늘어났다.

대치동, 목동, 분당 같은 교육특구에서는 유치원부터 고3까지 이어지는 '의대 입시 커리큘럼'이 자리 잡았다. 지방도 마찬가지다. 지역인재전형 확대로 생기부 관리의 중요성이 커지자, 입시에 최적화된 생기부 관리와 대입 컨설팅을 내세운 학원들이 우후죽순 생겨났다. 문제는 이런 시스템이 당연한 코스로 인식되기 시작했다는 점이다. 배움이 관리의 대상이 되고, 교육이 돈벌이 수단이 됐다. 의대 진학이라는 목표 아래 교육 전반이 산업화되면서, 배움 본연의 의미가 퇴색되어가고 있다.

이공계 이탈이 가져온 국가적 손실

우리가 의대에 몰두하는 동안, 경쟁국은 전혀 다른 길을 가고 있다. 중국은 초등 고학년 수천만 명 중 10만 명을 선발해 영재학교에서 수학·과학을 대학 수준까지 가르친다. 이 중 다시 뽑힌 1,000여 명은 명문대 특수학급에서 세계적

---

10 "2028 대입제도 개편에 따른 학생부 기반 입학사정의 방향성 탐색", 교육과정평가연구, 2025

권위자에게 기초학문을 배운다. 그들은 의대로 진학하지 않는다. 졸업 후 대부분 세계 유수의 IT 기업으로 진출한다.

결과는 이미 눈앞에 나타났다. 중국 BYD가 세계 전기차 시장을 석권하며 테슬라를 넘어섰다. 지난해 BYD 매출은 1,000억 달러를 돌파했고, 판매량은 테슬라의 두 배였다. 일론 머스크조차 "앞으로 테슬라를 제외한 전기차 시장은 모두 중국이 차지할 것"이라고 인정했다.[11] 중국은 국가·대학·기업이 한 몸처럼 공학 인재를 키운다. 반면 한국은 최상위 인재가 의대로만 몰린다.

이공계 이탈은 단순한 '입시 선택'이 아니다. 국가경쟁력의 뿌리를 흔드는 구조적 위험이다. 악순환이 시작됐다. '이과 쏠림'이 '의대 쏠림'으로 수렴하면서, 공학·기초과학·신산업 인재들은 점점 줄고 있다. 정부의 R&D 예산 대폭 삭감도 한몫했다. 대학 연구실에서는 박사후연구원과 대학원생을 줄이고 있고, 이공계 대학원생들 사이에서는 "의대에 가지 않은 걸 후회한다"는 말이 공공연히 나온다. 연구 환경이 흔들리면 진로 선택이 바뀌고, 이는 곧 기술 경쟁력 약화로 이어진다. '열심히 하면 성공할 수 있다'는 사회적 믿음이 사라졌다. 이공계 박사를 해도 우리나라에서는 그에 걸맞은 보상을 받기 어렵고, 창업 환경도 녹록지 않다. 이공계의 이런 여건과 사회 인식을 바꾸지 않는 한, 한국의 미래는 어두울 수밖에 없다.

다시, 인재 강국으로 나아가는 길

학생이 경험하고 선택할 수 있는 진로 다양성 확대

의대 진학이 성공의 상징이 된 현실은 우리 사회가 불확실성을 다루는 방식

---

[11] "'싸고 잘 달린다' 중국산이 더 잘 나가네⋯전기차 주도권 뒤집혔다", 〈아시아경제〉, 2025. 7. 21

에서 실패했음을 보여준다. 학부모는 의대를 미래에 대한 가장 확실한 보험으로, 학생은 예측 가능한 유일한 길로 여긴다. 이런 인식이 변하지 않는 한, 제도만으로 흐름을 되돌리기 어렵다.

문제의 핵심은 다른 길에 대한 구체적 상상이 부족하다는 것이다. 이공계를 공부하려는 학생들에게 초·중·고 전 과정에서 '의사 외의 전문직'에 대한 실질적이고 생생한 경험을 제공해야 한다. 단순한 직업 나열식 진로 체험을 넘어서, 학생들이 직접 현장을 경험할 수 있는 프로그램이 필요하다. 예를 들어 공학자가 개발한 AI가 의료 진단을 혁신하는 과정, 데이터 과학자가 신약 개발을 가속화하는 현장, 바이오 연구자가 유전자 치료의 새 지평을 여는 순간들을 직접 보여주는 방식이어야 한다. 초·중등 시기에는 과학·공학 분야의 흥미와 도전 정신을 키우고, 고등학교 단계에서는 구체적인 경로와 비전을 체험하게 함으로써, "이 길을 가도 미래가 보장된다"는 심리적 신뢰를 형성할 수 있다.

한 번의 선택이 운명이 되지 않는 제도적 유연성 보장

의대 증원 정책의 본래 목적은 의료인력 확충이었지만 많은 사람들은 더불어 바늘구멍이 넓어지니 의대 쏠림 현상도 자연스럽게 완화될 것이라 기대했다. 물론 기대는 어긋났다. 의대 쏠림은 단순히 정원 부족에서 비롯된 현상이 아니라, 우리 사회의 깊숙한 구조적 불안에 뿌리를 둔 문제이기 때문이다.

진정한 해법은 바늘구멍을 조금 더 넓혀주는 데 있지 않다. 학생들에게 '두 번째 기회'를 제도적으로 보장하는 데 있다. 현재도 전공 변경 제도가 존재하지만, 대학마다 변경 횟수와 조건이 까다롭고 특정 학과는 사실상 전과가 불가능하다. 고등학교와 대학 단계에서 전공 변경의 문턱을 대폭 낮춰야 한다. 더 나아가 한 번의 선택이 돌이킬 수 없는 운명이 되지 않도록, 다양한 경로 간 이동이 가능한 교육생태계를 구축해야 한다. 제도의 역할은 특정 직업으로 향하는 직행 고속도로를 만드는 것이 아니다. 오히려 학생들이 자신의 적성과 변화하는 상황에 따라 진로를 유연하게 조정할 수 있는 입체적 교통망을 설계하는 것이다. 이를 통해 학생들은 자신만의 고유한 경로를 탐색할 용기를 얻게 될 것이다. 무엇보다 교육정책은 이해관계에 의해 갑작스럽게 바뀌는 일이 없어야 한다. 일관성 없는 정책은 학생과 학부모에게 깊은 불안을 야기하며, 결국 그들을 더욱 안전해 보이는 선택지로 내몬다. 불확실성이 커질수록 사람들은 확실해 보이는 것에 더 강하게 매달리게 되는 법이다.

이공계 연구직의 실질적 경쟁력 강화

제도적 유연성과 함께, 이공계 분야 자체의 매력도를 높이는 것도 필수적이다. 한국은 세계 최고 수준의 교육열과 연구 인프라를 자랑한다. 그럼에도 불구하고 연구자의 자율성, 지속가능성, 그리고 진로 선택의 다양성 측면에서는 심각한 한계를 드러내고 있다. 이는 단순한 처우 문제를 넘어선, 사회 전체의 가치 체계와 연결된 문제다. 의대만이 안전한 선택이라는 사회적 통념을 깨뜨리려면, 이공계가 실제로 안전하고 매력적인 대안이 되어야 한다. 이를 위해서는 전폭적인 지원이 이루어지는 연구 환경과 안정적인 일자리 창출이 선행되어야 한다. 특히 대학원생과 젊은 연구자들에게는 장기적 연구비 지원과 명확한 경력 경로를 제시하는 국가 차원의 체계적 프로그램이 필요하다.

성공 서사에 대한 사회적 인식 전환

우리나라의 우수한 학생들은 '최고 성적이면 당연히 의대'라는 사회적 공식에 자신을 맞춰가고 있다. 공부를 잘하는 학생일수록 의대라는 '최상위 선택지'에 대한 기대와 압박을 동시에 받는 것이다. 2025학년도 수능 만점자가 서울대 공대를 택했을 때, 의대가 아닌 공대 선택에 충격적이라는 기사가 쏟아졌으니 말이다. 이는 개인의 적성이나 관심보다는 성적 순위에 따른 진로 선택이라는, 우리 사회 특유의 서열화된 사고방식이 만들어낸 현상이다.

결국 우리 사회가 직면한 가장 중요한 과제는 성공에 대한 인식을 근본적으로 바꾸는 것이다. 현재 우리는 높은 소득과 사회적 지위를 보장하는 소수의 직업군만을 가치 있는 선택으로 인식하는 편향에 갇혀 있다. 이러한 편향은 단순한 개인적 선택의 문제가 아니라, 불확실성에 대한 인간의 본능적 회피에 뿌리를 둔다. 안정된 삶이 보장된 로드맵을 따라가겠다는 학생과 학부모를 설득하는 것은 어쩌면 욕심일지도 모른다.

그렇다면 이 본성을 인정하되, 어떻게 변화의 동력을 만들어낼 것인가? 핵심은 안정과 성취를 동시에 제공할 수 있는 다양한 성공 경로를 가시화해주는 것이다. 공학 기술로 글로벌 시장을 혁신하는 이야기, 기초과학 연구가 인류의 난제를 해결하는 과정, 창업가의 도전이 사회적 변화를 이끄는 사례들을 생생하게 전달해야 한다.

학교와 지역사회는 학부모를 대상으로 한 체계적인 진로교육 프로그램을 통해 급변하는 미래산업에 대한 정확한 이해를 제공해야 한다. 특히 현재의 입시 결과가 10년 후 산업 구조 변화 속에서도 동일한 가치를 보장하지 않는다는 현실적 인식을 공유하는 것이 중요하다. 이는 학부모들로 하여금 자녀의 미래를 보다 장기적이고 다면적인 관점에서 바라보게 하는 인식의 전환점이 될 것이다.

궁극적으로 우리가 지향해야 할 교육 목표는 학생 개개인이 탁월할 수 있는 영역과 사회에 의미 있게 기여할 수 있는 방식을 주체적으로 연결해낼 수 있도록 돕는 것이다. 이를 위해서는 학부모, 교사, 사회 전체가 성공의 기준을 다층적이고 개별화된 가치 체계로 확장하려는 노력이 필요하다. 교육은 더 이상 정해진 답을 찾아가는 입시 준비 과정이 아니다. 각자가 고유한 삶의 서사를 창조해나가는 문화적 역량을 기르는 여정이어야 한다.

1년간의 의대 증원 소용돌이가 지나갔다. 그러나 그 자리에 남은 건, 더 견고해진 '의대 공화국'이었다. 이제 묻는다. 진짜 인재는 어디서, 무엇을 배워야 하는가?

지금 이 순간에도 어떤 아이는 별을 포기하고 있다. 우주가 궁금했던 소년이, 수학 공식보다 시를 사랑했던 소녀가, 현실 앞에서 꿈을 접는다. 우리가 다음 세대에게 물려줄 최고의 선물은 다양한 길을 선택할 수 있는 사회다. 한 번의 선택이 평생을 결정하지 않는 구조, 실패 후에도 다시 시작할 수 있는 환경, 호기심을 실험하고 재능을 발견하며 끊임없이 도전할 수 있는 사회다. 이것이야말로 진짜 교육이다. 사회 전반의 가치 체계도 바뀌어야 한다. 공학자가 미래를 설계하고, 과학자가 난제를 풀며, 창업가가 세상을 바꾸는 이야기들이 우리 아이들의 상상 속에 살아 숨 쉬어야 한다. 그래야 아이들이 자신만의 별을 향해 달릴 수 있다.

우리는 여전히 선택할 수 있다. '의대 공화국'에 머물 것인가, 아니면 진짜 다양성이 꽃피는 인재 강국으로 나아갈 것인가. 답은 지금 우리가 아이들에게 열어줄 수 있는 길 위에 놓여 있다.

부모의 불안이 만든 교육생태계

4

김성곤
차의과학대학교 의학전문대학원 교수
의학박사
서강대학교 사회복지연구소 선임연구원
연구출판윤리학회 부편집장

대한민국 교육은 언제부터 '아이를 위한 교육'이 아니라 '부모의 불안을 달래기 위한 시스템'이 되었을까. 학부모가 만든 사교육 지도, 사교육이 부추긴 입시 불안, 그리고 그 불안을 감당하지 못하는 학교. 지금의 교육생태계는 서로에게 책임을 전가하면서 동시에 피해자 역할에 머무르고 있는 것처럼 보인다.

우리는 그동안 '좋은 부모가 되기 위해' '남들만큼은 시켜야 한다는 압박감 속에서' 교육적 선택을 해왔다. 그러나 그 선택이 정작 아이에게 어떤 심리적 상흔을 남겼는지 되돌아보진 않았다.

부모의 불안은 두 가지 방식으로 교육생태계를 왜곡시켜왔다. 하나는 '과잉 개입'이고, 다른 하나는 '부정적 감정의 회피'였다. 아이의 감정은 읽지 않고 점수만 읽었으며, 아이의 리듬은 보지 않고 선행 진도만 보았다.

그리고 지금, 우리 사회는 묻기 시작한다. "왜 아이들은 학교가 재미없다고 말하는가?" "왜 학습의 의미가 사라졌는가?" "왜 교실에 있었지만, 누구와도 연결되지 못한 채 한 학기를 끝내야 했는가?" 그 질문의 한가운데에는 '부모의 불안'이 놓여 있다.

불안한 부모가 만든 사교육 지도

대한민국 사교육 시장의 지형은 단순한 교육 수요의 결과물이 아니다. 그것은 '불안을 해소하려는 소비'의 축적이 만든 결과다. '남들보다 뒤처지면 안 된다'는 비교 불안은, 아이가 아직 준비되지 않은 영역까지 선행학습을 강요하고, '이 정도는 다 한다'라는 집단 강박으로 부모를 더욱 조급하게 만든다.

문제는 이 사교육 지도가 아이의 학습을 이끄는 나침반이 아니라, 부모의 불안을 달래기 위한 위안제 역할을 해왔다는 점이다. 과잉 개입, 계획표, 진도표, 선행 이력, 아이가 그려야 할 배움의 지도가 어느새 부모의 설계도로 바뀌어버린 것이다.

인지부조화 이론으로 잘 알려진 레온 페스팅거Leon Festinger는 이러한 현상을 이렇게 설명한다. "부모는 자신의 선택이 옳았다는 확신을 유지하기 위해 더 많은 사교육과 정보를 추구한다. 아이가 힘들어하더라도 '우리는 더 좋은 길을 가고 있다'는 확신으로 합리화한다."[1]

불안은 초기 정신분석학에서도 인간 내면의 가장 원초적인 감정으로 다뤄졌다. 프로이드는 불안을 '실재적 위험에 대한 반응'이자, 무의식적 갈등이 표면으로 드러나는 신호로 보았다[2]. 현대 진화심리학에서도 불안을 생존을 위해 진화한 일종의 경계 시스템으로 해석한다.

그러나 이러한 본능적 감정이 사회적 맥락에서 과도하게 자극될 때, 그 기능은 왜곡된다. '실제 위험'이 아닌 '끝없는 비교'와 '지속되는 불확실성'이 불안의 트리거가 되는 사회, 그것이 지금 우리가 살고 있는 사회의 교육 현실이다.

학교는 왜 아이를 놓았는가

부모의 과잉 개입은 학교에도 깊은 흔적을 남긴다. 불안을 안고 학교로 달려온 부모는 교사에게 '관리'를 요구한다. 성적이 떨어진 이유를 낱낱이 분석해달라고 하고, 다른 아이와 비교하며 더 시켜달라고 압박한다. 그 순간 교사는 '아이와 함께 이해하는 파트너'가 아니라 '실적을 관리하는 관리자'로 전락한다.

로버트 로젠탈Robert Rosenthal은 교사의 기대가 실제 학생의 성취에 영향을 미친다는 '피그말리온 효과'를 실험을 통해 입증했다.[3] 그러나 기대가 아닌 과

---

1 『A Theory of Cognitive Dissonance』, Festinger, L., Stanford University Press, 1957
2 「Inhibitions, Symptoms and Anxiety」, Freud, S., 1926

도한 외부 압박은 정반대의 결과를 낳는다. 교사는 방어적이고 기계적인 존재로 전락하고, 아이의 속도와 감정은 교사에게조차 '사치'가 된다. 단위 시간당 진도, 정답률, 점수 향상 같은 목표만이 교사의 생존 전략으로 남는다.

스트레스란 개념은 리처드 라자루스 Richard Lazarus가 '개인이 감당하기 어려운 환경 요구'로 정의하면서 확장되었다. 이 정의를 빌리자면, 교사들은 부모의 요구와 제도적 성과 압박 사이에서 끊임없이 '인지적 평가'를 반복하며 정서적 탈진 상태에 빠지게 된다.[4] 이는 교사와 학생 관계의 질을 낮추고, 교육을 단순한 기술적 전달 행위로 전락시킨다.

감정 루틴과 학습 동기

아이의 학습 동기는 단순히 의지력이나 목표 설정에서 비롯되지 않는다. 캐럴 드웩 Carol S. Dweck은 성장 마인드셋 개념을 통해 아이의 회복탄력성과 노력의 의미를 새롭게 재조명했다. 그러나 이 마인드셋은 공기처럼 존재하는 것이 아니라, 일상의 감정 루틴(매일 반복되는 감정 반응의 패턴) 속에서 형성된다. 아이가 실수를 했을 때 부모가 어떤 반응을 보였는지, 좌절했을 때 어떤 표정을 마주했는지, 이때 감정들의 누적이 아이의 학습 신념을 구성한다.

이러한 감정 루틴은 뇌의 전전두피질과 편도체라는 두 핵심 회로와 긴밀히 연결되어 있다. 매일 반복되는 작은 감정 습관이 전전두피질의 집중과 자기조절력을 강화하고, 동시에 편도체의 불안과 회피 반응을 잠잠하게 만든다.

다시 말해, 우리가 흔히 '공부머리'라고 부르는 것은 유전이나 타고난 기질

---

3 『Pygmalion in the Classroom』, Rosenthal, R., & Jacobson, L, Holt, Rinehart and Winston, 1968
4 『Emotion and Adaptation』, Lazarus, R. S., Oxford University Press, 1991

의 선물이 아니다. 그것은 매일의 생활 속에서 반복되는 감정 경험이 뇌의 신경회로를 어떻게 설계하느냐에 따라 길러지는 능력이다. 결국 공부머리는 유전적 요인이 아니라, 매일의 감정 리듬에서 비롯된다.

부모의 마음을 들여다보면 언제나 두 감정이 함께 자리한다. 아이에 대한 깊은 사랑, 그리고 그 사랑만큼이나 큰 불안. 심리학에서는 이를 '양가적 감정ambivalence'이라고 부른다. 중요한 점은 이 두 감정이 서로를 무너뜨리는 상반된 힘이 아니라, 동시에 존재하는 마음의 양면이라는 사실이다.

문제는 부모가 불안을 정직하게 인정하지 않고 회피할 때 생긴다. 겉으로는 아이를 위하는 말처럼 포장하지만, 그 속에는 사랑과 불안이 뒤섞여 있다. 부모의 모호한 메시지를 반복해서 들은 아이는 '엄마가 나를 믿는 걸까, 아닌 걸까?'라는 혼란 속에서 자라며, 자기감정을 해석하는 힘을 잃어버린다. 결국 작은 말 한마디에도 위축되거나, 감정 해석의 오류에 빠지게 되는 것이다.

이때 필요한 것이 바로 '감정 명료화emotion labeling'다. 부모가 먼저 자기감정을 인식하고 언어로 표현할 수 있을 때, 아이 역시 감정을 이해하고 다루는 법을 배운다. "엄마가 지금 불안해서 화가 난 것 같아"와 같은 단순한 언어가 아이에게는 강력한 감정 교과서가 된다.

감정 명료화는 단순히 기분을 설명하는 수준에서 끝나지 않는다. 부모가 말로 감정을 해석해주는 순간, 아이는 '내 마음에도 이름이 붙여질 수 있구나'라는 경험을 하게 된다. 이런 경험이 반복될 때, 아이는 자신의 내적 동기와 감정을 연결 짓는 법을 배운다. 즉, 하고 싶은 마음이 들 때 그 이유를 감정과 연결해 이해하고, 하기 싫을 때는 왜 그런지 설명할 수 있는 힘을 갖게 되는 것이다.

결국 감정 명료화는 단순한 언어 훈련이 아니라, 아이가 자기조절력을 키우고 주체적인 동기를 세워나가는 기초작업이다. 부모가 먼저 자기감정을 솔직하게 표현할 수 있어야, 아이도 감정과 동기를 연결하는 건강한 내적 구조를 세워갈 수 있다.

부모 불안의 유전적·진화심리학적 뿌리

진화심리학은 부모의 과잉보호 본능이 '종 보존'이라는 인간의 생물학적 특성에 기인한다고 설명한다. 인간은 다른 포유류보다 양육 기간이 길고, 사회적 의존성이 크다. 그래서 부모는 아이의 위험에 유독 민감해지도록 진화해왔다.

문제는 이 본능이 오늘날 전혀 다른 방향으로 작동하고 있다는 점이다. 과거의 부모가 맹수나 질병을 경계했다면, 지금의 부모는 비교와 경쟁에 더 촉각을 곤두세운다. 옆집 아이의 성취, 더 똑똑해 보이는 또래, 알고리즘이 추천하는 조기교육 콘텐츠까지, 모든 것이 새로운 '위협'으로 인식된다. 생존을 지키던 경계 시스템이 이제는 불안을 키우는 자극 시스템으로 변질된 것이다.

행동주의 심리학 역시 이것을 악순환이라 설명한다. 아이가 공부하지 않으면 불안이 커지고, 공부를 하면 불안이 잠시 줄어든다. 이 경험이 반복되면서 부모는 아이에게 더 강하게 공부를 강요하게 된다. 그러나 그 결과는 아이의 성취가 아니라, 부모와 아이 사이의 정서적 거리가 점점 더 멀어지는 것이다.

학교와 가정 사이의 책임 분산 구조

교육은 본래 가정과 학교 공동의 책무여야 한다. 그러나 지금의 시스템은 오히려 서로에게 책임을 떠넘기는 구조를 강화하고 있다. 학교는 "부모가 지나치게 개입해서 힘들다"고 말하고, 가정은 "학교가 아무것도 해주지 않는다"고 토로한다. 그 사이에서 아이는 정서적 연결도, 책임의 온기도 경험하지 못한 채 방치된다.

사회학자 울리히 벡 Ulrich Beck은 후기 근대사회를 '위험사회'라 규정하며, 구조적 불안을 개인의 책임으로 떠넘기는 체제를 비판했다. 교육 역시 다르지 않다. 시스템이 감당해야 할 책임을 개인이 감당할 때, 교육은 더 이상 공동체의 과제가 아니라 각자의 생존 투쟁으로 전락한다.

교육정책과 시스템 변화의 필요성

근본적인 변화는 개인의 각성과 노력만으로는 어렵다. 부모의 불안, 교사의 소진, 아이의 무기력은 결국 제도의 구조적 결함에서 비롯된다. 전 서울시 교육감 곽노현은 "기초학력 보장이라는 이름으로 시행되는 국가정책이 오히려 학습의 자율성과 내재적 동기를 훼손하고 있다"고 지적한 바 있다.[5]

불안에 기초한 정책은 교사에게는 점수 관리의 부담을, 부모에게는 사교육 의존을, 아이에게는 학습 혐오를 남긴다. 결국 교육의 목적은 사라지고, 불안을 상쇄하려는 생존 전략만이 남는다.

지금 필요한 것은 결과 중심에서 과정 중심으로의 전환이다. 정답과 속도보다 중요한 것은 아이가 배우는 과정을 얼마나 주체적으로 경험했는가다. 교육시스템이 이 과정을 신뢰하고 지지할 때, 부모의 불안은 줄어들고 교사의 동기는 회복될 수 있다.

따라서 우리는 질문을 바꾸어야 한다. "이 아이를 위해 내가 무엇을 더 해줄까?"에서 "이 아이의 감정을 나는 얼마나 읽고 있는가?"로. 아이를 위한 가장 큰 교육은 부모의 불안을 넘어 아이와 진심으로 연결되는 감정의 언어다. 그 언어를 배우는 부모가 늘어날 때, 비로소 우리 교육생태계도 아이를 위한 시스템이 될 수 있다.

---

[5] 『기초학력 보장방안 교육부안 비판과 교육희년적 대안』, 곽노현, 교육을바꾸는사람들, 2023

AI 시대, 왜 정서적 안정이 더 중요해졌는가

AI는 점점 더 많은 영역에서 인간의 지식과 기술을 대체하고 있다. 단순한 암기력이나 빠른 계산 능력은 이미 인간보다 훨씬 더 뛰어나다. 그렇다면 인간에게 남는 교육의 목표는 무엇일까. 그것은 바로 정서적 안정, 분석적 사고, 관계 속에서 협업하는 힘이다.

정서신경과학자 리사 펠드먼 배럿 Lisa Feldman Barrett 은 감정을 고정된 본능이 아니라 뇌가 상황을 예측하고 구성하는 방식이라고 설명한다. 예측 가능한 환경 속에서 안정된 감정을 경험한 아이는 불확실한 상황에서도 문제를 분석하고 감정을 조절하며 타인과 협력하는 능력을 기르게 된다.

AI 시대에 필요한 인재는 단순히 정답을 아는 사람이 아니라, 문제를 새롭게 정의하고 맥락을 통찰할 수 있는 사람이다. 그 역량은 정서적 안정, 자기이해, 비판적 사고에서 비롯된다. 그러나 불안 속에서 성장한 아이는 문제를 해결하기보다 회피하고, 실수를 실패로 받아들이며, 도전을 꺼리게 된다. 결국 부모의 불안은 아이의 현재만이 아니라, 미래를 이끄는 힘까지 제한하게 된다.

학벌주의의 균열, 부모의 교육철학을 묻다

이미 많은 선진국에서는 '어느 대학을 나왔는가'보다 '어떤 경험과 성향을 지녔는가'가 인재를 판단하는 더 중요한 기준이 되고 있다. 한국 사회 역시 학벌주의의 균열이 서서히 일어나고 있지만, 여전히 '좋은 대학=좋은 인생'이라는 신념에서 벗어나지 못하는 부모들이 많다.

그러나 아이들이 살아갈 미래는 다르다. 직무 기반 채용, 포트폴리오 중심 평가, 평생직장이 아닌 다중 커리어의 시대가 이미 시작되었다. 이 변화의 흐름 속에서 진정으로 중요한 것은 학력보다 '정체성' '문제 해결력' 그리고 '회복탄력성'이다.

따라서 교육의 방향은 달라져야 한다. 아이가 자신의 흥미와 강점을 탐색하고, 시행착오 속에서 스스로 진로를 설계할 수 있도록 돕는 것. 이것이야말로 새로운 시대에 걸맞은 교육철학이다. 부모가 과거의 프레임에 갇혀 있다면, 아이는 현재를 살면서도 과거의 불안을 짊어진 채 미래를 준비해야 한다.

결국 아이에 대한 부모의 질문부터 바뀌어야 한다. "어디에 진학했는가?"가 아니라 "어떤 사람으로 자라고 있는가?"라고 묻는 것이다. 아이를 위한 투자가 '불안의 보상'이 아니라 '존중의 실천'이 될 때, 비로소 교육은 아이의 삶을 위한 토대가 될 수 있다.

교육의 목적에 대한 철학적 성찰

인류학적으로 보아도 교육은 생존 기술의 전수가 아니었다. 오히려 문화와 가치를 다음 세대로 이어주는 '인간성의 연속성'을 위한 장치였다. 어느 공동체든 다음 세대에게 남기고자 했던 것은 단순한 지식이 아니라 '어떻게 살아야 할 것인가'에 대한 통찰이었다.

따라서 자녀 교육의 진정한 목표는 온전한 독립이다. 부모의 시선을 떠나 사회 속에서 자신만의 삶을 설계하고 책임질 수 있는 성숙한 인간으로 자라는 것, 동시에 건강한 시민정신을 지닌 존재로서 타인의 삶에도 긍정적 영향을 미칠 수 있는 사람으로 성장하는 것이다. 나아가 자기자신을 사랑할 줄 아는 사람으로 서는 것. 그 여정을 함께하는 것이 바로 교육이며, 부모됨의 본질이다.

부모의 철학은 무엇인가

그리고 다시, 우리는 질문으로 돌아가야 한다.

대한민국 교육은 언제부터 '아이를 위한 교육'이 아니라 '부모의 불안을 달래기 위한 시스템'이 되었는가.

이 질문은 더 이상 사회를 향한 비판으로만 머물러선 안 된다. 그것은 부모인 '나' 자신을 향해 되돌아와야 한다. 내가 품은 불안은 어디에서 온 것인가. 나는 그 불안을 아이에게 어떤 방식으로 전달하고 있는가. 그리고 나는 지금, 어떤 철학으로 자녀의 성장을 바라보고 있는가.

부모가 바뀌어야 교육이 바뀐다. 부모가 던지는 질문이 달라질 때, 아이의 내면도, 교실도, 사회도 서서히 다른 얼굴을 갖게 된다.

이것이야말로 우리가 놓치고 있는 교육의 본질이다. 부모의 불안이 왜곡시킨 교육생태계를 올바르게 회복시킬 수 있는 단서이며, 지금 이 순간이 어쩌면 마지막 기회일지도 모른다.

선생님은 왜 학교를 떠나는가

류성창
충청남도교육청 소속 초등교사
(사)교사크리에이터협회 이사
충청남도교원단체총연합회 대변인

"다시 태어나도 선생님 하실 건가요?"

교사라면 한번쯤 들어봤을 이 질문에 최근 10명 중 8명이 '아니오'라고 응답했다. 2016년 응답자 중 절반 이상이 교직을 다시 선택하겠다는 결과와 비교하면 현저하게 떨어진 수치이다. 예전에 사람들은 교사라는 직업을 '워라벨이 보장된 직업' '부부교사는 걸어다니는 중소기업'이라며 부러움을 담아 이야기했다. '정년 보장' '사회적 신뢰' '아이들을 가르치는 보람' 이러한 키워드는 교사를 나타내는 대표적인 말이었다. 그런데 요즘 '교사가 되고 싶다'라는 말보다 '학교를 떠나고 싶다'라는 말이 더 자주 들린다. 도대체 교사들은 왜 학교를 떠나고 싶은 것일까?

교직 이탈, 넌 누구니?

일반적으로 '이직turn over'은 한 직장에서 다른 직장으로 옮기는 것을 뜻한다. 즉, 같은 직업군 내에서 더 나은 근무 환경이나 조건을 찾아 다른 직장으로 이동하는 '직장 이동'을 의미한다. 하지만 교직에서 이직은 다르다. 바로 기존 직업 자체를 떠나는 '직업 이동'이다. 교사에게 직장 이동은 교직 내에서 학교만 바꾸는 경우로 구체적으로는 전보나 전근, 다른 시도 교육청으로의 재응시를 말한다. 반면에 직업 이동은 교사라는 직업을 완전히 내려놓고 다른 분야로 이동하거나 아예 일을 중단하는 것을 가리킨다. 최근 교육 현장에서 주목하는 '교직 이탈teacher attrition'은 직업 이동에 해당한다.

해외에서는 교사의 단순 이동과 완전한 이탈을 구분하기 위해 '이직turn over' 대신 '이탈attrition'이라는 용어를 사용하고 있으며, 국내 연구자들 역시 이를 교직 이탈로 번역해 사용하고 있다. 즉, 교직 이탈은 '정년퇴직 이전에 교사가 자발적으로 교직 신분을 포기하고 떠나는 현상'을 의미한다. 이러한 개념 구분은 단순한 용어 차원을 넘어, 현상에 대한 원인 분석과 교육정책 및 대응 방안을 수립하는 데 중요한 기준이 된다. 교사의 전보는 교육정책 시스템의 일부일 수 있지만, 교직을 떠나는 일은 교육의 지속가능성과 직결되는 구조적 문제이기 때문이다.

교직 이탈, 왜 지금 주목할까?

서구 국가에서는 오랫동안 교직 이탈을 심각한 교육 문제로 인식하고 있다. 특히, 공립학교 교사의 경우, 가뜩이나 낮은 임금과 학생 훈육의 문제로 인해 이직률이 높은데 코로나19를 겪으면서 더욱 심해졌다. 높은 교직 이탈률은 교사 부족 문제를 심화시키고, 신규 교사를 양성하는 교육기관의 경제적 부담을 높이고 있다. 결국, 지속적인 교직 이탈은 학교와 교실 차원의 구조적 안정성을 저해하고, 불안정한 교육 환경을 만든다. 그래서 서구 국가에서는 이에 대한 문제 제기와 정책적 비판이 이어졌고, 이를 해결하기 위한 대책도 오랫동안 논의되어왔다.

반면, 대한민국에서 교직은 그동안 안정적인 직업의 대명사로 여겨졌다. 법

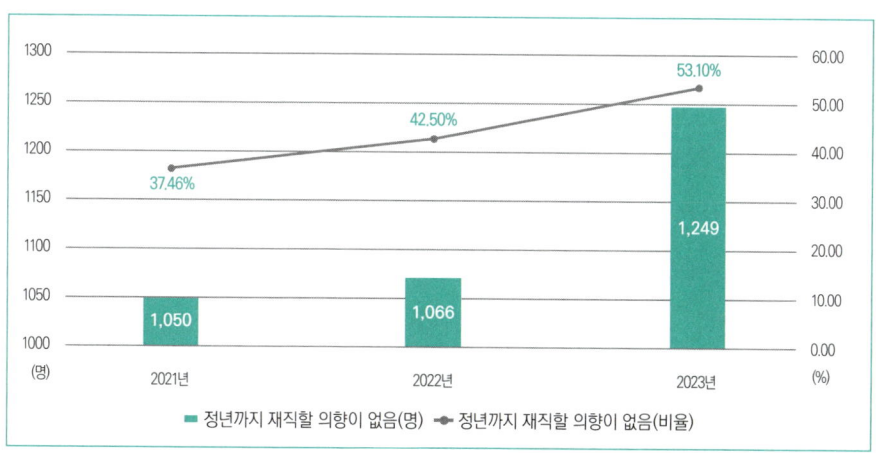

적으로 신분이 보장되고 연금제도가 갖춰져 있으며, 사회적 존경까지 따르는 직업으로 인식되었기 때문이다. 하지만 점점 상황이 달라지고 있다.

한국교육개발원(2024)에서 발표한 통계에 따르면, '선생님은 정년까지 교직에 재직할 것으로 예상하십니까?'라는 질문에 '(정년까지) 재직할 의향이 없다'라고 응답한 교사가 2021년 1,050명(37.46%), 2022년 1,066명(42.5%), 2023년 1,249명(53.1%)으로 나타났다. 이러한 결과는 최근 3년 동안 교직 이탈 의향이 지속적으로 증가하고 있으며, 증가 폭은 매년 더 커지고 있음을 보여준다.

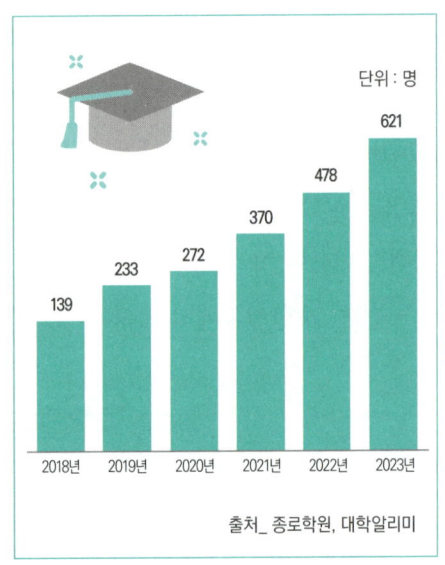

교원 의원면직·명예퇴직 현황

년도	의원면직		명예퇴직	
	초등	중등	초등	중등
2019	445	250	2,062	3,180
2020	407	235	2,271	3,418
2021	401	289	2,136	3,627
2022	423	294	2,261	3,601
2023	556	368	2,843	3,637
2024	580	363	3,045	3,479
~2025.2.	26	10	1,456	2,030

- 기관: 국공립 초중고
- 대상: 초중등 교원
 (교장, 교감 포함 / 특수, 비교과 교사 제외)

출처_ 정성국, 국민의힘 자료실

연도별 전국 10개 교육대학 중도 탈락자 수 (단위: 명)

- 2018년: 139
- 2019년: 233
- 2020년: 272
- 2021년: 370
- 2022년: 478
- 2023년: 621

출처_ 종로학원, 대학알리미

최근 6년간 정년을 채우지 않고 교직을 떠나는 교사 수가 급격히 늘어나고 있으며, 2024년에는 중도 퇴직교사 수가 7,467명으로 조사되어 2019년 이후 최고치를 기록했다. 특히 재직기간에 상관없이 본인 의사로 그만두는 교사의 의원면직이 급증하고 있는데, 이는 서이초 사망 사건이 계기가 된 것으로 보인다. 또한 10년 차 미만 퇴직교사 수는 2020년 448명, 2021년 466명, 2022년 531명,

2023년 576명으로 매해 늘어나고 있다. 뿐만 아니라 전국 교대 중도 탈락자 수도 급격하게 증가하고 있다. 이는 교직 이탈이 단순한 개인의 선택이 아니라 교직의 근본 구조와 환경에 변화가 일어나고 있음을 시사한다.

그동안 교직 이탈은 연금법 개정 등 특정 제도와 맞물릴 때 많이 일어나곤 했다. 공무원 연금 개혁으로 2015년 교원의 명예퇴직 수가 늘어난 일이 대표적인 예이다. 그러나 현재 일관되게 증가하는 교직 이탈은 교직 현장의 변화가 필요하다는 것을 말해준다. 그동안 안정적이라던 교직을 교사들이 왜 떠나는지, 그리고 남긴 자리는 무엇을 말해주는지 되짚어봐야 할 때이다. 교육의 질은 결국 교사의 질에서 비롯되고, 교사의 질은 그들이 머물고 있는 환경에서 시작되기 때문이다.

교직 이탈, 원인은 무엇일까?

"요즘은 수업보다 사람을 상대하는 게 더 힘들어요."

어느 초등학교 교사의 말이다. 책과 아이 사이에 있어야 할 교사가, 이제는 민원과 감정노동의 최전선에 서 있다. 한때 '존경받는 직업' '안정된 직업'의 대명사였던 교사들은 왜 교실을 떠나고 있을까? 크게 3가지 요인으로 구분할 수 있다.

첫째, 개인적·심리적인 요인으로 교사들은 교직을 이탈한다. 임용시험에 합격 후 교사들은 '아이들과 행복한 교실'을 꿈꾸며 교단에 선다. 그러나 현실은 잔뜩 쌓인 행정 서류, 시도 때도 없는 민원, 그리고 벽처럼 느껴지는 동료 교사와의 거리감이다. 우리가 흔히 말하는 '현실 충격 reality shock'을 교직에 들어서는 순간부터 겪게 된다. 이러한 현실 충격은 교사를 교직으로부터 멀어지게 만들며, 저연차 교사에게는 교직을 이탈하게 만드는 주요 요인으로 작용한다. 직무로 인한 스트레스, 교직에 대한 열정 상실, 스트레스로 인한 건강 악화도 교직을 이탈하는 원인으로 나타난다.

둘째, 구조적 요인으로는 수직적 의사결정 구조, 불공정한 업무 배분, 보수 체계의 불합리성, 그리고 정서적 지지의 결여 등이 주요하게 나타났다. 아이들에게는 민주적인 가르침을 요구하지만 정작 당사자인 교사는 비민주적 절차 속에서 소진을 경험한다. 교육청이나 관리자가 교사를 보호해주지 않는 모습을 보며 교사들은 '행정은 내려오고, 책임은 올라가지 않는다'라는 말을 떠올린다. 저·중경력 교사들은 고경력 교사보다 낮은 보수를 받으면서도 더 많은 양의 행정업무를 부담하는 구조와 이에 따른 경제적 불합리성도 교직 이탈의 원인으로 작용한다. 특히, 호봉제에 기반한 동일 보수 체계는 직무의 난이도와 책임을 반영하지 않아 교사 간 형평성을 저해한다고 지적되고 있다. 중·고경력 교사의 경우 직무 성장의 한계가 교직 이탈의 원인으로 작용한다. 승진하지 않으면 연차가 올라가도 동일한 역할을 수행해야 하는 교직의 특수성 역시 교사를 학교에서 멀어지게 만든다.

셋째, 사회적 요인으로는 학부모 민원 및 폭력, 교직에 대한 부정적 사회 인식 등이 있다. 학생의 교권 침해, 학부모의 무분별한 민원 제기와 언어·신체적 폭력은 교사의 전문성과 인권을 침해하는 것으로, 이를 막아주는 교권 보호 장치의 미비는 교직 이탈로 나타나고 있다. 특히, 교원에 대한 무분별한 아동학대 신고는 오랫동안 교단의 저승사자로 존재하고 있다. 교육부에서 발표한 '2024학년도 교육활동 침해 실태조사' 결과에 따르면 연도별 교권 침해는 매년 늘어나고 있으며, 2024학년도 지역교권보호위원회 개최 건수는 총 4,234건으로 그중 약 93%(3,925건)가 교육활동 침해로 인정될 정도였다. 또한, 교직 이탈자들은 학교와 사회로부터 소외되거나 대등한 인격체로 존중받지 못하는 경험을 했다고 토로하며, 이러한 교직의 부정적인 분위기가 교직 이탈의 주요 원인이라고 언급하였다.

급여에 대한 불만족도 교직 이탈의 주요 원인으로 나타나고 있다. OECD의

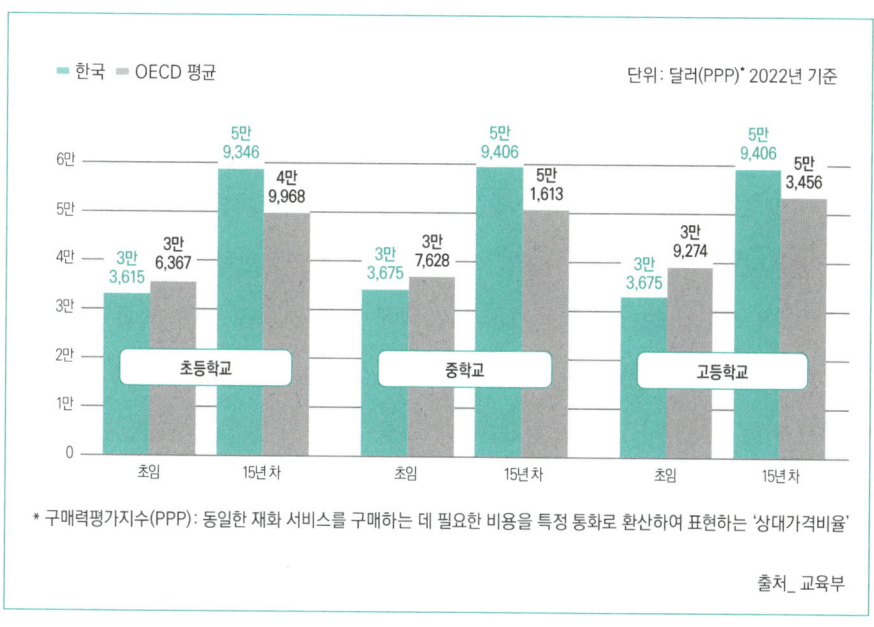

국공립학교 교사 법정 급여

출처_ 교육부

다른 나라와 비교했을 때 한국 경력 교사들의 급여는 상대적으로 높은 편이지만 한국 내 교사 급여 변화 추이를 보면 이전보다 증가율은 오히려 감소하고 있다. 구체적으로, 2000년 급여를 기준으로 했을 때 초·중등 교사의 평균 급여는 2005년까지는 25% 증가하였으나, 2005년에서 2010년 사이에는 17%로 오히려 증가율이 떨어졌다. 이뿐만 아니라, 2022년 기준 현재 초임 교사의 법정 급여는 OECD 평균보다 낮고, 교원을 포함한 공무원의 급여는 민간 기업 급여의 약 83% 수준밖에 되지 않는다. 또한 2015년 공무원연금법 개정으로 인해 늦게 퇴직할수록 연금 혜택이 줄어들고, 연금 개혁으로 인해 2010년 이후에 임용한 교사들은 연금 지급 시기가 종전의 60세에서 65세로 바뀌었다. 이로 인해 연금 지급액도 상당히 줄어들었다.

교직 이탈, 해결 방안은?

심리학자 허츠버그Herzberg는 '2요인 이론Two Factor Theory'으로 직무 만족도를 설명하며, '위생요인'과 '동기요인'이라는 개념을 제시했다. 위생요인은 급여나 업무량 같은 것으로 위생요인은 잘 갖춰져도 직무에 대한 만족감을 크게 높이지 않는다. 다만, 위생요인이 부족하면 직무에 대한 불만족은 높아진다. 반면, 동기요인인 성취감, 인정, 성장 기회는 직무에 대한 진정한 만족과 몰입을 이끈다. 허츠버그는 위생요인이 아무리 충족되어도 만족감이 올라가지 않으니 동기부여를 위해 조직이나 리더는 위생요인보다 동기요인에 집중하라고 말한다. 그렇다면 허츠버그의 2요인 이론처럼 교직 이탈을 예방하기 위해 위생요인보다 동기요인에 집중해서 대책을 마련해야 할까?

위생요인을 '음식의 위생'이라고 한다면 동기요인은 '음식의 맛'이다. 음식이 아무리 맛있어도 위생이 불량하면 먹기 싫다. 그런데 위생이 아무리 좋아도 맛이 없으면 감흥이 나질 않는다. 결국 위생요인과 동기요인은 둘 다 중요하며, 위생요인이 기본적으로 충족되어야 동기요인의 효과가 극대화될 수 있다.

'위생요인을 줄이는 것'이 교직 이탈을 막는 조건이고, '동기요인을 부여하는 것'은 교직에 남는 이유가 된다.

교사들이 교직에 만족감을 느끼게 하고 업무 의욕을 높이려면 동기요인을 관리해야 한다. 그런데 오늘날 교직은 위생요인조차 충족되지 않는 상황에 놓여 있다. 교권은 보호받지 못하고, 민원은 거칠고, 수업 외 업무는 끝이 없다. 하지만 문제는 여기서 끝나지 않는다. 교사들은 자신의 교육철학이 통하지 않는 관료제적 구조, 하향식으로 내려오는 교육정책, 전문성이 인정되지 않는 문화 안에서 더 깊이 흔들리고 있다. 교직 이탈을 막고 교육의 질을 높이기 위해서는 위생요인과 동기요인 모두 처방할 수 있는 다각인 대책이 필요하다.

위생요인을 충족하기 위해 우선, 교권 보호와 민원 대응체계 정비가 필요하다. 서이초 사건 이후 교원의 정당한 교육활동을 보호하기 위해 '교권 보호 5법'이 제정되었으나, 1년이 지난 후 실시한 설문조사에서 교원의 79.6%가 긍정적인 변화를 체감하지 못한다고 응답했다. 교실 밖의 법은 존재하지만 교실 안의 무력감은 현재진행형이다. 현장에서는 학부모의 악성 민원이나 무분별한 아동학대 신고 등 교권 침해 행위가 끊임없이 발생하고 있기 때문이다. 현장교사들의 의견을 반영하여 법을 꾸준하게 개정할 필요가 있으며, 이를 실행하는 교육기관은 구체적이고 명확한 지침을 통해 현장에서 효과를 느끼도록 해야 한다. 적어도 교권 보호에 대해서는 사후약방문死後藥方文식 정책을 멈춰야 한다.

다음으로, 행정업무가 경감되어야 한다. 자아 고갈 이론Ego Depletion Theory에 따르면 자기조절을 위한 인간의 에너지는 육체적인 에너지와 정신적인 에너지로 존재하며 그 에너지는 한정되어 있다고 한다. 감정을 억제하거나 육체적인 일을 지속하면 점점 에너지가 소모되어 자기조절 능력이 떨어진다. 교사의 하루는 자기조절의 연속이다. 교권 보호를 위한 대책이 완벽하게 나와도 문제 학생, 불필요한 민원을 제기하는 학부모는 끊임없이 존재한다. 교사는 그들을 상대하는 동안 자신의 감정과 언행을 조절하며 정신적인 에너지를 소모하게 된다. 그러므로 교직에서 정신적인 에너지 소모는 상수로 놓아야 한다. 그렇다면 교사의 에너지를 어떻게 아껴야 할까? 바로 신체적인 에너지를 덜 사용하면 된다. 그러려면 행정업무 경감이 필수적이다.

행정업무 경감은 단순히 선언적인 의미가 아닌 실질적인 대책으로 연결되어야 한다. 우선, '학교 업무 표준안'을 마련하여 교사의 직무 범위를 분명하게 정해야 한다. 자신의 역할을 어떻게든 완수하는 것이 미덕으로 자리 잡은 교직문화 속에서 불명확한 직무 범위는 업무 부담을 높이게 된다. 예를 들어 CCTV 관리 문제로 행정실과 갈등하는 일은 더 이상 없어야 할 것이다. 다음으로 행정업무를 수행할 충분한 인력이 충원되어야 한다. 최근 새롭게 추진된 '늘봄' 업무를 수행하기 위해 임기제 교육연구사 형태의 '늘봄지원실장'을 선발하고 있다. 실제 현장에서 비판할 부분도 있겠지만 적어도 인력 충원을 통해 업무를 경감시켰다는 점에서 긍정적이라 평가받고 있다. 현재 교육자료로 확정된 AI디지털교과서도 정보 업무를 전반적으로 담당할 정보실장을 선발하면 논란이 조금은 줄어들지 않을까 생각한다.

끝으로 합리적 보상 체계가 마련되어야 한다. 대한민국은 교사의 사회적·경제적 지위가 법률로 보장되어 있다. 그런데 이러한 법률적 기반은 역설적으로 다른 공무원 급여와의 형평성 때문에 교사의 경제적 처우가 획기적으로 개선되기 어렵게 하고 있다. 그렇다고 손 놓고 있을 순 없다. 적어도 타 직종과 비교하여 경제적인 측면에서 상대적 박탈감이 생기지 않을 정도의 개선은 필요하다고 본다. 이때 경제적 처우 개선은 급여뿐만 아니라 연금 혜택을 포함하며, 각종 수당에 대한 인상도 함께 논의되어야 한다. 실제로 담임 수당에 비해 담임교사가 처리해야 하는 업무는 상당히 광범위하다는 의견이 지속적으로 제기되어왔다. 최근에 이르러서야 50%인 20만 원 인상이 되었으나 이 정도로는 부족하다. 대한민국은 1950년대와 60년대 교육 기회가 급속히 팽창하는 시기에 정부가 이를 감당할 만한 재정적인 여건을 갖추지 못했다. 그래서 저비용 전략low-cost approach의 일환으로 학교 설립과 운영을 상당 부분 민간에 일임하였다. 하지만 경제 규모가 세계 10위권으로 올라선 지금, 교육에 대한 공적 재정 지원을 큰 폭으로 늘릴 필요가 있다. 학령인구의 감소를 이유로 교육 예산을 줄이기보다, 오히려 늘려 교육의 질, 교사의 질을 높일 수 있는 기회로 활용해야 한다. 가용할 수 있는 예산은 교사들의 경제적 처우 개선과 복지를 위해 지금부터라도 적극적으로 사용해야 한다.

급변하는 지식기반 사회에서 한 국가가 성장하고 발전하려면 우수한 인적 자원 배양이 핵심이므로, 교육의 질 향상은 더욱 중요해지고 있다. 그런데 교육의 질은 자연스럽게 높아지지 않는다. 교육의 질을 높이려면 교사의 질을 높여야 한다. 교사는 교육과정 실행의 주체자이자 학교 현장의 변화를 이끌어가는 실천적 행동가로 교육의 질에 직접적인 영향을 주며, 학생의 교육 결과에 막대한 영향을 미치는 강력한 요인으로 작용하기 때문이다. 그러므로 교직 이탈을 막기 위한 실질적인 정책과 집행이 필요하다. 이를 통해 서두에 언급했던 질문이 느낌표로 바뀌길 바란다.

"네, 다시 태어나도 선생님 할 거예요!"

교실 안의 '다른 얼굴', 공존을 위한 새로운 교육을 상상하다

박만재

경기도교육청 소속 초등교사
APEC국제교육협력원
LEAD교사단 에듀테크 국제교류팀
저서 『스마트폰, 학교 수업에 들어오다』

우리 교실의 명백한 미래, 그러나 외면받는 현실

2024년, 우리나라 초·중·고등학교에 재학 중인 다문화 학생 수가 19만 3천 명을 넘어서며 역대 최고치를 경신했다고 한다. 이는 전년 대비 7% 증가한 수치로, 특히 고등학교의 경우 한 해 만에 30.6%라는 높은 증가율을 기록했다. 중국, 필리핀, 우즈베키스탄 등 다양한 국적 배경을 가진 학생들이 우리 교실의 당연한 구성원이 된 것이다.

그러나 학교의 인구 구성이 눈에 띄게 다변화하는 동안, 우리 사회의 포용성은 오히려 줄어드는 모습을 보이고 있다. 2024년 발표된 '국민 다문화수용성 조사'는 그 불편한 현실을 드러낸다. 성인의 수용성은 2015년 이후 하락세를 멈추고 소폭 상승했지만, 정작 다문화 학생들과 매일 얼굴을 마주하는 청소년의 수용성은 2021년 대비 1.62점 하락한 것이다. 다양성이 커질수록 오히려 마음의 문은 닫히고 있는 이 위험한 현실은 어디에서 비롯된 것일까?

이 현상은 어쩌면 우리 교육정책이 의도치 않게 낳은 결과일 수 있다. 다문화 학생과의 접촉은 늘었지만, 갈등 경험 역시 2021년 4.5%에서 2024년 16.3%로 급증했다는 조사 결과는 중요한 단서를 제공한다. 한국의 다문화 교육이 '세계인의 날'과 같은 일회성 행사나 '문화 체험'에 머무르면서, 다름을 일상적인 공존의 요소가 아닌 특별한 구경거리로 소비하게 만든 것은 아닐까. 이러한 접근은 피상적인 이해를 넘어 '우리'와 '그들'이라는 구분을 오히려 강화하고, 잠재적 갈등의 소지를 키웠을 수 있다. 문제는 접촉의 양이 아니라, 접촉의 질과 철학이었던 것이다.

이 글에서 한국의 다문화 교육이 선의의 정책적 노력에도 불구하고 현장의 실제와 어떻게 괴리되어 있는지 지적하고자 한다. 반응적 지원과 피상적 문화 교류에 머무는 현재의 방식은 학업 소외와 사회적 마찰이라는 근본적 문제를 해결하지 못한다. 2026년, 진정으로 포용적인 사회로 나아가기 위해 우리는 캐나다,

핀란드, 독일, 그리고 싱가포르의 사례를 참고해 '동화'의 관점을 넘어 '공존'을 위한 교육철학으로 대전환을 모색해야 한다.

대한민국 다문화 교육의 두 얼굴
—정책의 청사진과 교실의 그림자

공식적인 청사진: 잘 짜여진 지원 시스템의 구축

정부는 다문화 사회로의 전환에 대응하기 위해 체계적인 정책적 노력을 기울여왔다. 그 정점에는 '다문화가족과 함께 성장하는 조화로운 사회'라는 비전을 내건 '제4차 다문화가족정책 기본계획(2023~2027년)'이 있다. 이 계획은 다문화 아동·청소년의 동등한 출발선을 보장하고 안정적인 생활 환경을 조성하는 것을 목표로 촘촘한 지원망을 설계했다.

이 청사진의 핵심은 다층적인 지원 네트워크다. 첫째, 언어 및 학교 적응 지원이다. '한국어학급(KSL)'은 중도 입국·외국인 학생들을 위해 특별학급 또는 방문교사 형태로 운영되며, 6개월에서 최대 1년간 집중적인 한국어 교육을 제공해 학교생활의 연착륙을 돕는다. 신입생을 위한 '징검다리 과정' 운영도 학교 적응을 돕는 중요한 정책이다. 둘째, 학업격차 해소를 위한 맞춤형 지원이다. 대학생 멘토가 다문화 학생과 1:1로 매칭되어 기초학습을 돕고, 수학·과학처럼 어려움을 겪는 교과목을 위해 정부 차원에서 보조 교재를 개발·보급하는 등 학습 결손을 막기 위한 노력이 이루어진다. 셋째, 정서적 안정과 사회성 함양을 위한 지원이다. 학교폭력 사안 발생 시 통역사를 참여시키고, 또래 상담 프로그램을 보급하며, 전문 상담 지원을 강화하여 다문화 학생들이 겪는 심리적 어려움과 차별 문제에 대응한다.

이러한 정책들을 현장에 구현하기 위한 인프라도 꾸준히 확충되었다. 각 시도 교육청은 '다문화교육 정책 학교'를 지정하여 지역 거점 역할을 하도록 하고, 중앙과 지역 단위에 다문화 교육 지원센터를 설치하여 포괄적인 지원생태계를 구축하고 있다. 표면적으로 볼 때, 한국의 다문화 교육정책은 필요에 따라 체계적으로 발전해온 모범적인 시스템처럼 보인다.

말하지 못한 투쟁: 학교 현장의 목소리

그러나 겉보기에 이렇게 잘 짜여진 정책의 청사진 뒤에는 깊은 그림자가 존재한다. 가장 치명적인 장애물은 역시 언어이다. 우선 한국어학급을 이수하는 학생 자체가 거의 없다. 간단한 한국어조차 모른 채 그저 학교 교실에 맡겨지는 경우가 대다수이다. 수업은 물론이고 친구들과의 소통도 불가능하며 이러한 문제들에 대해 학부모와 대화를 나누는 것조차 쉽지 않다. 또한 어느 정도 한국어를 배우게 되더라도 '생활 한국어'와 '학습 한국어' 사이의 거대한 간극은 극복할 수 없는 차이를 만들어낸다. 현장교사들은 한국어학급을 이수한 학생들이 일상적인 의사소통은 가능할지 몰라도, 정규 수업에는 전혀 따라오지 못한다고 증언한다. 한 교사는 "수학시간에 나오는 '분모' '최소공배수' '통분' 같은 단어부터가 거대한 장벽"이라며, "이해하지 못하는 수업이 쌓이면서 학습격차는 점점 더 벌어지고 결국 아이들은 공부에 대한 흥미 자체를 잃게 된다"고 토로한다.

이러한 학업 부진은 곧바로 사회적, 정서적 문제로 이어진다. 학생들은 서툰 한국어가 부끄러워 질문하기를 주저하고, 과제를 도와줄 친구나 교사에게 다가가지 못해 교실 안의 외딴섬이 된다. 학업 실패와 사회적 고립이라는 악순환은 결국 다문화 학생들의 높은 학업 중단율과 정신건강 문제로 귀결된다. 심지어 학부모가 자녀가 학업보다는 가계에 도움이 되기를 바라는 경우도 많다.

행사나 축제 같은 이벤트 중심의 다문화 이해 교육 역시 한계가 명확하다. 이런 활동들이 일시적인 호기심과 긍정적 분위기를 만들 수는 있겠지만, 진정한 통합에 필요한 지속적이고 깊이 있는 관계를 형성할 수 있는가에 대해서는 의구

심이 생긴다. 핵심 교육과정 밖의 특별활동으로 머물면서, 다문화는 일상이 아닌 예외적인 현상이라는 인식을 오히려 강화하는 계기가 되기도 한다.

이상적인 청사진과 현장의 괴리에서 발생하는 부담은 고스란히 교사에게 전가된다. 대부분의 교사들은 체계적이고 심도 있는 다문화 교육 연수를 받지 못한 채 현장에 투입된다. 15~30시간 내외의 단기 연수는 선택사항인 경우가 많고, 결국 교사들은 구글번역기에 의존해 학부모 상담을 진행하고, 언어 능력이 천차만별인 학생들로 구성된 교실을 힘겹게 이끌어간다.

이는 우리나라의 다문화 교육정책이 근본적으로 '결핍 모델deficit model'에 기반하고 있음을 시사한다. '지원' '강화' '해소'와 같은 정책 용어들은 다문화 학생을 표준에서 벗어난, 무언가 부족하여 '고쳐야 할' 대상으로 전제한다. 학생들을 별도의 학급으로 분리하여 교육과정을 따라잡도록 하는 프로그램 설계는 그들을 물리적·심리적으로 구분 짓고 차이를 낙인으로 만들 수 있다. 진짜 문제는 학생의 한국어 능력 부족이 아니라, 단일 언어·단일 문화 기반으로 설계된 교육 시스템 자체가 다양한 학생들을 포용할 유연성을 갖추지 못했다는 점이다. 시스템에 학생이 맞추기를 강요하는 이 모델은 적응의 모든 부담을 소수자 학생에게 지워 극심한 스트레스와 정체성 혼란을 야기하며, 다수자 학생들에게는 다문화 학생이 '관리해야 할 문제'라는 무언의 신호를 준다. 이것이야말로 청소년의 다문화 수용성을 떨어뜨리는 숨겨진 요인일지 모른다. 정책의 설계 자체가 통합이라는 목표를 저해하고 있는 것이다.

해외 사례를 통해 본 '포용'의 재구성

캐나다의 '모자이크' 모델: 교육의 씨실과 날실에 다양성을 엮다

캐나다의 다문화 교육은 우리에게 근본적인 철학의 전환에 대해 시사한다.

그곳에서 다문화 교육은 별도의 과목이나 추가 활동이 아니라, 교육과정 전체를 관통하는 핵심적인 관점이자 철학이다. 이는 특정 문화를 가르치는 것이 아니라, 모든 교과의 가르치는 방식을 바꾸는 접근이다.

실제 교육과정에서 이러한 철학은 다음과 같이 구현된다. 역사시간에는 유럽 중심의 서사에서 벗어나 원주민과 다양한 이민자 집단의 관점을 동등하게 다룬다. 국어시간에는 다양한 민족적 배경을 가진 작가들의 문학 작품을 함께 읽으며 문학의 경계를 확장한다. 더 나아가 학생들은 '문화 공정성 캠페인'의 일환으로 인종차별 반대 포스터를 직접 만들고, 정체성과 종교에 대해 토론하며, 가족들이 함께 음식을 준비하는 '세계 음식 축제'를 통해 단순한 시식을 넘어 다채로운 문화가 모여 공동체를 구축하는 경험을 한다.

이 모든 것은 교사로부터 시작된다. 캐나다에서는 교사가 되기 위해 반드시 문화적 감수성, 반편견 교육, 포용적 교수법에 대한 연수를 이수해야 한다. 이는 선택적인 직무 연수가 아니라, 교실에 들어서기 위한 핵심적인 전문 자격 요건이다. 온타리오주의 '형평성 및 포용적 교육' 전략은 모든 학생의 요구를 반영하는 교육문화를 지속적으로 수행하고, 원주민 학생이나 영어 학습자와 같이 소외될 위험이 있는 학생 집단을 위한 맞춤형 지원 전략을 개발하여 교육의 형평성을 높이는 데 주력한다.

핀란드의 '만민 평등' 원칙 : 모두를 위한 시스템은 누구도 소외시키지 않는다

핀란드의 성공은 '다문화 교육'이라는 별도의 정책이 없다는 데에 있다. 대신, 모든 학생을 위한 단 하나의 강력한 포용 교육원칙이 존재한다. 보편적 복지와 평등을 최우선으로 추구하는 국가적 시스템과 방향을 같이하는 이 교육방침은 여러 가지 조건에서 취약한 학생들을 두텁게 보호하는 데 주안점을 둔다.

핀란드 포용 교육의 핵심 기둥은 다음과 같다. 첫째, 급진적 평등이다. 유치원부터 대학까지 교육비는 물론 급식까지 전액 무상으로 제공되어 교육에 관한 경제적 장벽과 사교육의 필요성을 원천적으로 차단한다. 둘째, 학생의 웰빙을 교육의 토대로 삼는다. 학교에는 전문상담사, 학교 코치, 심리학자가 상주하며 따돌림 문제를 예방하고 정신건강을 적극적으로 관리한다. 셋째, 유연하고 포용적인 교수법과 환경이다. 학생들은 '현상 기반 학습'을 통해 현실의 주제를 여러 학문의 경계를 넘어 탐구하고, 학교 건물은 이동식 벽과 다양한 가구 배치를 통해 개별 학습과 협력활동을 모두 지원하도록 유연하게 설계되었다. 이민자 배경 학생이 80%에 달하는 헬싱키의 한 학교에서는 '존중' '친절'과 같은 가치를 중심으로 한 강점 교육을 통해 출신배경과 상관없이 모두가 공유할 수 있는 긍정적인 공동체 문화를 만들어간다고 한다.

독일의 실용주의적 경로 : 언어, 통합과 기회의 마스터키

독일의 접근은 매우 구조적이고 실용적이다. 탄탄한 언어 능력이 다른 모든 형태의 사회통합을 위한 전제조건이라는 확고한 믿음에 기반한다.

그 핵심에는 한국의 KSL보다 훨씬 체계적이고 강력한 'DaZ(Deutsch als Zweitsprache, 제2언어로서의 독일어)' 시스템이 있다. 새로 입국한 학생은 최대 1년간 매주 15~25시간의 집중 독일어 수업을 받는 'DaZ 학급'에 먼저 편입된다. 이후 일반 학급으로 옮겨간 뒤에도, 학업과 직업 생활을 하기에 충분한 수준인 유럽언어기준 B2 레벨에 도달할 때까지 최대 6년간 매주 4~6시간의 보충 독일어 교육을 지속적으로 받는다.

무엇보다 중요한 것은 DaZ 교사의 전문성이다. 이들은 일반교사가 아니라 대학에서 DaZ 교수법을 정식으로 전공하고 자격증을 취득한 제2언어 교습전문가들이다. 또한 독일의 언어 교육은 사회 진출과 긴밀하게 연결되어 있다. 독일의 강점인 이원적 직업훈련 제도(아우스빌둥)와 연계하여, 이민자 청소년들이 언어 습득에서 기술교육, 그리고 안정적인 취업으로 이어지는 명확한 경로를 밟을 수 있도록 돕는다. 언어의 장벽을 없애기 위한 이러한 노력은 우리나라에 시사하는 바가 크다.

싱가포르의 '통합과 실용' 모델 : 다양성 속 국가 정체성 구축

다인종·다언어 국가인 싱가포르는 '통합성 안의 다양성'을 추구하며 국가 주도의 강력한 사회통합 교육을 실시한다. 그 핵심에는 실용주의적 목표, 즉 사회의 조화와 경제적 경쟁력 확보가 자리 잡고 있다.

싱가포르 모델의 중심축은 '이중언어 교육정책Bilingual Policy'이다. 모든 학생은 영어를 제1언어(공식 업무어, 수업 언어)로, 자신의 민족적 배경에 따른 모어(중국어, 말레이어, 타밀어 중 하나)를 제2언어로 배운다. 영어는 세계 시장과의 연결을 위한 실용적 도구이고, 모어는 각 민족의 문화적 정체성과 가치를 보존하는 역할을 한다. 이 정책은 서로 다른 민족 집단이 소통하고 국가적 정체성을 공유하는 기반이 되었다.

이와 함께 국민교육National Education, NE과 공민과 도덕교육Character and Citizenship Education, CCE은 사회통합을 위한 또 다른 핵심 도구다. 이 교육과정에선 모든 학생에게 싱가포르의 역사, 생존을 위한 현실적 조건, 그리고 '존중' '조화' '책임'과 같은 공유 가치를 체계적으로 가르친다. '인종 화합의 날Racial Harmony Day'과 같은 기념일 활동, 지역사회 문제 해결 프로젝트 등을 통해 학생들은 다름을 존중하고 공동체에 기여하는 법을 배운다.

그러나 싱가포르 모델은 도전 과제도 안고 있다. 두 개의 언어를 높은 수준으로 구사해야 하는 부담이 학생들에게 큰 스트레스가 되며, 일상에서 영어의 영향력이 커지면서 모어 사용 능력이 저하되는 현상도 나타난다. 또한, 영어 중심의 교육이 새로운 사회적 계층을 만들어낼 수 있다는 비판도 제기되는 중이다.

다문화 교육 접근법 비교

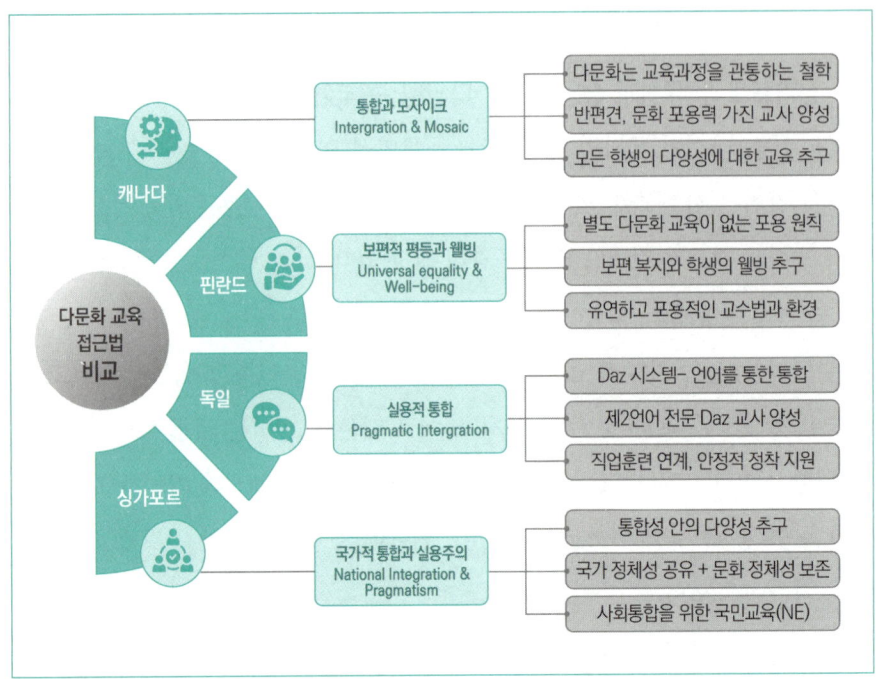

대한민국 다문화 교육을 위한 제언
—2026년을 향한 구체적 시사점

해외 사례들은 대한민국 다문화 교육이 나아가야 할 방향에 대해 깊은 통찰을 제공한다. 단편적인 프로그램 도입이 아닌 교육철학, 시스템, 교육과정, 교사 양성 전반에 걸친 근본적인 재설계가 필요하다.

철학의 전환: '결핍 모델'에서 '자산 모델'로

가장 시급한 과제는 다문화 학생을 지원이 필요한 부족한 존재로 보는 '결핍 모델' 관점에서 벗어나는 것이다. 그들의 이중언어 능력과 이중문화 배경은 21세기 사회가 요구하는 중요한 역량이자 우리 사회 전체의 귀중한 '자산'이다.

핀란드처럼 모든 학생의 잠재력을 인정하고, 캐나다처럼 다양성을 교육의 핵심 자원으로 활용하는 철학적 전환이 필요하다. 이는 다문화 학생의 모어를 존중하고, 이를 한국어와 함께 발전시키는 상보적 이중언어 교육 환경을 조성하는 것에서 시작해야 한다.

언어 교육의 재설계 : '생활 한국어'를 넘어 '학업 성취 언어'로

독일의 DaZ 시스템은 우리에게 의미 있는 모델을 제시한다. 현재 낮은 참여율로 유명무실한 KSL 과정은 '학습 한국어'의 문턱을 넘기에 역부족이다. 독일처럼 무조건적으로 언어 학습을 우선 진행하고, 학업 수행에 필요한 언어 능력(유럽언어기준 B2, TOPIK 4급 이상)을 명확한 목표로 설정해야 한다. 또한 일반 학급 편입 후에도 최소 수년간 지속되는 체계적인 언어 지원 프로그램을 구축할 필요가 있다. 이를 위해서는 대학 과정에서부터 제2언어로서의 한국어 교육 전문 교사를 양성하여 현장에 배치하고 학생의 참여를 의무화하는 등 과감한 정책적 투자가 필수적이다.

교육과정의 혁신 : '이벤트'를 넘어 '일상의 학습'으로

캐나다와 싱가포르의 사례는 다문화 교육이 '특별활동'이 아닌 '모든 교과'에 스며들어야 함을 보여준다. 국어시간에는 다양한 배경을 가진 작가의 작품을, 역사시간에는 우리 민족의 입장을 고수하되, 여러 민족의 관점도 함께 조망하며 역사를 재해석하는 등 교과서와 수업 내용에 다문화적 관점을 통합해야 한다. 또한 싱가포르의 '공민과 도덕교육'처럼, 모든 학생이 다름을 존중하고 갈등을 평화롭게 해결하며, 공동체에 기여하는 시민으로 성장하도록 돕는 체계적인 상호문화 시민교육을 정규 교육과정에 도입해야 한다. 이는 단편적인 문화 소개를 넘어 관계와 소통을 가르치는 상호문화교육으로의 전환을 의미한다. 최근 강화되고 있는 사회정서교육과도 연계하며 학생의 사회성과 의사소통 역량을 길러주는 방식을 모색해볼 수도 있을 것이다.

교사 역량 강화 : '선택적 연수'에서 '필수 전문성'으로

교사의 변화 없이는 교육의 변화도 없다. 캐나다처럼 모든 예비교사가 교원 양성과정에서 문화적 감수성, 반편견 교육, 포용적 교수법을 필수로 이수하는 방안을 적극 검토해야 한다. 현직교사를 대상으로는 15~30시간의 단기 연수가 아닌, 교육과정 재구성, 상호문화적 상담 기법 등 심도 있는 주제를 다루는 장기적이고 체계적인 심화 연수를 제공하고, 이를 보상제도, 전문 자격 부여 등과 연계하여 참여를 독려해야 한다. 싱가포르의 국가교육연구소(NIE)와 같이 교사 양성과 재교육을 전담하는 전문기관의 역할을 강화하는 것도 좋은 방법이다.

시스템의 구축 : '분절된 지원'에서 '보편적 포용'으로

핀란드 모델의 핵심은 '다문화 학생만을 위한' 특별 프로그램이 아니라 '모든 학생을 위한' 보편적 지원 시스템이 강력하다는 점이다. 다문화 학생을 별도의 프로그램으로 분리하기보다 일반 학급 내에서 모든 학생의 학습과 정서적 안정을 지원하는 인프라를 강화해야 한다. 이를 위해 학생 다수가 적응 문제를 가진 다문화 학급의 경우 학급당 학생 수를 감축하고 수업을 지원하는 보조교사 및 전문상담사와 학교 사회복지사를 의무적으로 배치해야 한다. 현장에서 다문화 학생에게만 집중된 분절된 지원은 역차별 문제와 함께 심리적 거리감을 만드는 주요 원인이 되고 있다. 도움이 필요한 모든 학생이 언제든 전문적인 지원을 받을 수 있는 '보편적 포용 교육' 시스템을 구축해야 한다.

2026년을 향한 로드맵
—공존에서 진정한 상생으로

　대한민국의 다문화 교육은 분명 의미 있는 첫걸음을 내디뎠지만, 이제 그 한계에 다다랐다. 단일문화 시스템이 다문화 현실을 감당하지 못하며 발생하는 문제들을 임시방편으로 처리하느라 모두가 지쳐가고 있다. 근본적인 체질 개선에 대한 새로운 접근이 필요하다. 하락하는 청소년의 다문화 수용성은 지금의 접근법이 더 이상 유효하지 않다는 명백한 경고등이다.

　2026년을 향한 우리의 목표는 '동화'에서 벗어나, OECD가 '변혁적 역량Transformative Competencies'이라 부르는 가치를 함양하는 것으로 전환해야 한다. 이는 모든 학생들이 복잡한 세상의 모호함을 견디고, 다양한 가치의 긴장을 조정하며, 공동의 문제에 책임감을 갖고 함께 새로운 가치를 창출하는 역량을 기르도록 돕는 것이다. 단순히 사회 정의의 문제가 아니라, 대한민국의 혁신과 글로벌 시민성을 담보할 핵심 역량을 구축하는 일이다.

　나아가 가능하다면 다문화를 학습의 렌즈로 삼아야 한다. 다양한 역사·문학·과학적 시각을 모든 교과에 녹여내어, 다문화 이해를 하루짜리 '행사'가 아닌 매일의 '사고 습관'으로 만들어야 한다. 이는 피상적인 관용을 넘어 진정한 존중을 만드는 귀중한 토양이 될 것이다.

　우리 교실에 있는 다양한 배경의 아이들은 우리가 '관리해야 할 도전'이 아니라, 우리 사회의 미래를 위한 '필수적인 자산'이다. 진정으로 포용적인 교육시스템을 구축하는 것은 비용 낭비가 아니라, 다음 세대 모든 한국인의 회복탄력성, 창의성, 그리고 글로벌 경쟁력에 대한 가장 중요한 투자다. 2026년을 앞둔 우리에게 주어진 질문은 '이것을 할 여유가 있는가'가 아니라, '이것을 하지 않고 버틸 여유가 있는가'이다.

경계선의 아이들

7

김상현
대전광역시교육청 소속 초등교사
(사)교사크리에이터협회 회원
AI티처스쿨 회원

기술 너머의 과제, 경계선의 아이들

미래 교육에 대해 논할 때, 우리는 디지털 대전환과 AI 활용을 비롯한 에듀테크, 눈부신 기술 발전이 만들어낼 교육 혁신에 시선을 집중하며 기대감을 높인다. 실제로 교실에 인공지능 기반 맞춤형 학습도구가 들어오고, 학생들의 학습 데이터를 정밀하게 분석하여 개별 학습 경로를 설계하는 시대가 성큼 다가왔다. 많은 교육자와 정책 담당자들은 이러한 변화가 '교육의 혁명'을 불러올 것이라 전망하고, 현장에서는 기술의 발달이 가져다주는 교육적 이점을 체감할 기회가 점점 늘어나고 있다. 이러한 흐름은 분명히 미래 교육의 거대한 축이자, 교사의 업무방식, 학생의 학습 경험, 나아가 교육의 패러다임 자체를 바꾸리라 기대된다.

그러나 잠시 숨을 고르며 또 다른 질문을 던져보고자 한다. 과연 이러한 기술 혁신이 모든 학생에게 똑같이 밝은 미래를 보장할 수 있을까? 첨단 학습도구의 맞춤형 기능만으로 발달적 특성이 서로 다른 학생들 모두를 충분히 품을 수 있을까?

개성 넘치는 현대 사회처럼 학교 현장에서 마주하는 학생들은 교실 밖에서 바라보는 것보다 훨씬 다양한 발달적 특성을 가지고 있다. 상위권과 하위권, 조용한 아이와 활발한 아이, 혹은 집중력이 뛰어난 아이와 쉽게 산만해지는 아이처럼 경험적으로 예측 가능한 범주를 넘어, 발달적 특성 자체가 크게 다른 학생들이 함께 모여 있다.

기존의 '평균적 수준의 학습자'를 기준으로 설계된 교육시스템 속에서, 여기에 적응하지 못한 아이들은 흔히 '의지 부족', 혹은 '양육 환경의 문제'를 가지고 있는 것으로 짐작되곤 했다. 하지만 그 이면에는 분명 선천적인 발달적·인지적 특성에 기인한 차이가 존재하며, 그 특성이 학습과 생활 전반에 큰 영향을 미치고 있다.

경계선 지능Borderline Intellectual Functioning 아동이 그 대표적 사례다. IQ

70~85 범위에 속하는 이들은 전체 인구의 약 13.6%로 결코 적지 않은 비율을 차지한다. 한 학급을 기준으로 환산하면 대략 20명 중 2~3명꼴로 존재한다는 의미이다. 이 아이들은 겉보기에는 일반 학급에서 또래와 비슷한 생활을 이어가고 있지만, 학습 과제나 사회적 상황 속에서 크고 작은 어려움을 겪고 있다. 교과서를 읽을 수는 있어도 문장의 맥락을 이해하지 못하거나 단순 계산은 가능하지만 응용문제 앞에서 쉽게 막히는 경우도 흔하며, 의도와 다르게 오해를 사 친구들과 대화하거나 어울리는 데 큰 어려움을 겪는다. 처음에는 단순히 또래보다 조금 늦된 아이로 여겨지지만, 시간이 흘러도 격차가 좁혀지지 않는다고 느껴질 즈음에는 이미 아이의 마음에 상처가 깊게 새겨지는 경우가 많다. 부모와 교사가 놓치기 쉬운 작은 신호들이 사실은 이들의 삶 전체를 좌우하는 중요한 지점일 수 있다.

미래 교육을 논하는 이 지면에서 이러한 아이들에 대해 이야기하는 것은, 아무리 빠르게 기술이 진화하더라도 교실에 함께 앉아 있는 이 아이들, 나아가 사회구성원의 일부 집단이 배제된다면 그것은 진정한 의미의 미래 교육이라 할 수 없기 때문이다. 오히려 기술이 발전할수록, 그 혜택이 더 많은 아이들에게 공평하게 닿아야 한다는 과제는 더욱 절실해진다. 결국 미래 교육의 진정한 가치는, 경계선의 아이들을 비롯한 다양한 학습자들을 어떻게 함께 이끌어갈 수 있는가에 달려 있다.

과거에 있었고, 현재에도 존재하며, 미래에도 있을

경계선 지능 학습자들이 최근 들어 갑자기 늘어난 것은 아니다. 흔히 IQ 검사로 불리는 웩슬러 지능검사[1]가 기본적으로 정규분포 곡선을 전제로 이루어지기 때문에, 검사 원리상 언제나 일정 비율 존재하고 있었다. 웩슬러 지능검사에서 IQ 점수는 평균 100, 표준편차 15를 기준으로 분포한다.

- IQ 70 미만은 약 2.3%로, 지적장애 가능성이 있는 집단으로 평가된다.
- IQ 70~85 구간이 경계선 지능으로 분류되는 영역이며, 전체의 약 13.6%를 차지한다.
- IQ 85~115는 평균 범주(약 68.3%)에 해당한다.
- IQ 115 이상은 상위 약 15.9%에 해당한다.

과거에는 단순노동이나 반복적 작업 중심의 직업군이 많고 일상생활의 범위가 현대 사회보다는 협소했기 때문에 경계선 지능인이 겪는 어려움 역시 사회 구조상 현대에 비하여 상대적으로 덜 드러났다. 그러나 사회가 점차 고도화되면서 이들이 겪는 학습 및 생활상의 어려움은 더욱 뚜렷해지고 있다. 즉, 현대 사회에 이르러 경계선 지능 인구의 비율이 급작스럽게 늘어난 것이 아니라, 언제나 통계적으로 일정 비율 존재해왔고 최근 이들이 겪는 문제가 심화된 것이다.

이는 사회적으로 먼저 관심을 얻게 된 ADHD[2], 자폐 스펙트럼 장애[3] 등 다양한 발달 특성을 지닌 아동에 대한 관점과 유사하다. 이들 역시 현대 사회에 이르러 꾸준히 늘어난 것처럼 보인다. 디지털 매체와 환경 호르몬 등 사회 환경 변화가 발달에 끼치는 영향을 무시할 수는 없으나, 개인의 기질과 성향을 신경학적·발달적 관점에서 이해하려는 사회적 인식이 확산되며 과거보다 더 많이 드러나고 있다는 점을 간과할 수 없다.

---

1   Wechsler Intelligence Scale, 한국에서는 K-WISC-IV(아동용) 및 K-WAIS-IV(성인용)으로 실시되며 언어적 이해, 작업 기억, 지각 추론, 처리 속도 등 다양한 하위 영역을 통해 지능을 종합적으로 평가한다. 한국에서도 표준화되어 임상 및 교육 현장에서 널리 활용된다.

2   Attention Deficit / Hyperactivity Disorder(주의력 결핍·과잉행동 장애), 발달기 아동에게 흔히 진단되는 신경발달장애 중 하나로, 주의집중의 어려움, 과잉행동, 충동성이 주요 특징이다. 학령기 아동에게 학습 곤란이나 또래 관계 문제로 이어질 수 있으며, 성인기까지 증상이 지속되기도 한다.

3   ASD(Autism Spectrum Disorder, 자폐 스펙트럼 장애), 사회적 의사소통과 상호작용의 어려움, 제한적이고 반복적인 행동 양상으로 특징지어지는 발달장애다. 증상의 정도가 연속선상에 분포하기 때문에 '스펙트럼'이라는 용어가 붙었다. 초기 진단과 개별화된 교육·치료적 지원이 중요하다.

과거에는 단순히 '늦된 아이' '내성적인 아이' '산만한 아이'로 불리며 방치되던 아이들이 이제는 조기 진단과 개별화된 지원이 필요한 존재로 인식되고 있다. 따라서 경계선 지능 학습자를 비롯한 발달 다양성 학습자들에게는 '증가'라는 표현보다는 '노출 확대'라는 표현이 더욱 적절하다. 이러한 인식의 변화는 성인 정신건강 영역의 패러다임 전환과도 맞닿아 있다. 불과 수십 년 전까지만 해도 성인의 우울증은 의지 부족, 공황장애는 예민한 성격 탓으로 여겨졌다. 그러나 지금은 전문적 치료와 제도적 지원이 필요한 의학적 특성으로 인정된다. 발달 특성 역시 마찬가지다. 노력이나 가정환경 탓으로 치부되던 시선에서 벗어나, 발달학적·의학적 특성으로 이해하고 사회적·교육적 차원에서 대응해야 한다는 요구가 커지고 있다.

그러나 경계선 지능 학습자에 대한 제도적 지원은 미비하다. 현행「장애인 등에 대한 특수교육법」에 따라 특수교육 대상자는 지적장애뿐 아니라 자폐성 장애, 학습장애, 정서·행동장애 등 다양한 범주에서 선정될 수 있다. 그러나 경계선 지능 학습자는 지적장애 기준에는 해당하지 않고, 별도의 법적 진단 범주에도 속하지 않아 제도적 사각지대에 놓이기 쉽다. 교사도 이들을 제도적으로 지원하기 어렵고, 부모는 '장애 진단'이라는 낙인을 우려해 특수교육 신청을 주저하는 경우도 적지 않다. 경계선 지능 학습자의 어려움은 결코 개인의 태도 문제나 가정환경만으로 설명할 수 있는 일이 아니다. 이는 지능검사의 원리상 필연적으로 존재하는 집단이, '평균 지능'을 기준으로 설계된 사회에서 경험하는 구조적 발달 특성이며, 따라서 교육과 사회가 반드시 고려해야 할 과제다.

각국의 시선과 제도적 접근

지능이 정규분포를 따른다는 사실에서 보듯, 경계선 지능 학습자의 존재는 우리나라만의 특수한 문제가 아니다. 그렇다면 세계는 이들을 어떻게 바라보고, 어떤 방식으로 교육체계 속에 포함하고 있을까? 이것은 단순히 제도의 우열을 따지는 문제가 아니라, 교육이 무엇을 위해 존재하는지, 그리고 그 사회가 어떤 가치와 철학을 지향하는지를 묻는 본질적 질문이다.

미국은 진단 체계와 학교 지원 체계가 분리되어 있다. 임상 진단은 DSM-5[4]를 따르며, IQ 수치뿐 아니라 총체적인 적응 기능을 함께 본다. 경계선 지능은 DSM-5에서 독립된 장애 진단명이 아니라 '임상적 주의가 필요한 범주'로 분류되지만, 학교에서는 별도의 경로를 통해 지원이 가능하다. 'IDEA[5]'와 504조항[6]이 그 역할을 하고 있다. 특정 학습장애나 ADHD가 동반될 경우, 개별화교육계획[7] 수립이나 시험 시간 연장, 교실 내 합리적 편의 제공 등이 보장된다. 단순 점수가 아니라 실제 기능의 어려움을 기준으로 지원 통로를 열어둔 것이다. 2022~2023학년도 기준으로 미국 전체 등록 학생의 15.2%, 약 750만 명이 IDEA 서비스를 받고 있다.

---

4 DSM-5(Diagnostic and Statistical Manual of Mental Disorders, 5th Edition), 미국정신의학회(APA)가 발간한 정신질환 진단 및 통계 편람의 5판으로, 전 세계적으로 임상 진단의 표준 기준으로 사용된다. 발달장애, ADHD, 우울증, 불안장애 등 다양한 정신질환과 발달적 특성의 진단 기준을 규정한다.

5 IDEA(Individuals with Disabilities Education Act, 장애인교육법), 미국의 연방법으로, 장애 학생들이 무료로 적절한 공교육(FAPE)을 받을 권리를 보장한다. 조기 개입 서비스, 특수교육, 개별화교육계획(IEP) 등이 포함된다.

6 504조항(Section 504 of the Rehabilitation Act of 1973), 미국의 재활법(Rehabilitation Act)에 포함된 조항으로, 장애를 가진 학생이 차별받지 않고 일반 교육 환경에서 학습할 수 있도록 합리적 편의 제공을 보장한다. 시험 시간 연장, 보조 기기 사용, 교실 환경 조정 등이 대표적이다.

7 IEP(Individualized Education Program, 개별화교육계획), IDEA에 따라 수립되는 문서로, 장애 학생 한 명 한 명의 학습 목표, 지원 서비스, 평가 방법 등을 구체적으로 기록한다. 교사, 학부모, 전문가가 함께 참여하여 작성한다.

영국은 여기서 한 걸음 더 나아갔다. SEN Support[8] → EHCP[9]로 이어지는 단계적 지원을 갖추어, 학습에 어려움이 있는 학생은 의학적 진단을 거치지 않더라도 지원이 가능하다. 초기에는 학교 차원의 개별 지도(SEN Support)가 시작되고, 필요한 경우 지자체가 EHCP를 발급한다. EHCP는 교육·건강·돌봄을 아우르는 법적 계획으로, 학교와 지자체에 강한 책임을 부여한다. 핵심은 단순한 IQ 기준이 아니라 학생의 실질적 필요가 지원의 기준이 된다는 점이다. 2025년 1월 기준 EHCP 대상 학생은 전체의 약 5.3%에 해당하며, SEN Support 대상 학생은 전체의 약 14.2%에 해당한다.

핀란드는 '모든 아이의 배움은 다르며, 그 다름은 존중되어야 한다'는 철학을 제도화했다. 세 단계 지원 모델 Three-tier Support Model을 통해 모든 아동은 먼저 일반 학급에서 보편적 지원을 받는다. 필요가 확인되면 강화 지원, 마지막으로 특수 지원으로 이어지며, 이 과정에서 가능하면 한 일반 학급 안에서 통합을 유지한다. 조기 개입과 연속 지원, 그리고 교사의 즉각적 수업 조정이 핵심이며 진단 여부보다 학습적 필요를 우선하는 구조다. 2024년 기준, 특수 지원을 받는 학생은 전체의 약 10%, 강화 지원을 받는 학생은 약 26%에 해당한다.

물론 이상적인 교육제도란 허상에 가깝다. 위 각 나라의 제도적 지원에도 그림자가 존재한다. 영국은 재정 부담으로 인해 현장의 지원이 불충분하다는 지적이 나오고, 핀란드는 일반 학급 내 통합교육이 교사와 학생에게 과중한 부담을 준다는 비판에 직면해왔다. 그러나 주목해야 할 점은 각 나라가 '지원받을 자격이 있는가'를 논하기보다 '실제로 어려움을 겪고 있는가'를 기준으로 접근한다는

---

[8] SEN Support(Special Educational Needs Support), 영국에서 학습에 어려움이 있는 학생을 위해 학교 차원에서 제공하는 초기 단계의 맞춤 지원 프로그램이다. 의학적 진단이 없어도 교사의 관찰과 필요에 따라 지원을 시작할 수 있다.

[9] EHCP(Education, Health and Care Plan), 영국에서 지자체(Local Authority)가 발급하는 법적 계획으로, 학생의 교육적 필요뿐 아니라 건강, 돌봄 영역까지 통합적으로 지원한다. 학교와 지자체가 학생의 필요 충족에 대한 법적 책임을 진다.

것이다.

우리나라의 현실은 위와 사뭇 다르다. 2023년 교육기본통계에 따르면 2023년 4월 1일 기준 우리나라의 유·초·중·고교 학생 수는 578만 3,612명인데, 특수교육 학생 수는 10만 9,703명으로 전체 학생 수의 약 1.9%에 불과하다. 통계적으로 IQ 70 미만 집단이 약 2.3%라는 점을 감안하면, 지적장애 가능성이 높음에도 불구하고 특수교육을 받지 않는, 혹은 받지 못하는 학습자도 적지 않게 존재한다는 의미이다. 이는 우리나라의 특수교육 인식 및 현황을 여실히 보여준다. 지적장애 학습자조차 누락되고 있는 상황에서, 경계선 지능 학습자가 제도적 지원에 접근할 수 있을 가능성은 사실상 차단되어 있는 것이다.

바로 이 지점에서 대한민국 특수교육의 열악함이 드러난다. 미국·영국·핀란드가 기능적 어려움을 기준으로 지원의 문을 열어두는 반면, 우리나라는 여전히 '법적 진단과 장애 등록'을 전제조건으로 한다. 특수교육 대상자 선정 절차상 학교장의 요청도 가능하지만, 실제 현장에서는 보호자의 동의와 신청이 사실상 필수적이다. 진단 중심 제도 설계와 보호자 선택 의존 구조라는 두 가지 장벽이 겹치면서, 경계선 지능 학습자는 지원 기회에서 반복적으로 누락된다. 그 결과 언제나 존재해왔던 이들은 교실에서 배움의 기회를 놓치고, 사회에서는 권리의 사각지대로 내몰린다. '보이지 않는 학습자'가 곧 '보이지 않는 시민'이 되는 것이다.

단 두 개의 출발점

경계선 지능 학습자가 겪는 현실은 단지 '특수교육 대상에 들지 못한다'는 제도적 문제를 넘어, 기초학력 정책의 제약과 맞물려 더욱 뚜렷해진다. 교육부와 한국교육과정평가원이 발표한 2023학년도 중학교 3학년 학생들의 국가수준학업성취도평가 결과 기초학력 미달 비율은 과목별로 각각 국어 9.1%, 수학 13.0%, 영어 6.0%로 나타났다. 경계선 지능 학생의 비율(약 13.6%)을 고려할 때 두 집단이 완전히 일치하지 않더라도 상당 부분 교차할 거라 짐작할 수 있다. 이는 곧, 기초학력 미달 학생들 가운데 적지 않은 수가 경계선 지능 범주에 속할 가능성이 높다는 점을 시사한다.

IQ 70~85 구간은 통계적으로 경계선 지능이라는 하나의 범주로 묶이지만 실제로는 넓은 스펙트럼을 가지고 있다. IQ 70은 지적장애 진단 기준과 단 1점 차이를 두고 있고, IQ 85는 정상 범주의 기준과 맞닿아 있다. 따라서 경계선 지능 학생들 중에서도 하위권에 속하는 학생들에게 현행 기초학력 도달 목표를 동일하게 요구하는 것은 구조적인 한계에 가깝다. 이들에게 '평균적인 학습 능력'을 전제로 한 기초학력은 지나치게 높은 기준이 되기 때문이다.

이로 인한 부담은 교사에게 전가된다. 학급 구성원 20명 중 2~3명이 경계선 지능 범주에 속한다는 가정(이자 통계적 사실)을 고려하면, 교사는 '정상 범주'와 구분되는 '경계선 지능 범주'의 학생까지 고려한 개별화된 수업 설계 및 개별 지도를 동시에 책임져야 한다. 그러나 현실적으로 충분한 지원과 인력이 뒷받침되지 못하고 있다.

학부모 역시 다른 어려움에 직면한다. 자녀가 낙인을 받는 것이라 우려해 진단이나 지원 신청을 꺼리고, "조금만 더 노력하면 따라잡을 수 있다"는 기대를 쉽게 내려놓지 못한다. 교사는 매일 학생을 관찰하며 발달적 특성을 예민하게 인지하지만 이를 학부모에게 설명하는 과정에서 '섣부른 판단'으로 비칠까 염려한다. 더구나 학부모와 관계 변화에 따른 민원 부담, 객관적 근거 부족, 발달 다양성에 대한 사회적 인식과 거부감은 교사가 목소리를 내는 과정에서 큰 장벽이 된다. 결국 가장 큰 피해는 학생 본인이 감당하게 된다. 학습의 격차는 시간이 갈수록 벌어지고, 또래 관계에서도 차이가 인정되지 않아 또래집단의 무시와 배제를 경험하며 자존감이 위축된다.

통계적으로 모든 기초학력 미달 학생이 경계선 지능 학생은 아니고, 경계선 지능 학생 중에도 기초학력에 도달한 학생이 존재한다. 그러나 우리가 살펴보아야 할 점은 기초학력에 도달하기 어려운 경계선 지능 학생의 고충은 단순히 태도나 의지, 환경 탓이 아니라 선천적인 지능이 큰 영향을 미친 결과라는 것이다.

그럼에도 불구하고 현재 교육체계는 기초학력 미달을 여전히 "더 노력하면 따라갈 수 있는 문제"로 간주하며 대규모 예산과 정책을 투입하고 있다. 그러나 출발점이 다른 학생들에게 동일한 도착점을 요구하는 구조는 근본적으로 불평등을 심화시킬 수밖에 없다. 발달 다양성에 따른 출발점은 매우 다층적임에도, 현행 제도는 특수교육이라는 이분법적 구분만을 고려하고 있다.

교실에서 학습격차와 관계적 소외를 경험한 경계선 지능 학생은 성인이 되어서도 복잡한 절차가 요구되는 사회 환경에 쉽게 좌절하고, 단순 반복 업무 외의 직업에는 안정적으로 자리 잡기 어렵다. 생활에 대한 전반적인 이해 부족으로 사기 혹은 불리한 계약에 노출되기 쉽고, 사회적 자립 과정에서도 반복적으로 벽에 부딪히곤 한다.

따라서 기초학력 정책의 목표, 교사의 수업 운영, 학부모의 선택이 모두 이들의 특성을 반영하지 못하는 구조적 문제는, 단순히 학령기의 학습 부진을 넘어 장기적 사회적 불평등과 제도의 지속가능성 위기로 이어진다. 결국 경계선 지능 학생을 어떻게 대우하느냐는 교육의 성숙도를 결정하는 바로미터일 뿐만 아니라, 미래사회의 포용성을 가늠하는 시험대가 된다.

일시적 포용을 넘어, 지속가능한 설계로

이처럼 경계선 지능 학생의 어려움이 단순한 학습 부진을 넘어 성인기의 사회적 불평등으로 이어진다는 사실은, 더 이상 이 문제를 학생과 교사의 개인적 노력이나 가정의 책임에만 맡겨둘 수 없음을 의미한다. 이제 교육 현장과 사회는 "경계선 지능인을 어떻게 대할 것인가"라는 근본적인 질문에 답을 주어야 한다.

최근 학부모와 교육계 일각에서는 작은 변화가 감지된다. 일부 학부모는 자녀의 학습 부진을 단순한 태만으로 보지 않고 발달적 차이를 이해하려는 질문을 던지기 시작했으며, 교육 당국 역시 난독증이나 학습장애 등 기초학력 부진의 원인을 세분화하려는 시도를 하고 있다. 그러나 이러한 움직임은 여전히 단편적이고, 사회적 인식이나 제도적 변화로 이어지기에는 부족하다.

우리에게 필요한 것은 단순한 공감, 지지, 임시방편이 아니라, 제도와 인식 모두의 변화다. 무엇보다 중요한 것은 진단 여부나 수치적 기준에 얽매이지 않고, 학습자가 실제로 겪는 기능적 어려움에 집중해 즉각적으로 대응할 수 있는 체계를 마련하는 것이다. 영국이나 핀란드처럼 학교 현장에서 곧바로 개별화된 지원을 시작할 수 있도록 우리 역시 일반 학급 안에서 경계선 지능 학생, 나아가 현행 특수교육 제도가 포용하지 못하는 학생들을 위한 개별화 교육 지원 방안을 제도권에 포함해야 한다.

이를 위해서는 교사에게 충분한 권한과 지원 인력을 보장하는 것이 전제되어야 한다. 담임교사는 매일 또래 학생 집단과 상호작용하며, 아이들의 수준과 특성을 가장 밀접하게 관찰할 수 있는 전문가이다. 따라서 교사의 전문성을 존중하고 학생 발달을 위해 적극적인 교육적 조치를 할 수 있는 권한을 제도적으로 보장해야 한다.

이 과정에서 AI 기술 역시 진단, 도움, 평가 등 많은 영역에서 보조적 수단으로서 중요한 역할을 할 수 있다. 물론 이를 교육적으로 해석하고 정서적·사회적 맥락 속에서 조율하는 것은 결국 교사의 몫이다. 특수학급 역시 분리된 집단의 상징이 아니라, 필요할 때 다양한 학습도구와 맞춤형 지원을 제공받는 열린 지원 체계로 자리매김해야 한다. 이는 다문화 교육이 단순히 언어적 차이를 넘어 문화적 다양성을 존중하는 방향으로 확장해온 과정과 같다. 교육이 문화적 다양성에 이어 인지·정서·행동의 다양성까지 품어낼 때, 우리 사회는 발달 다양성을 존중하는 성숙한 단계로 나아갈 수 있을 것이다.

경계선 지능, 발달 다양성, 대한민국 교육의 미래

경계선 지능 학습자를 고려하는 일은 단순히 한 집단의 어려움을 해결하는 문제가 아니다. 이는 곧 발달 다양성 전체를 어떻게 받아들일 것인가라는 질문이자, 대한민국 교육이 성숙한 체계로 도약할 수 있는 출발점이다. 과거에 '백치'라 불리던 아이가 자폐 스펙트럼으로, '산만한 아이'가 ADHD로, '심지가 약하다'는 박한 평가를 받던 아이가 소아우울증이나 불안장애로 이해되었듯, 우리 사회는 더디지만 꾸준히 아이들의 차이를 낙인이나 편견 대신 이해와 존중의 언어로 설명하고자 노력해왔다.

그러나 경계선 지능 학습자는 여전히 제도와 인식 모두의 사각지대에 놓여 있으며 가장 큰 문제는 실질적인 어려움보다 '자격'이 선행하는 현실이다. IQ와 진단이라는 기준에 매몰된 탓에 이들의 학습격차와 관계적 어려움은 적절한 지원을 받지 못한 채 방치되고, 동시에 각자가 지닌 잠재력과 강점 또한 제도적 시야에서 사라진다. 어떤 학생은 추론은 약하지만 공감 능력이 탁월하고, 또 어떤 학생은 느리지만 끈기 있고 성실하다. 그러나 이러한 다양성은 사회와 학교가 제시하는 기준에서는 철저히 외면받게 된다.

학교는 이제 '평균'이라는 허상을 버리고, 서로 다른 출발점과 길을 가진 아이들을 함께 이끄는 공간이 되어야 한다. 학생들의 다채로운 특성은 예외적 결함이 아니라 인간 사회가 필연적으로 마주하게 되는 다양성의 자연스러운 모습이다. 교사는 단순한 지식 전달자가 아니라 다양성을 읽고, 연결하며, 지지하는 존재가 되어야 한다. 우리 사회 역시 이러한 교실의 변화를 응원하며, 경계선 지능을 포함한 발달 다양성을 존중하는 문화를 만들어야 한다. 이는 특정 집단에 대한 일방적인 배려가 아니라, 모든 학생이 자기 속도대로 성장할 수 있도록 돕는 사회적 토대를 마련하는 일이다.

이제 우리는 미래 교육에 관해 더 근본적인 질문을 던져야 한다. 미래의 교육은 어떤 사회를 향해 가야 하는가? 언제나 존재하였으나 이제 막 발견되기 시작한 경계선 지능 학생에 대한 논의와 고민은 대한민국 교육, 나아가 우리 사회가 어떤 철학을 바탕으로 포용성과 지속가능성을 확장해갈 것인지를 묻는 출발점이다. 그리고 그 출발점은 자격과 기준이 아니라, 실질적인 어려움과 다양성을 함께 고려할 때 비로소 분명해질 것이다.

'한국형 사회정서교육'은 학생들의 마음건강 문제를 해결할 수 있을까?

김태훈

강원특별자치도교육청 소속 중등교사
교육부 한국형 사회정서교육 중앙 현장지원단
한국교원단체총연합회 교사권익위원 & 현장대변인
유튜브 채널 '날아라후니쌤TV' 운영

'한국형 사회정서교육'의 필요성

학생들의 마음건강에 적신호가 켜졌다. 최근 연구 결과에 의하면 학생들의 우울지수는 급속하게 높아지고 있다.

2022년 국립건강센터에서 발표한 우리나라 소아 청소년의 정신건강 통계를 보면 현재 7.1%의 유병률을 보이고 있고 평생 정신건강 질환을 보유할 수 있는 확률은 16.1%에 달한다.

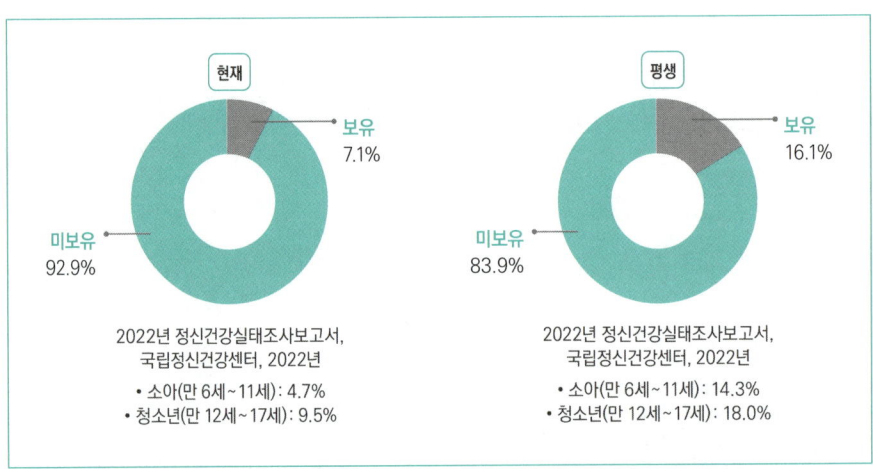

〈그림1〉 정신건강 통계로 본 우리나라 소아 청소년의 건강 실태(국내 소아청소년 정신장애 유병률)

학생들의 스트레스 인지율 및 우울감 경험 추이를 살펴보면 옆의 표와 같다. 성장하면서 스트레스 인지율과 우울감 경험은 상승하고 있다.

아이들의 마음건강을 위해 교육부는 학생 맞춤형 마음건강 통합지원 방안을 수립하고, 학생들의 마음건강에 문제가 생기지 않도록 예방하고 치유하며 회복할 수 있는 역량을 강화하기 위한 방안으로 2024년 사회정서성장지원과를 신설하였다.

2025학년도부터 전국의 초·중·고등학교에서 학생들의 마음건강을 위한

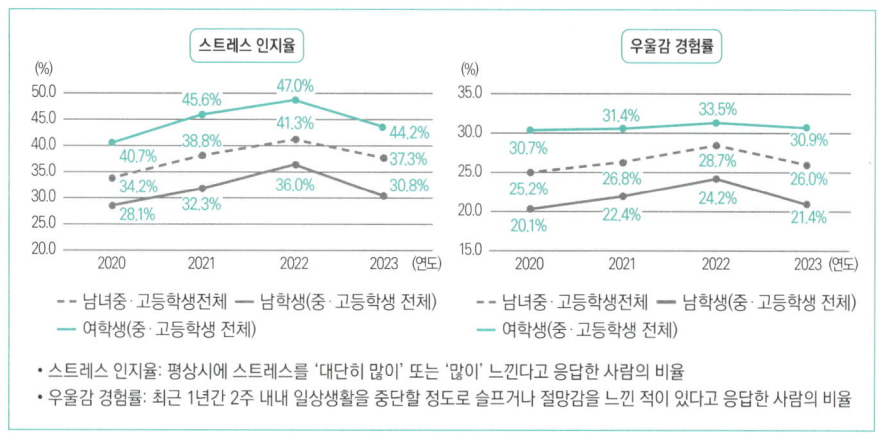

〈그림2〉 학생들의 스트레스 인지율 및 우울감 경험률 추이(학생건강행태조사, '24.3.)

- 스트레스 인지율: 평상시에 스트레스를 '대단히 많이' 또는 '많이' 느낀다고 응답한 사람의 비율
- 우울감 경험률: 최근 1년간 2주 내내 일상생활을 중단할 정도로 슬프거나 절망감을 느낀 적이 있다고 응답한 사람의 비율

'한국형 사회정서교육'이 시행되고 있다. 교육부에서 제공한 모듈은 '초저·초고·중·고'의 학교급별 6개의 모듈을 제공하고 있다. 이들 모듈은 단독으로 사용이 가능하지만 교과와 통합한 교육의 진행도 가능하다. 학생들의 마음건강을 위한 특별한 시간이 필요한 것이 아니라 일상 속에서의 교육이 효과적이기 때문이다. 지금부터 한국형 사회정서교육에 대해 자세히 살펴보자.

한국형 사회정서교육의 영역과 핵심 역량

한국형 사회정서교육은 미국 비영리단체 CASEL의 사회정서교육 모형을 비롯한 해외의 사례를 바탕으로 만들어졌으며, 한국 사회의 입시 위주 교육, 공동체를 강조하는 사회적 풍토 등을 반영하였다. 미국의 사회정서 역량이 5개 영역-자기인식, 자기관리, 사회적 인식, 관계기술, 책임 있는 의사결정인데 반해, 한국형 사회정서교육은 다음과 같이 4가지 영역과 6가지 핵심 역량을 가지고 있다.

• 자기 영역

자기 영역은 자기인식과 자기관리로 구분된다. 자기인식은 자신의 생각, 감정 행동의 인식과 이해, 스트레스를 깨닫고 강점과 약점, 자기효능감 등을 잘 이해하는 것을 말한다.

• 관계 영역

관계 영역은 관계 인식과 관계 관리로 나누어진다. 관계 인식은 다른 사람의 생각, 감정, 행동을 존중하고 공감하며 다양성을 수용하는 능력을 말한다. 관계 관리는 자신의 주장을 정확하게 전달할 수 있도록 하는 의사소통 기술을 바탕으로 하고, 대인관계 기술, 갈등 해결 등의 다양한 구성요소로 이루어져 있다.

• 공동체 영역

공동체 영역은 공동체 가치의 인식 및 관리라는 역량으로 구성되어 있다. 사회적 측면에서 자신을 정확하게 파악하는 자기성찰 과정, 공동체에 소속감을 느끼고 책임감을 느낄 수 있어야 한다. 2022 개정 교육과정에서도 강조하고 있는 주도성과 협력을 바탕으로 규칙을 준수하고 다양한 문제에 적극적으로 개입하여 해결할 수 있는 능력을 말한다.

• 마음건강 영역

마음건강 영역은 정신건강 인식 및 관리의 역량으로 구성되어 있다. 정신질환을 바르게 이해하고 대처하며 자해 및 자살을 예방하고 정신건강 관련 지원을 할 수 있는 능력이다. 관련한 지원이나 도움을 요청할 수 있는지 여부도 마음건강 영역의 구성요소 중 하나다.

한국형 사회정서교육의 활용

한국형 사회정서교육은 학교폭력 예방활동인 어울림 프로그램과 유사하다. 기존에 진행되고 있던 자살예방교육과도 맥을 같이한다. 학생들의 마음건강을 돌보고 서로의 관계를 잘 관리하기 위해 필요한 다양한 활동을 제공하고 있다.

한국형 사회정서교육은 교육부에서 운영 중인 '함께학교' 플랫폼에서 다운로드받을 수 있다. 학교급별로 '초등저학년 / 초등고학년 / 중학교 / 고등학교'의 4단계로 제공하고 있다. 2025학년도부터 6차시를 편성하여 운영하도록 하고 있다. 각 단계별 '이해-연습-적용'의 과정으로 총 24차시로 구성되어 있다.

교육부에서는 '한국형 사회정서교육 중앙 현장지원단'을 편성하여 운영하고 있다. 중앙 현장지원단은 각 시도 교육청별 1~3명의 추천을 받아 구성되었다. 이들은 교육부의 한국형 사회정서교육의 개발 및 보급을 위한 활동을 한다. 콘텐츠를 개발하고 연수를 운영하기도 한다. 교사 중심으로 운영 중인 '한국형 사회정서교육 연구회'나 학생들의 '동아리 활동'을 코칭하기도 한다.

시도 교육청별 한국형 사회정서교육 현장지원단도 있다. 시도 교육청별 사회정서교육과 관련한 노하우와 자료 등의 편차가 있기 때문에 시도 교육청별 현장지원단 활동은 조금씩 다르다. 일부 시도 교육청은 직접 연수 콘텐츠를 제작하여 보급하는 지역도 있다. 반면 운영 사례가 부족한 지역의 경우는 현장지원단 중심으로 학교 현장에서 진행 사례를 수집하여 연구를 진행하기도 한다.

'한국형 사회정서교육'의 적용

한국형 사회정서교육의 4가지 영역, 6가지 핵심 역량 및 구성 요인은 〈표1〉과 같다.

<표1> 한국형 사회정서교육의 4가지 영역, 6가지 핵심 역량 및 구성요인

영역	핵심 역량	구성요인
자기	자기인식	자신의 생각, 감정, 행동의 인식과 이해, 스트레스 인식, 강점과 약점 인식, 자기효능감 등
자기	자기관리	마음챙김 훈련, 부정적 생각과 감정에 대처하기, 스트레스 조절하기, 자기 조절력 향상, 개인적 목표/과제 설정 및 추진 등
관계	관계 인식	타인의 생각, 감정, 행동의 존중, 공감하기, 다양성의 수용 등
관계	관계 관리	자기주장 및 의사소통의 기술, 대인관계 기술, 갈등 해결 등
공동체	공동체 가치의 인식 및 관리	사회적 측면에서의 자기성찰, 소속감, 책임감, 주도성, 협력하기, 규칙 준수, 정당하지 않은 압력에 대응하기(방관자가 되지 않기), 문제 확인 및 해결 등
마음건강	정신건강 인식 및 관리	정신건강 이해와 관리, 정신질환 이해와 대처, 정신질환을 대하는 적절한 태도(낙인 감소), 자해 및 자살 예방, 정신건강 관련 지원 및 도움 요청 등

출처_ '한국형 사회정서성장 지원 모델 마련' 연구, 서완석·권용실·오인수·원승희·조소혜·최지욱(2024), 한국교육환경보호원 연구용역사업 최종결과보고서

한국형 사회정서교육의 프로그램 개관은 <표2>와 같다.

<표2> 한국형 사회정서교육 프로그램 개관

차시	사회정서교육 영역	핵심 역량	학습 목표	교육 내용
1	마음건강	사회정서 역량의 이해	한국형 사회정서역량의 의미를 알고 설명할 수 있다	• 한국형 사회정서역량 이해 • 6차시 교육 소개
2	자기	자기인식	감정을 중심으로 자신의 신체 및 행동 반응을 알고 자기인식 수준을 높이려는 태도를 가진다.	• 감정과 신체, 행동 반응과의 연결성 인식 • 자신의 고유성에 대한 이해
3	자기	자기조절	일상 속 다양한 장면에서 효과적으로 자기조절을 할 수 있다.	• 감정에 대한 조절 기술 • 복합적이고 강렬한 감정 및 스트레스 대처 기술
4	대인관계	관계 인식과 관계 관리	대인관계에 필요한 소통 및 대처 기술을 습득한다.	• 자기주장 및 의사소통 기술 • 긍정적인 대인관계 기술
5	공동체	공동체 가치의 인식과 관리	나와 이웃의 소중함을 이해하고 공동체의 소중한 가치를 지키기 위한 역량을 함양한다.	• 소속감, 자긍심, 공동체 가치 • 규칙 준수, 공정함, 책임감, 협력하기, 공동체 문제 해결 및 기여
6	마음건강	정신건강 문제의 인식과 관리	정신건강 문제가 있을 때 도움을 요청하는 방법을 알 수 있다.	• 정신건강 문제의 이해와 대처 • 도움 요청하기

다음은 한국형 사회정서교육 구성 체계를 살펴보자. 학교급별 위계를 이루고 있으며, 단계별로 진행될 경우 사회정서 역량을 함양하는 데 많은 도움이 된다.

<표3> 1차시 마음건강 영역

차시	핵심 역량	학교급	하위요소	관련 성취기준	학습 목표	학습 활동
1차시 (마음건강)	사회정서 역량의 이해	초저 (1~2)	• 사회정서 역량의 중요성	[2바01-02] 나를 이해하고 존중하여 생활한다. [2국01-04] 자신의 경험이나 생각을 바른 자세로 발표한다.	행복한 생활에 필요한 마음건강의 중요성을 설명할 수 있다.	① [짧은 시간] 마음건강 알기 ② 마음 식단으로 마음건강 연습하기 ③ 마음건강을 위한 마음 먹기 적용하기
		초고 (3~6)	• 사회정서 역량의 의미 및 중요성 • 생활 속 사회정서 역량	[4도01-01] 자신의 감정을 소중히 여기며 존중하는 태도를 바탕으로 내가 누구인가를 탐구한다. [6도01-01] 자주적인 삶에 대한 이해를 바탕으로 자신의 생활계획을 세우고 실천하여 주체적인 삶의 태도를 기른다.	행복한 생활에 필요한 사회정서 역량의 중요성을 설명할 수 있다.	① [짧은 시간] 사회정서 역량 이해하기 ② 사회정서 역량 함양을 위한 연습하기 ③ 생활 속에서 사회정서 역량 높이기
		중	• 사회정서 역량의 의미 및 중요성 • 자신의 삶과 사회정서 역량의 연계	[9도01-03] 행복에 관한 심리적, 사회적, 윤리적 접근 등을 통해 행복의 의미를 종합적으로 파악하고, 삶의 목적과 행복의 관계를 정립할 수 있다. [9체01-09] 정신건강의 의미를 이해하고 정신건강 활동의 종류와 특성을 분석한다.	행복한 생활에 필요한 사회정서 역량의 중요성을 설명할 수 있다.	① 사회정서교육 의미 이해하기 ② 나의 마음 메뉴 찾기 ③ [짧은 시간] 사회정서교육 캠페인 노래 만들기
		고	• 사회정서 역량의 의미 및 중요성 • 자신의 삶과 사회정서 역량의 연계	[12인윤01-01] 내 몸과 마음의 관계를 탐구하고, 심신의 통합성을 자각하여 도덕적 주체로서 자신을 이해하고 존중할 수 있다. [12보건02-04] 감정 및 정서가 삶에 미치는 영향과 행복 및 스트레스, 우울·불안·질병 등을 초래하는 상황의 조건과 의미를 탐구하여, 개인과 공동체의 행복한 삶의 양식을 지지한다.	사회정서 역량의 중요성을 자신의 생활과 연계하여 설명할 수 있다.	① 사회정서교육 및 역량 알아보기 ② 우리 모두에게 필요한 사회정서교육 ③ [짧은 시간] 사회정서교육으로 행복하게 사는 법 실천하기

<표4> 2차시 자기 영역

차시	핵심 역량	학교급	하위요소	관련 성취기준	학습 목표	학습 활동
2차시(자기)	자기인식	초저(1~2)	• 기본적 감정 인식	[2바01-02] 나를 이해하고 존중하며 생활한다. [2슬01-02] 나를 탐색하여 나에 대해 설명한다.	신체 반응을 통해 나의 감정을 표현할 수 있다.	① 신체 반응과 감정 이해하기 ② 반응을 보고 감정 찾기 연습하기 ③ [짧은 시간] 자신의 감정 알아차리기
		초고(3~6)	• 다양한 감정 인식	[4도01-01] 자신의 감정을 소중히 여기며 존중하는 태도를 바탕으로 내가 누구인가를 탐구한다. [6국01-03] 주제와 관련하여 궁금한 내용을 질문하여 적극적으로 듣고 말한다. [9체01-09] 정신건강의 의미를 이해하고 정신건강 활동의 종류와 특성을 분석한다.	같은 상황에서도 다양한 감정을 느낄 수 있음을 알고 다른 친구와 차이를 비교할 수 있다.	① 같은 상황, 다양한 감정 이해하기 ② [짧은 시간] 감정 빙고로 연습하기 ③ 나의 신체 반응 적용하기
		중	• 다양한 감정 인식 • 강렬한 감정 인식	[9보01-02] 몸과 마음의 신호와 건강지표를 통해 건강상태를 평가하여 건강 관리에 적용한다. [12심리02-05] 부정·긍정 정서의 종류와 기능을 탐구하고 실생활에서 효과적인 정서 조절 방법을 이해하고 실천한다.	감정의 복합적인 특성을 알고, 자신의 감정 상태를 표현할 수 있다.	① 다양한 감정 이해하기 ② [짧은 시간] 복합적 감정 찾아내기 ③ 생활 속 감정 표현 실천하기
		고	• 스트레스 인식	[12심리02-05] 부정·긍정 정서의 종류와 기능을 탐색하고 실생활에서 효과적인 정서 조절 방법을 이해하고 실천한다. [12보건02-04] 감정 및 정서가 삶에 미치는 영향과 행복 및 스트레스. 우울·불안·질병 등을 초래하는 상황의 조건과 의미를 탐구하여, 개인과 공동체의 행복한 삶의 양식을 지지한다.	스트레스가 신체와 정신건강에 미치는 영향을 설명할 수 있다.	① 스트레스 이해하기 ② [짧은 시간] 나의 스트레스 수준 확인하기 ③ 스트레스를 통한 나의 바람 파악, 삶에 적용하기

<표5> 3차시 자기 영역

차시	핵심 역량	학교급	하위요소	관련 성취기준	학습 목표	학습 활동
3차시(자기)	자기 조절	초저 (1~2)	• 감정에 대한 조절	[2바04-04] 지금까지의 생활 습관과 학습 습관을 되돌아본다. [2슬01-02] 나를 탐색하여 나에 대해 설명한다.	나의 감정을 다양한 생각과 행동으로 표현할 수 있다.	① 감정에 대한 다양한 반응 이해하기 ② [짧은 시간] 새로운 반응 시도하기 ③ 지혜롭게 생각하고 실천하기
		초고 (3~6)	• 감정에 대한 기초적 자기 조절 기술	[4도02-03] 공감의 태도가 필요한 이유를 이해하고 도덕적 상상력을 바탕으로 대상과 상황에 따라 감정을 나누는 방법을 탐구하여 실천한다. [6미01-01] 다양한 감각과 매체를 활용하여 자신과 대상을 탐색할 수 있다.	감정에 따른 생각과 행동을 스스로 조절하는 기술을 제시할 수 있다.	① 모든 감정은 필요함을 이해하기 ② [짧은 시간] 자기조절 기술 연습하기(복식호흡, 나비포옹법, 소리명상 등 선택 활동) ③ 생활 속에서 자기조절 기술 실천하기
		중	• 강렬한 감정에 대한 자기 조절 기술	[9기가01-05] 청소년기의 건강한 발달을 위협하는 스트레스, 분노, 우울 등의 여러 가지 행동 및 심리 문제의 원인을 분석하고, 적응 유연성을 기를 수 있는 다양한 예방 및 해결방안을 탐색하여 적용한다. [9보02-04] 감정과 스트레스의 적절한 인식과 표현, 지지와 공감 및 다양성 존중을 통해 관계 속에서 행복함과 건강한 관계 맺기를 보여준다.	강렬한 감정을 조절해야 하는 이유를 알고, 자기조절 기술을 제시할 수 있다.	① 강렬한 감정 조절의 필요성 ② [짧은 시간] 자기조절 기술 연습하기(복식호흡, 나비포옹법, 근육이완법 등) ③ 나만의 자기조절 기술 표현하기
		고	• 스트레스의 조절 • 효과적 자기 조절의 실천	[12심리02-05] 부정·긍정 정서의 종류와 기능을 탐색하고 실생활에서 효과적인 정서 조절 방법을 이해하고 실천한다. [12보건02-04] 정서·정신 건강을 이루는 요소와 관련된 개인적, 사회적 요인을 연계하여 탐구하고, 자아 존중감과 회복탄력성 및 유대 증진 방안을 도출하여 건강을 관리한다.	나에게 적합한 스트레스 관리 방법을 알고, 생활 속에서 실천할 수 있다.	① [짧은 시간] 스트레스 대처 이해 및 방법(운동, 명상, 대화, 호흡법, 숫자 세기, 생각 바꾸기 등) ② 스트레스 관리 방법 연습하기(긍정적 생각으로 바꾸기) ③ 나만의 스트레스 대처법 적용하기

<표6> 4차시 대인관계 영역

차시	핵심 역량	학교급	하위요소	관련 성취기준	학습 목표	학습 활동
4차시 (대인관계)	관계 인식 · 관계 관리	초저 (1~2)	• 경청과 공감의 중요성	[2국01-03] 상대방의 말을 집중하여 듣고 말차례를 지키며 대화한다. [2즐01-03] 가족이나 주변 사람과 소통하며 어울린다.	이야기를 듣고 다른 사람의 마음 상태를 알고, 이를 표현할 수 있다.	① 경청의 중요성 이해하기 ② [짧은 시간] 다른 사람의 마음 파악하기 ③ 다른 사람의 마음 공감하기
		초고 (3~6)	• 경청과 공감의 의미 • 경청과 공감을 통한 관계 맺기	[4사01-01] 주변 여러 장소에서의 경험과 느낌을 다양한 방식으로 표현하고, 장소감을 나누며 서로 존중하는 태도를 지닌다. [6도02-02] 편견이 발생하는 이유를 탐색하여 해결 방안을 살펴보고, 다양성 존중을 바탕으로 다른 사람과 올바른 관계를 맺기 위한 실천 방안을 탐구한다.	경청과 공감의 중요성을 이해하고 소통 과정에서 나타나는 다양한 감정을 수용하는 태도를 가질 수 있다.	① 경청과 공감의 의미 이해하기 ② 경청과 공감 연습하기 ③ [짧은 시간] 소통에서 나타나는 다양한 감정 수용하기
		중	• 효과적 갈등 해결을 통한 관계 맺기	[9도02-06] 다양한 갈등 상황에서 평화적 해결의 중요성을 이해하고, 평화적으로 갈등을 해결할 수 있는 실천 방법을 탐구하고 제시할 수 있다. [9기가01-02] 청소년기 또래 문화의 특징을 이해하고, 친구 관계에서 발생하는 문제를 분석하여 건강한 친구 관계를 유지하기 위한 방안을 제안한다.	자신의 입장을 표현하며 갈등을 해결하는 방법을 설명할 수 있다.	① 갈등 해결 3단계 레시피 이해하기 ② [짧은 시간] 갈등 해결 3단계 레시피 연습하기 ③ 갈등 해결 3단계 레시피 실천하기
		고	• 협력적 의사소통을 통한 관계 맺기	[10공국2-01-02] 쟁점과 이해관계를 고려하여 문제를 해결할 수 있는 대안을 탐색하며 협상한다. [10공국2-01-03] 사회적 소통 과정에서 말의 영향력을 고려하여 책임감 있게 듣고 말한다.	타협과 협력을 통해 최선의 결과를 이끌어 내는 의사표현 방식을 습득할 수 있다.	① [짧은 시간] 관계와 대화의 기본자세 이해하기 ② 협력과 타협을 통한 갈등 해결하기 ③ 효과적 갈등 해결을 위한 대화 연습

<표7> 5차시 공동체 영역

차시	핵심 역량	학교급	하위요소	관련 성취기준	학습 목표	학습 활동
5차시 (공동체)	공동체 가치의 인식과 관리	초저 (1~2)	• 공동체 인식	[2바02-01] 공동체에서 내가 할 수 있는 일을 찾아보고 실천한다. [2슬01-03] 가족이나 주변 사람에게 관심을 갖고 함께 살아가는 모습을 탐구한다.	친구들과 함께 어울리며 잘 지내기 위한 실천 다짐을 말할 수 있다.	① 함께 어울릴 때 좋은 점 이해하기 ② 함께 어울려서 놀이하기 ③ [짧은 시간] 다같이 잘 지내기 위한 약속하기
		초고 (3~6)	• 공동체 개념·가치 인식	[4도01-01] 자신의 감정을 소중히 여기며 존중하는 태도를 바탕으로 내가 누구인가를 탐구한다. [6실01-02] 건강한 발달을 위한 자기 관리 방법을 탐색하고, 일상생활 속에서 올바른 생활습관과 태도를 갖도록 계획하여 실천한다.	공동체의 가치를 알고, 공동체가 내 생활에서 중요한 이유를 설명할 수 있다.	① 공동체 이해하기 ② [짧은 시간] 놀이를 통한 공동체 의식 함양하기 ③ 긍정적 공동체의 가치를 생활에서 찾아보기
		중	• 공동체 의미·가치 인식 • 공동체 문제 해결	[9도02-04] 이웃의 종류를 구분해 보고, 공동체 속에서 이웃을 배려하고 봉사하기 위해 타인의 관점을 채택해 보고, 이를 실천하기 위한 구체적인 방법을 제시할 수 있다. [9사(일사)01-03] 사회집단의 의미를 이해하고, 사회집단에서 나타나는 차별과 갈등의 사례와 이에 대한 해결 방안을 탐구한다.	공동체의 문제가 내 생활에 영향을 줄 수 있음을 알고, 공동체 생활에서 일어나는 문제를 함께 해결하는 방법을 제시할 수 있다.	① 공동체의 가치 이해하기 ② 공동체 문제 해결 방법 연습하기 ③ [짧은 시간] 공동체 문제 상황 해결하기
		고	• 공동체 의미·가치 인식 • 공동체에 기여하는 삶	[10통사1-05-03] 자신이 거주하는 지역을 사례로 공간 변화가 초래한 양상 및 문제점을 탐구하고, 공동체의 구성원으로서 지역사회의 변화를 위한 방안을 모색하고 이를 실천한다. [12생윤01-04] 자신이 살고 있는 지역에 관심을 두고, 더 나은 지역 환경을 위해 책임 있는 시민으로서 자신이 참여할 수 있는 방식을 제안한다.	공동체 생활에 이바지하는 태도가 나의 성장에 긍정적 영향을 끼침을 알고, 그 방법을 찾아 실천할 수 있다.	① 공동체의 개념과 의미 이해하기 ② [짧은 시간] 공동체와 함께 살아가는 방법 연습하기 ③ 공동체를 위한 나의 행동 실천하기

<표8> 6차시 마음건강 영역

차시	핵심 역량	학교급	하위요소	관련 성취기준	학습 목표	학습 활동
6차시 (마음건강)	정신 건강 문제의 인식과 관리	초저 (1~2)	• 자신의 마음건강 인식 • 도움 요청	[2바01-02] 나를 이해하고 존중하며 생활한다. [2슬01-02] 나를 탐색하여 나에 대해 설명한다.	나의 마음건강 문제를 알고 도움을 요청하는 방법을 제시할 수 있다.	① 나의 마음을 스스로 돌보는 방법 알기 ② 도움을 요청하는 말 연습하기 ③ [짧은 시간] 도움을 요청하는 말 실천하기
		초고 (3~6)	• 자신과 친구의 마음건강 인식 • 도움 요청	[4도01-01] 자신의 감정을 소중히 여기며 존중하는 태도를 바탕으로 내가 누구인가를 탐구한다. [6실01-02] 건강한 발달을 위한 자기관리 방법을 탐색하고, 일상생활 속에서 올바른 생활습관과 태도를 갖도록 계획하여 실천한다.	나와 친구의 마음건강이 어려울 때 도움 요청 방법을 제시할 수 있다.	① 마음건강의 다양한 상태 이해하기 ② [짧은 시간] 마음건강 문제 해결 방법 연습하기 ③ 생활 속 다양한 마음건강 문제 해결하기
		중	• 자신과 친구의 마음건강 인식 • 도움 요청	[9도01-03] 행복에 관한 심리적, 사회적, 윤리적 접근 등을 통해 행복의 의미를 종합적으로 파악하고, 삶의 목적과 행복의 관계를 정립할 수 있다. [9체01-09] 정신건강의 의미를 이해하고 정신건강 활동의 종류와 특성을 분석한다.	나와 친구의 마음건강이 어려울 때 도움을 요청할 수 있다.	① 정신건강 4가지 상태 이해하기 ② 나의 마음 건강 문제 상황 도움 요청 연습하기 ③ [짧은 시간] 친구의 마음 건강 어려움을 응원하는 캠페인 문구 만들기
		고	• 자신과 친구의 의학적 도움이 필요한 정신건강 인식 • 도움 요청	[12심리04-02] 삶의 변화에 따른 스트레스 발생과 건강의 관계를 이해하고 효과적인 스트레스 대처 방안을 적용하여 회복탄력성을 기른다. [12보건02-04] 감정 및 정서가 삶에 미치는 영향과 행복 및 스트레스, 우울·불안·질병 등을 초래하는 상황의 조건과 의미를 탐구하여 개인과 공동체의 행복한 삶의 양식을 지지한다.	나와 친구의 마음건강이 어려울 때 도움을 요청할 수 있다.	① 의학적 도움이 필요한 마음의 병 상태 이해하기 ② [짧은 시간] 도움 받을 수 있는 기관 찾는 연습하기 ③ 마음의 병으로 힘든 친구 도와주기

한국형 사회정서교육과 학교폭력 예방의 관계

학교폭력을 예방하는 데 한국형 사회정서교육은 특히나 유효하다. 학교폭력이 일어났을 때, 가해자의 이야기를 들어보면 '장난으로 그랬다' 또는 '이렇게 받아들일지 몰랐다' 등으로 답변하는 경우가 많다. 피해자와의 라포 형성이나 상황은 고려하지 않고 자신의 감정에 따라 충동적으로 행동한 것이다. 혹은 자신의 감정을 제대로 파악하지 못하거나, 표현하는 방법을 몰라서 폭력이 일어나는 경우가 많다. 사회정서교육이 적절히 이루어진다면 학교폭력 예방과 해결에 큰 도움이 될 것이다. 그렇다면 사회정서교육을 실제 상황에 어떻게 적용할 수 있을까?

- **가해 학생의 경우**

3명의 학생 중 2명의 친구가 서로 친한 상황이다. 다른 한 친구는 마음에 들지 않는 이 친구를 은근히 따돌리고 괴롭히기도 한다. 친구들과 만나자고 해놓고 시간이나 장소를 알려주지도 않는다. 다른 친구들과 만나서 험담을 하기도 하고, 부모님의 욕을 한다.

이러한 상황을 알게 된 피해 학생의 기분이나 느낌을 공감한다면 가해 학생은 죄책감이나 안쓰러운 마음이 들 것이다. 가해 학생도 상대방을 배려하고 이해하는 마음을 가질 수 있도록 알려주어야 한다. 가해 학생을 처벌하기보다는 상대방의 마음을 이해하고 자신의 감정을 조절할 수 있도록 안내해주어야 한다. 한국형 사회정서교육의 관계 인식과 관계 관리 역량을 통해 효과적으로 갈등을 해결하고 건강한 친구 관계를 회복하도록 이끌 수 있다.

- **피해 학생의 경우**

학교폭력의 피해 학생은 자신의 피해 사실을 말하고, 도움을 요청할 수 있어야 한다. 학생에 따라서는 어떤 말부터 해야 할지도, 어떠한 도움이 필요한지도 생각하지 못하고 혼자 움츠러드는 경우가 있다. 자신의 피해 사실에 관하여 친한 친구나 가족들에게 알리지 않고 고민하다가 우울증에 빠지는 일도 있다. 정신건강에 문제가 생겨 스스로 삶을 마치는 일도 있다. 한국형 사회정서교육의 자기이해와 자기관리 역량은 이럴 때 큰 도움이 된다. 더 나아가 관계 관리 역량을 통해 문제를 적극적으로 해결할 수 있는 힘도 키울 수 있다.

- **학교폭력 목격 학생의 경우**

학생들이 의도하지 않게 학교폭력의 장면을 목격하게 되는 일이 있다. 주변 학생들이 한 학생을 괴롭히거나 폭력행위를 하고 있는데 개입하지 않고 방관하는 경우가 많이 있다. 공동체로서의 소속감과 책임감이 부족해서일 수 있다. 한국형 사회정서교육을 통해 역량을 함양한다면, 학교폭력 피해를 당한 친구를 위로하고 목격한 사실을 교사에게 알리는 등 적극적으로 대처할 수 있을 것이다.

한국형 사회정서교육의 학교폭력 예방 구체적 실천 전략

한국형 사회정서교육은 학생들 간의 관계를 관리하기 위한 구체적인 방법이다. 지금까지와는 다른 접근을 필요로 한다. 학교폭력이 발생했을 때 회복적 대화 프로그램을 통해 피해 학생의 감정을 진술하고 가해 학생의 경청과 진솔한 사과를 유도한다. 공동으로 해결할 수 있는 방안을 도출하여야 한다. 최근의 학교폭력 사안은 일방적으로 피해를 보는 경우는 거의 없다. 서로 피해를 주거나 상처를 준 내용은 없는지 생각해보고 상대방을 배려할 수 있도록 지도한다.

교실에서는 어떻게 한국형 사회정서교육을 실천할 수 있을까? 학급에서 사회정서교육을 반영한 규칙을 설정하는 것이다. 학생들이 스스로 규칙을 만들고 지키면서 자기조절 능력과 책임감을 키울 수 있다. 서로의 감정, 생각, 행동을 존중할 수 있도록 설정되었기 때문에 갈등 관계를 미리 예방할 수 있다. 학생들 스스로 심리적 안정감을 형성할 수 있다는 점에서 긍정적인 힘을 발휘할 수 있다.

한국형 사회정서교육은 학교폭력 예방을 위한 활동으로 여러 가지를 활용할 수 있다. 자기인식과 자기관리를 바탕으로 한 자기 영역, 관계 인식과 관계 관리를 바탕으로 한 관계 영역, 공동체 가치의 인식 및 관리를 위한 공동체 영역, 정신건강 인식 및 관리의 마음건강 영역을 통합적으로 적용해볼 수 있다. 아이들의 감정과 관계를 지킬 수 있는 가장 현실적인 예방 교육이기도 하다.

2026 대한민국 미래 교육 트렌드

2장

고교학점제와 내신 5등급제, 선택의 명과 암

이승우	선택은 자유인가, 부담인가 – 고교학점제가 바꾸는 학교 풍경
배혜림	고교학점제의 뜨거운 감자, 최소 성취수준 보장 지도
이도영	고교 내신 5등급제의 평가 기준을 살펴본다
정태진	수행평가 논란, 그 해법은?
마영실	캐나다에서 고교학점제의 방향을 묻다
임현우	시·공간을 넘어 배움을 확장하는 경기이음온학교

선택은 자유인가, 부담인가
- 고교학점제가 바꾸는 학교 풍경

1

이승우
포항제철중학교 국어교사(前 포항제철고 근무)
2022 개정 교육과정 검/인정 도서 심의위원
경상북도교육청 학생 평가지원단

대한민국 교육의 과도기

대한민국 교육의 역사를 살펴보면 과도기가 아닌 때가 있었나 싶을 정도로 변화를 거듭해왔다. 그럼에도 최근 몇 년은 대입 개편안, 새 교육과정 도입, 인공지능과 교육의 접목 시도 등으로 그 어느 때보다 격렬한 전환기를 맞이하고 있다. 이 글에선 교육의 여러 변화와 고민의 지점 중 고교학점제로 바뀌고 있는 학교의 풍경에 관해 이야기를 나누고자 한다. 고등학교에서 근무할 땐 고교학점제가 학생들이 고등학교에 입학한 이후에나 고민할 문제라 생각했다. 그런데 인사이동으로 2025년부터 중학교에서 근무하고 보니 고입을 앞둔 단계에서부터 이미 고교학점제가 교육과정 선택과 맞물려 학부모와 학생들에게 중요한 고민거리로 등장한다는 사실을 알게 되었다.

현장에서 바라본 고교학점제

중학교 : 고등학교의 교육과정 편제에 따라 선행을 고민

고등학교 진학을 앞둔 시점이 되면 희망하는 학교와 본인에 대한 다양한 탐색이 필요하지만, 대학입시를 염두에 두고 있는 학생과 학부모가 그보다 더 중요하게 살펴보는 것은 고등학교의 교육과정이다. 고교학점제는 학생의 주도적 학습과 진로 연계 탐색에 중요한 가치를 두고 있지만, 학교 현장은 본질적 학습보다는 '백화점식'의 다양한 교과과정을 구비하고 있다고 홍보한다. 뿐만 아니라, 심화과목을 수강할 수 있도록 일반적으로 1학년 1년 과정으로 운영되는 「공통수학 1, 2」 또는 「통합과학 1, 2」를 1학년 1학기에 편성하고 있기도 하다. 학생들은 자신의 선행 정도와 각 고등학교의 고교학점제(교육과정의 편성) 운영방식을 고려해 진학할 고등학교를 선택하게 된다.

고등학교 : '선택의 자유'가 '부담'

고등학교 1학년 교실에서는 학생들이 자신의 진로와 관련된 과목 선택에 대한 고민을 토로하는 경우가 많다. "고3 때 들을 과목을 벌써 정해야 할까요?" "이 과목이 제 장래 희망에 필수적일까요?" "나중에 제 꿈이 바뀌면 어떻게 해요?"와 같은 질문들을 한다. 고교학점제의 본래 취지는 학생의 진로와 적성에 따른 자율적인 과목 선택이지만, 현실에서는 대학입시와의 연계성, 성적에 대한 부담 등이 겹쳐 '선택은 곧 부담'이라는 인식이 깊어지고 있다. 아직 진로가 명확하지 않은 학생들에게 과목 선택은 탐색의 기회라기보다 '실수해서는 안 될 결정'으로 인식되고 있다. 학생들은 자신의 꿈과 희망에 맞춰 과목을 선택하기보다 입시와 관련해 과목의 난도나 수강자 수를 고려하여 과목을 선택하기도 한다. 학부모 역시 과목 선택에 대한 고민과 입시에 유리한 과목에 대한 문의를 쏟아내고 있으며, 이러한 부담은 고스란히 교사들에게 전가되고 있는 것이 현장의 현실이다.

고교학점제의 도입 배경과 본질

고교학점제는 학생이 기초 소양과 학업 성취를 기반으로, 자신의 진로와 적성에 맞춰 과목을 선택하고 이수 기준에 도달했을 때 학점을 인정받고 누적하여 졸업하는 제도라 할 수 있다. 이수 기준에 도달하지 못할 가능성을 사전에 진단하여 예방지도를 실시하고, 이후 미도달 학생이 발생할 경우 보충지도를 실시하게 된다.

고교학점제는 2020년 마이스터고에 부분 도입되었고, 2022년 특성화고에 확대 적용되었다. 2023년부터 일반계고에 단계별 적용이 시작되었으며, 2025학년도 전면 도입을 목표로 추진되었다. 고교학점제의 전면 시행에 맞추어 수업량 기준도 조정되었는데 기존 204단위(주당 약 34교시)에서 192학점(주당 약 32교시)

으로 줄어들었으며, 1학점당 수업은 50분 기준 16회로 축소되었다. 교과 174학점, 창의적 체험활동 18학점으로 구성되며 교과 학점은 필수 84학점, 자율 90학점이 배분되어 있다.

고교학점제의 핵심 취지는 학생이 학습의 주체로 성장하고, '책임과 자유'라는 미래형 교육의 기반을 실현하는 것이다. 즉, 학생이 스스로 과목을 설계하고 성취과정을 경험하는 자체가 교육의 본질이라는 철학을 담고 있다. 또한 기초학력 보장이라는 교육의 책무성을 담고 있다. 이러한 관점은 교육 패러다임을 국가 중심·교사 중심에서 학생 중심 체제로 전환하려는 점에서는 긍정적으로 평가할 수 있다. 하지만 고교학점제는 학교 현장에서 여러 가지 혼란과 부담을 초래하고 있다. 폐지까지 거론되고 있는 고교학점제는 과연 어떤 가능성과 어떤 문제점이 있는지 살펴보자.

긍정적 변화와 가능성 : 1. 학생 맞춤형 학습 기회의 확대

고교학점제 시행 이후 소인수 학급, 교사 부족 등으로 단위학교에서 학생들이 원하는 모든 수업을 개설하기 어려운 현실을 보완하기 위해 시도 교육청마다 온라인학교를 개교하고, 공동교육과정을 확대 운영하고 있다. 특히 소규모 학교에서 다양하게 개설하기 힘든 사회·과학 과목은 온라인학교와 공동교육과정의 수업을 수강하면서 단위학교의 여건으로 인한 교육격차를 줄이는 데 효과를 보이고 있다. 교육과정과 입시제도의 변화 속에서 고등학교는 꾸준히 상향 평준화를 이루어왔으며 특목고·자사고와 일반계고 간의 격차가 점차 감소해왔다. 이러한 흐름을 고려할 때, 학생 맞춤형 학습 기회의 확대는 장기적으로는 교육을 상향 평준화하는 방향으로 갈 것이다.

긍정적 변화와 가능성 : 2. 책임교육의 강화

꾸준히 사회적 문제로 언급되어온 저출산에 따른 인구 구조 변화를 생각하면 책임교육의 강화는 필요하다. 모든 학생의 잠재력과 역량을 키워주는 교육체제를 구축하는 것이 결국 국가경쟁력과 연결된다는 것을 생각해보면 책임교육의 강화 차원에서 최소 성취수준 보장 지도는 필요하다.

대입을 치르고 대학에 진학하는 학생들이 많이 있지만, 또 한편 고등학교가 사회로 진출하기 전 마지막 교육인 학생들도 많은 것이 사실이다. 소수이긴 하겠지만, 조퇴와 결석이 아주 많은 학생들 중에는 단위 수가 적은 과목 등 특정 과목의 수업을 거의 참여하지 못하는 상황도 분명 존재할 것이다. 물론 초등학교와 중학교 때부터 누적된 학습 결손을 고등학교에서 모두 해결한다는 것은 현실적으로 대단히 어렵고 한편 불합리해 보이기도 하지만, 사회에 진출하기 전 마지막 기회라는 점을 생각해본다면 학점 취득 기준을 단순 출석 여부가 아닌 과목 성취를 중심으로 설정하는 것이 보다 적절한 방법이라는 생각을 하게 된다.

부정적 변화와 현장의 어려움 : 1. 학교 현장의 혼란

고교학점제는 현재 혼란 그 자체라 할 수 있다. 교육부의 발표에서는 학생들이 원하는 수업을 다양하게 개설한다고 했지만, 대부분의 일반계고는 교사 수급 문제, 강의실 및 시설 제한, 개설 최소 기준 미달 등의 이유로 학생이 원하는 과목을 개설할 수 없는 경우가 많다. 자사고 등 특정 유형의 학교가 아닌 대다수 일반계고의 현실은 학생들이 '선택할 수 있는 과목 중에서' 고를 수밖에 없는 상황이기 때문에 제도의 기본 취지인 '학생 맞춤형 교육'이 무색할 따름이다.

많은 학교들에서 학생들이 수강 신청을 한 이후에 교과서 주문, 교육과정 확정, 교원의 수급 조정 등을 하기 때문에 일정의 진행을 위해 1학년 1학기 중간고사 직후에 수강과목 신청을 받는다. 표면적으로는 수요 조사를 거쳐 학생들이 희망하는 개설과목을 정하고, 학생의 평균 선택과목 수도 증가한 것처럼 보이지만, 실제로 학생의 입장에서는 입학해서 첫 시험 성적이 나오기도 전에 자신의 진로를 결정해야 하는 상황이 된 것이다.

부정적 변화와 현장의 어려움 : 2. 교사의 수업 및 평가 부담 증가

고교학점제 시행 이전 설문에서 교원의 여론은 상당히 부정적이었고, 시행 중인 지금도 여전히 부정적이다. 교사 수급이 쉽지 않고 학교 현장에서 적용에 어려움이 많다는 것이다. 담당 과목 수 증가, 학생부 작성, 수업·시험 준비 등 업무 부담이 심각하게 가중되는 점이 큰 문제다. 사회·과학 교사가 보다 직접적으로 체감할 텐데 교사 1인이 담당해야 하는 과목 수가 크게 증가한다. 학교에 따라서는 교사 1인이 정규 수업, 방과후학교 수업, 공동교육과정 수업 등을 전부 부담하느라 수업 준비 자체를 힘들어하는 경우가 있다. 중학교와 달리 고등학교는 모든 학생의 생활기록부를 작성해야 하는데, 학생부종합전형의 지원 비율이 높은 학교의 경우 학생부 작성에 더 큰 부담을 느낄 수밖에 없다. 또한 시험에 대한 민감도가 높아져 과거에 비해 수행평가든, 지필평가든 보다 정교한 문항 설계와 채점이 필요한 상황이 되었다. 그렇다 보니 교사의 입장에서 학생의 개별 특성을 파악하기는 어려워지고, 업무만 늘어나는 것이다.

특히 '최소 성취수준 보장 지도'는 학업 지원 효과보다 교사 업무 과중이 더 크다며 비판받고 있다. 현재는 학생이 학점을 이수하기 위해서는 과목별 40% 이상의 학업 성취율과 2/3 이상의 출석률을 모두 충족해야 한다. 학생이 출결이나 성취기준에 미달하여 과목을 이수하지 못하게 될 경우, 이를 막기 위한 보충지도와 행정 처리가 교사의 몫으로 주어지는데, 이것은 단순한 수업지도를 넘어 추가 상담, 학부모 연락, 보충 계획 수립, 학생부 기록 등 광범위한 '관리 책임'을 의미하기 때문에 교사의 입장에서는 미이수에 대한 부담을 느낄 수밖에 없다.

부정적 변화와 현장의 어려움 : 3. 온라인학교와 공동교육과정의 한계

고교학점제 시행 이후 온라인학교와 공동교육과정의 활성화가 이루어지고 있어 긍정적인 측면이 있지만, 한계 또한 뚜렷하다. 학교마다 학사 일정이 다르고, 일과시간 운영이 다른 상황에서 그것에 대한 조정 없이 온라인학교 수업을 선택적으로 수강하도록 하는 건 현실적으로 쉽지 않다. 공동교육과정 또한 온라인과 오프라인 강좌가 있는데 지역 간의 격차가 크게 발생하고 있는 것이 사실이다. 고시외 과목이나 심화과목은 특목고와 자사고를 중심으로 편중 개설되어 있다. 또한 시도 단위마다의 차이가 있는데 서울의 경우 자사고에서는 공동교육과정 과목 개설이 불가하고, 학생 또한 수강이 불가한데 경북의 경우 자사고에서 자체적으로 공동교육과정 개설이 가능하고, 학생 또한 수강이 가능하다. 시도 단위마다 다른 규정을 적용하고 있어 시도에 따라 학생의 선택이 달라질 수 있는 것이다. 이러한 문제를 해결하기 위해서는 교육부에서 밝힌 것처럼 보다 다양한 강좌를 개설하고, 타 시도의 학생들에게도 수강의 기회를 개방해야 한다.

부정적 변화와 현장의 어려움 : 4. 학교 공동체의 약화

코로나19의 상황에서 학교는 온라인 수업으로 대응했다. 구글클래스룸, 줌 등을 활용하여 아쉬우나마 교과 수업과 학생 관리를 온라인으로 진행하면서 미래사회에는 학교 건물에 모여서 수업하는 형태가 사라질 거라 말하는 사람들도 있었다. 하지만 학교가 사라지지 않을 것이라 전망하는 사람들이 대부분이었고, 그 바탕에는 지식의 전달보다는 학생의 사회화를 위해 학교가 미래사회에는 더욱더 중요해질 거라는 믿음이 있다. 그런데 고교학점제는 사회화의 핵심이라 할 수 있는 생활교육과 소속감을 약화시키고 있다. 다양한 선택과목 체계로 인해 학생들이 여러 교실을 오가며 수업을 듣게 되면서 학생 관리와 생활지도의 통합적 접근이 어려워져 특히 담임교사에게 큰 부담으로 작용할 것이다. 대학은 '대학 생활 설계' 등의 과목을 통해 각 학년마다 지도교수(주임교수)를 배정하고 학생과의 상담을 통해 학업과 진로 계획을 지원하는 등 과거에 비하면 오히려 고등학교의 모습을 따라가고 있다. 그에 비해 고등학교에서는 생활지도의 측면에서 보면 담임교사의 책임과 역할이 커지고 있는데 현실적으로는 고교학점제로 학생을 만나는 시간이 줄어들고 있어서 학생 파악은 어렵고, 학생을 책임 있게 지원하기 어려운 상황이 되어버렸다.

고교학점제가 요구하는 변화

학교 행정의 변화 : 학교 운영 시스템 전반의 변화

해외 동포들의 자녀를 가르치기 위해 설립된 한국국제학교에서 근무하는 교사의 글을 본 적이 있다. 행정업무 자체가 없다고 할 수 있을 정도로 수업과 평가에만 집중하고, 우리나라처럼 경직된 상하 관계의 교장·교감과 교사의 관계가 아니라 학교의 운영과 교사의 수업을 보장하기 위한 동반자로서 교사와 교장·교감의 관계가 꾸려지며, 교육과정의 설계, 수업과 채점 등에서 교사가 주도적인 역할을 한다고 하였다.

학교 문화를 살펴보면 교장과 교감이 교육정책을 깊이 이해하고 학교 교육의 변화를 주도하며, 교사들을 지원하고 교육활동을 구성원들과 충분히 논의해 결정하는 학교가 점차 늘고 있다. 그러나 여전히 수직적 구조 속에서 교장과 교감이 지시만 내리고, 학교 혁신을 주도하기보다는 현상 유지를 바라는 경우도 많다. 교사가 새로운 시도를 하려 해도 관리자의 허락을 얻지 못해 역량을 발휘하기 어려워지기도 한다. 학기 초에는 각종 행정업무가 몰리고, 국정 감사 전에는 '긴급' 표기가 붙은 국회 요구 자료가 갑자기 내려오기도 한다.

1~2명에 불과한 교무행정사만으로는 학교 행정을 감당하기 어려워 교사들이 시간 외 근무를 하거나, 수업 준비보다 행정업무 처리에 더 많은 시간을 들이는 경우도 많다. 고교학점제가 제대로 자리 잡으려면 수업만이 아니라 학교 문화와 행정 전반의 변화가 함께 이루어져야 한다. 고교학점제가 교사의 수업 준비와 변화뿐 아니라 교육과정, 학사 운영, 학교 공간, 학교 문화 등 학교 운영 시스템 전반의 혁신을 요구하는 제도임을 학교 구성원 모두가 인식하고 학교가 변화되

어야 고교학점제의 취지와 성과를 살릴 수 있을 것이다.

고교학점제가 요구하는 교사 전문성 : 수업 전문성 개발과 혁신적 접근 필요

고교학점제는 단순히 과목 선택의 폭을 넓히는 제도가 아니라, 교수·학습 방법 자체의 변화를 요구한다. 학생들이 다양한 과목을 선택하는 만큼, 교사는 수준별·진로별 수업을 운영해야 한다. 이는 전통적인 강의식 수업만으로는 한계가 있으며, 프로젝트형·토론형·탐구형 수업 등 학생 참여 중심의 수업 설계 능력이 필수적이다. 그러나 현장의 교사들은 이러한 교수 역량의 차이가 크며, 혁신 수업을 준비하기 위해 상당한 시간과 노력이 필요하다. 따라서 교사 개개인의 전문성 개발을 체계적으로 지원할 수 있는 연수 프로그램과 협력적 학습공동체가 마련되어야 한다.

고교학점제가 요구하는 교사 전문성 : 진로·상담 역량 강화 필요

고교학점제에서는 학생의 선택을 돕는 교사의 상담 역량 강화가 무엇보다 중요하다. 학생의 선택이 단순히 과목을 고르는 것이 아니라 진로와 직접 연결되기 때문이다. 학교의 여건과 상황이 달라 일괄적인 적용이 어려울 수 있겠지만 어느 학교에서는 1학년 담임교사와의 상담으로, 어느 학교에서는 진로 전담교사와의 상담으로, 어느 학교에서는 학점제 박람회를 통해, 어느 학교에서는 방송을 통해 상담을 진행하는 등 제각각이다 보니 학생 입장에서는 모두 비슷한 수준에서 제대로 된 상담과 조언을 들을 수 있다고 보장하기 어렵다. 교육부의 홍보 자료에는 교육과정 이수 지도팀과의 상담, 과목 설명회, 교과 커리큘럼의 날 운영 등이 있지만 실제로는 그저 가정통신문 몇 장으로 홍보가 끝나는 학교도 존재하는 것이 사실이다. 따라서 교사 개개인의 상담 전문성을 새롭게 요구하는 상황에서 이에 대한 충분한 조력, 진로 전담교사의 역할과 업무 정립 등이 분명히 이루어져야 한다. 그렇지 않으면 고교학점제의 과목 선택과 관련한 업무는 시스템이 아니라 사람에 따라 일을 하게 되는 너무나 혼란스러운 상황이 지속될 것이다.

미래형 교육체제로 나아가기 위한 조건

현재의 우리나라 교육은 미래 교육으로 나아가기 위한 필수 전환점에 있다. 고교학점제는 시행되었으나 완성된 정책이라 보기에는 부족함이 많다. 교육부는 교육계·현장·학계·시민단체 의견을 반영한 '현장 부담 완화 개선안'을 마련할 것이라 밝혔고, 2025년 9월 개선 대책을 발표하였다. 기존 예방·보충지도 시수를 1학점당 5시수에서 3시수 이상으로 변경하였고, 온라인 프로그램으로 출석률 미달 학생의 보충학습을 실시할 수 있게 하였으며 학교가 보다 자율적으로 운영 방식을 결정하여 현장의 부담을 줄이도록 하였다. 또한 학교생활기록부의 교과 세부능력 및 특기사항 기재 분량을 공통과목 기준 기존 1,000자에서 500자로 축소하였고, 행정 효율화를 위한 AI 기반 수강 신청 시스템 도입을 추진하는 등 변화를 모색하고 있다.

교육부의 새로운 정책에 대해 제도 시행의 초기 불완전함을 이유로 '악마화'하거나 '실패작'으로 낙인찍는 것은 제도의 개선 가능성을 차단하고, 장기적으로는 현장의 피로감을 가중할 수 있으리라 생각한다. 고교학점제는 이미 세계적으로 보편화된 미래형 교육체제이다. 학생이 기초 소양과 학력을 바탕으로 자신의 진로와 적성에 맞춰 과목을 선택하고, 성취기준을 충족하여 학점을 취득하는 구조는 미래사회가 요구하는 역량과 맞닿아 있다.

또한, 학생들이 아직 진로를 잘 모른다는 이유로 고교학점제가 무의미하다고 보는 주장도 타당하지 않다. 진로 선택 역량은 교육과 다양한 경험을 통해 길러지는 것이며, 오히려 고교학점제는 폭넓은 과목 경험을 통해 조기 진로탐색을 가능하게 한다. 다만 진로와 관련한 충분한 고민과 준비가 되어 있지 않은 고등학교 1학년 학생에게 희망 학과와 졸업 후 진로를 당장 내어놓으라는 듯이 진행되는 과목 선택이 아니라, 중학교부터 고등학교 1학년까지 진로탐색 학기와 상담 체계를 강화하고, 과목 선택 시기를 고등학교 1학년 2학기로 늦추는 등의 제도 개선이 있어야 학생과 학교 현장의 부담이 크게 줄어들 것이다.

고교학점제가 실질적으로 미래를 준비하는 교육과정 체계가 되려면 교원의 배치에서도 많은 변화가 필요하다. 교원 수급 기준을 학생 수뿐 아니라 교과목 수, 학급 수 등을 반영한 다중 기준 방식으로 전환하는 등 학교 현장을 보다 적극적으로 고려하여 정원을 확보해야 한다. 교원의 신규 합격자와 인사 발령이 현재의 2월보다 앞당겨져야 하며, 소인수 과목에 대한 학습권 보장을 위해 학교 단위 외에 교육청 단위에도 교사를 배치하여 순회 수업이 가능하게 해야 한다. 또한 지금도 학급당 학생 수가 30명인 학교가 존재한다는 것을 떠올려본다면 학급당 학생 수에도 과감하고 획기적인 변화가 필요하다. 전자 출결 시스템(나이스 플러스), 학생부 질 부담 완화 등 디지털 행정 시스템 도입과, 재이수·대체 이수·튜터링 시스템·계절학기 등 유연한 학습 회복 체계를 구축해야 고교학점제에 대한 이해와 안착이 이루어질 것이다. 가능하다면 장기적이고 거시적인 안목에서 지역 책임 교육 거버넌스를 마련해 교육컨설팅 및 지원 상시화도 고려해야 할 것이다.

정책의 수립과 실천에는 필연적으로 예산이 필요하다. 그리고 그럴 때마다 교육 예산의 한계 등 이유도 늘 똑같았다. 다른 부처와 달리 재정을 관리하는 기획재정부와 인원을 관리하는 행정안전부 사이에서 교육부가 자신의 목소리를 내기 어렵다는 것이었다. 하지만 미래사회를 위한 교육이 무엇보다 강조되고 있는 이때, 교육에 대한 적극적 투자, 특히 고교학점제에 대한 예산 투입이 꼭 필요하다.

지속가능한 고교학점제를 위한 제언

지금 고교학점제에 필요한 것은 단편적인 수정이 아니라, 제도의 본래 취지인 '학생의 주체적 학습, 교사의 전문적 지원, 학교의 책임적 공동체'를 실현할 수 있는 정교한 종합 지원체계의 구축이다. 그래야 고교학점제가 배워야 할 것을 배우고, 배우고 싶은 것을 가르치는 진정한 미래 교육 혁신의 중심으로 자리매김할 수 있을 것이다.

학교의 사업도 그렇지만, 세상의 많은 일들이 시작도 힘들지만, 그보다 더 힘든 것은 그것을 꾸준히 실천하고, 꾸준히 점검하는 일이라 생각한다. 고교학점제가 안착하려면 정책은 개선을 거듭해 더 분명하고 체계적으로 자리 잡아야 하며, 학교에 대한 지속적인 모니터링도 필요하다. 학교 내에서 어떤 과정을 통해 과목의 설계와 수강이 진행되는지, 학교 간에는 어떤 차이가 있는지, 또 지역 간에는 어떤 차이가 있는지에 대한 지속적인 점검이 이루어져야 할 것이다.

교육의 새로운 패러다임, 고교학점제는 잘 자리 잡을 수 있을까.

고교학점제의 뜨거운 감자, 최소 성취수준 보장 지도

배혜림
경상남도교육청 소속 중등교사
전국교사작가협회 '책쓰샘' 이사 및 교육팀장
(사)교사크리에이터협회 집필부팀장

2022 개정 교육과정의 전면 시행으로 고등학교 교육은 커다란 전환점을 맞이했다. 그 중심에는 학생이 진로와 적성에 따라 과목을 선택하고 학점을 취득해 졸업 요건을 충족하는 고교학점제가 있다. 2018년부터 준비 과정을 거쳐 2025년 전면 시행된 고교학점제는 획일적인 학년제 수업 구조에서 벗어나 학생 개별화와 맞춤형 학습을 실현하려는 시도이다.

과거에는 동일한 교과 편제 이수, 출석을 통해 진급하는 방식으로 이루어졌다면 이제는 학생 스스로 학업 계획을 수립하고 학점을 누적해 졸업 요건을 충족해야 한다. 이러한 변화는 교육과정 운영의 패러다임을 학교 중심에서 학생 중심으로 전환시키는 중요한 계기가 되었다. 이 이상적인 목표를 실현하기 위해 모든 학생이 학업 기본 역량을 갖추도록 하는 제도적 안전망이 필요한데, 그 핵심 장치가 바로 '최소 성취수준 보장 지도'이다.

최소 성취수준 보장 지도의 개념과 정책적 의의

최소 성취수준 보장 지도는 단순히 수강 여부만으로 학점을 인정하던 기존 체계를 넘어, 각 교과에서 요구하는 최소한의 학업 성취수준을 반드시 확보하도록 하는 정책적 장치다.

최소 성취수준은 각 과목에서 학생들이 반드시 도달해야 하는 지식·기능·태도에 대한 최소한의 학업 기준으로 2025학년도 고등학교 1학년부터 전체 교과와 창의적 체험활동에 적용된다. 교과의 경우 과목별 출석률 2/3 이상과 학업 성취율 40% 이상을 모두 충족해야(교양과목과 학교 밖 교육 과목은 출석률 기준만 적용) 학점이 부여된다. 창의적 체험활동은 고등학교 3개년의 총 실제 수업 횟수의 2/3 이상 출석해야 이수로 인정된다.

이 조건을 충족하지 못한 학생에게는 추가적인 학점 취득의 기회를 제공한다. 학기 중·방학 중 방과후 수업, 온라인 콘텐츠, 개별 학습 코칭 등을 활용한 추가 지원을 통해 학생이 최소 성취수준에 도달하도록 돕는 것이다. 이를 통해 모든 학생에게 학습권을 보장하고 공교육의 책무성을 강조한다. 이것이 고교학점제의 핵심 요소 중 하나인 '최소 성취수준 보장 지도'이다. 이를 줄여 일명 '최성보'라고 한다.

교육부가 발표한 자료에 따르면 2025년 전국 2,429교, 42만 1,809명의 고등학교 1학년 학생 중 최소 성취수준 보장 지도의 대상 학생은 전체의 7.7%인 3만 2,414명으로 2,489명(7.6%)을 제외한 대부분의 학생이 최소 성취수준 보장 지도에 따라 과목 이수에 성공했다. 10명 중 9명은 학력을 끌어올렸다는 뜻이다.

최소 성취수준 보장 지도의 운영 목적과 구조

최소 성취수준 보장 지도는 학생 개별화와 진로 맞춤형 교육과정을 강조하는 고교학점제를 뒷받침하는 학습 안전망이다. 이 제도의 궁극적인 목적은 다음과 같다.

첫째, 학생 모두가 교과별 필수 학업 역량을 확보하도록 하여 심화·선택 과목 수강의 토대를 마련한다.

둘째, 학생 선택권 확대 과정에서 학업격차가 심화되지 않도록 교육적 안전망을 구축한다.

셋째, 고교학점제 운영의 근간인 학업 성취 평가를 엄격히 적용하여 학점의 객관성과 신뢰성을 높인다.

최소 성취수준 보장 지도는 정책적으로 고교학점제의 성공 여부를 결정짓는 핵심 요소라 할 수 있다. 미래사회에서 강조되는 창의성·협업 능력·문제 해결력 등 핵심 역량 역시 기초 학업 역량 위에서 발휘될 수 있다.

교육과정을 고려한 최소 성취수준 보장 지도 운영 기준 및 방법

구분		학점 이수 인정 기준		최소 성취수준 보장 지도		추가학습 (최소 성취수준 보장 지도에 준하여 운영)	비고
		출석률 (과목 출석률 2/3 이상)	학업 성취율 (학업 성취율 40% 이상)	이수 기준 (총 보충지도 운영 시수의 2/3 이상 참여)	운영 방법 (예방지도 연계비율, 정서지원 제한 등)		
학교 내 개설	모든 과목 (교양 과목 제외)	적용	적용	적용	적용	- 제공	학업 성취율은 충족했지만 출석률을 미달한 학생 및 교양 과목 출석률 미달 학생에게는 추가학습을 통해 이수 기회 제공 ※ 추가학습을 이수하지 못한 경우 해당 과목 미이수 처리
	교양 과목	적용	미적용 (성취수준을 P로 산출)	최소 성취수준 보장 지도 대상 제외		제공	
	창의적 체험 활동	적용 (3년간 실제 운영 수업 횟수의 2/3 이상)	미적용	최소 성취수준 보장 지도 대상 제외		별도 이수 기회 제공	학기 내 별도의 창의적 체험활동을 통한 이수 기회 제공
공동교육과정 온라인학교		적용	적용	적용	적용	- 제공	학업 성취율은 충족했지만 출석률을 미달한 학생 및 교양 과목 출석률 미달 학생에게는 추가학습을 통해 이수 기회 제공
방송통신 고등학교		적용	적용	별도 적용 가능 ※ 방송통신고에 대한 세부 사항은 별도 안내 예정		- 제공	※ 추가학습을 이수하지 못한 경우 해당 과목 미이수 처리
학교 밖 교육[1]		적용	미적용 (성적 미산출)	최소 성취수준 보장 지도 대상 제외		미제공	학교 밖 교육의 특성상 추가학습 기회 제공 어려움

출처_ 2025학년도 학교생활기록부 기재 요령

[1] 학교 내 개설 또는 공동교육과정 등으로 운영이 어려운 과목에 대해 일정한 요건을 갖춘 지역사회 기관을 통해 이수하는 교육

최소 성취수준 보장 지도의 운영 방법

최소 성취수준 보장 지도는 예방지도와 보충지도를 연계하여 운영할 수 있다. 예방지도는 과목 이수 기준에 미도달이 예상되는 학생 중 희망자에 한해 과목별로 선별한다. 별도 평가를 실시하거나 전년도 대상 학업 성취도, 교과 지도 교사 및 담임교사 추천 등으로 선정하며 학기 중 방과후 지도, 방과후 기초 학력 보장 프로그램, 보충 과제 부여 등 다양한 방법으로 운영한다. 보충지도는 학기 말 과목별로 이수 기준에 미도달한 학생을 대상으로 방학을 포함한 학기 내 방과후 대면 지도, 온라인 콘텐츠 수강, 보충 과제 부여 등의 방법으로 운영한다.

최소 성취수준 보장 지도의 기준 시수는 2025년 기준 1학점당 5시수이다. 즉, 4학점의 과목이라면 총 20시수를 운영해야 한다. 그러나 2025년 9월 25일 '고교학점제 운영 개선 대책'을 발표하며 1학점당 3시수 이상만 해도 되는 것으로 현장의 부담을 줄였다. 4학점 과목이라면 총 12시수만 해도 된다는 것이다. 또한 구체적인 운영방식은 교육감과 개별학교가 자율적으로 정할 수 있다. 최소 성취수준 보장 지도 운영 시수의 2/3 이상 참여하면 1과목을 이수한 것으로 인정되므로, 교사와 학생의 부담이 줄어든 셈이다.

학업 성취율 및 출결 기준에 따른 기록 체계

학업 성취율과 출석률은 최소 성취수준 보장 지도 운영의 신뢰성을 확보하기 위한 핵심 지표다. 구체적인 기록 방식은 다음과 같다.

학업 성취율 40% 미만인 학생이 최소 성취수준 보장 지도를 이수하면 해당 과목을 이수 처리하고 성취도를 'E'로 기재(3단계 산출 과목은 'C'로 기재)하며 보충지도 사실은 학교생활기록부에 기재되지 않는다.

학기	교과	과목	학점	원점수/ 과목평균	성취도	성취도별 분포비율	석차 등급	수강자 수	비고
						과목 출석률 2/3 미만이면서 학업 성취율 40% 미만인 대상자가 최소 성취수준 보장 지도를 이수한 경우도 포함			
1	국어	문학	3	39/70	E	A(11.2) B(24.3) C(31.7) D(24.3) E(8.5)	5	60	

교과 학습 발달 상황(1학년). 출처_ 2025학년도 학교생활기록부 기재 요령

학업 성취율 40% 이상은 충족하고 출석률이 2/3 미만인 학생이 최소 성취수준 보장 지도에 준하는 추가학습을 이수하면 해당 과목을 이수 처리하고 성취도를 입력한 후 비고란에 '출석률 미달로 인한 추가학습 이수'가 학교생활기록부에 기재된다.

학기	교과	과목	학점	원점수/ 과목평균	성취도	성취도별 분포비율	석차 등급	수강자 수	비고
						과목 출석률 2/3 미만이면서 학업 성취율 40% 이상인 대상자가 최소 성취수준 보장 지도에 준하는 추가학습을 이수한 경우도 포함			
1	국어	문학	3	93/70	A	A(11.2) B(24.3) C(31.7) D(24.3) E(8.5)	1	60	출석률 미달로 인한 추가학습 이수

교과 학습 발달 상황(1학년). 출처_ 2025학년도 학교생활기록부 기재 요령

만일 학업 성취율 40% 미만 또는 출석률이 2/3 미만인 학생이 최소 성취수준 보장 지도 및 추가학습을 이수하지 않으면 최종적으로 그 과목은 미이수 처리되고 해당 과목의 과목별 세부능력 특기사항을 비롯한 학업성적 결과는 기재하지 않고 비고란에 '미이수'라고 기재한다.

과목 출석률 2/3 미만 또는 학업 성취율 40% 미만 대상자가
최소 성취수준 보장 지도 및 추가학습을 이수하지 않은 경우

학기	교과	과목	학점	원점수/ 과목평균	성취도	성취도별 분포비율	석차 등급	수강자 수	비고
1	국어	문학	-	-	-	-	-	-	미이수

교과 학습 발달 상황(1학년). 출처_ 2025학년도 학교생활기록부 기재 요령

이러한 기준은 학습과정에서의 최소 성취를 객관적으로 인증하기 위한 제도적 장치로, 단순한 행정 절차가 아닌 학습권 보장의 핵심 단계라 할 수 있다.

「공통수학 1」「공통영어 1」을 수강하였으나 미이수한 학생이 「기본수학 1」「기본영어 1」을 대체이수하면 해당 과목을 대체이수 처리하고, 이전 학기에 미이수 처리한 「공통수학 1」「공통영어 1」의 성적 처리 결과 전부를 학교생활기록부 정정을 통해 삭제 처리한다.

학기	교과	과목	학점	원점수/ 과목평균	성취도	성취도별 분포비율	석차 등급	수강자 수	비고
~~1~~	~~수학~~	~~공통수학1~~	-	-	-	-	-	-	~~미이수~~
2	수학	기본수학1	3	74/68	B	A(11.2) B(24.3) C(31.7) D(24.3) E(8.5)	3	89	대체이수

교과 학습 발달 상황(1학년). 출처_ 2025학년도 학교생활기록부 기재 요령

최소 성취수준 보장 지도와 학교 현장

고교학점제의 취지와 최소 성취수준 보장 지도의 도입은 분명 학생 맞춤형 학습과 교육의 포용성을 실현하기 위한 큰 걸음이다. 특히 최소 성취수준 보장 지도는 학생들의 학력을 보장한다는 측면에서 아주 긍정적이다. 수업을 듣는 모든 학생이 일정 성취기준을 충족해야 졸업을 할 수 있기 때문에 학생으로서 최

소한의 학력을 갖출 수 있도록 한다. 공부를 하지 않으면 졸업을 할 수 없다고 하니 학생들에게도 공부를 해야 한다는 경각심을 심어주기도 한다.

그러나 제도가 현장에 안착하기 위해서는 반드시 해결해야 할 여러 도전과제가 있다. 실제 학교 현장은 일명 최성보로 매우 혼란스럽다. 이를 학생 측면, 교사 측면, 학교 측면으로 나눠서 살펴보겠다.

학생 측면: 낙인 효과와 학습 동기 저하

최소 성취수준 보장 지도는 학습권 보장을 위한 안전망이지만 학생들에게는 '성취 미달 학생'이라는 낙인 효과를 야기할 수 있다. 보충수업을 받는다는 것이 드러나면 또래집단 속에서 위축될 수 있고 반복된 실패 경험은 학습 동기 상실로 이어질 수 있다. 특히 자기주도학습 역량이 부족한 학생은 보충 기회 자체를 소극적으로 받아들이며 결국 제도가 의도한 기초학력을 성취하기보다 오히려 학습포기자를 양산할 수 있고 이 과정에서 민원이 발생할 가능성도 크다.

최소 성취수준에 도달하지 않으면 졸업을 할 수 없다고 해 차라리 자퇴하겠다는 학생이 증가하는 것도 문제다. 최소 성취수준 보장 지도 이전에는 등교해서 출석률만 채워도 졸업할 수 있었으나 이제는 모든 교과마다 반드시 2/3 이상의 출석률을 채우고 학업 성취율이 40% 이상이어야 한다. 이것을 성취하지 못할 것 같다면 오히려 학습을 포기하겠다는 학생들이 나올 수도 있는 것이다. 실제로 제도 전면 도입 이후 자퇴생이 증가한 사례가 언론을 통해 보도되었으며[2] 일부 학교에서는 학업 성취율을 충족하기 위해 난이도가 낮은 문제를 다수 출제하거나 수행평가의 비중을 과도하게 높이는 등 평가 신뢰성 훼손 문제가 생겨나고 있다.

고교학점제의 특성상 선택과목의 난이도와 수준은 제각각이다. 과목별 성

---

[2] "고교학점제 혼란에 '폐지 청원'까지…선택권 대신 압박만 커져", EBS 뉴스, 2025. 8. 19

취기준이 엄격히 적용될 경우 학점 이수가 어려워지고 지나치게 완화될 경우 학점의 신뢰도가 떨어질 수 있다. 결국 학생들은 '성취수준 보장'이라는 이름 아래 오히려 불확실성과 불안감을 경험할 수도 있는 것이다.

교사의 측면 : 과중한 행정업무와 출결 관리 부담

고교학점제 이전에는 담임교사가 학급 학생들의 출결 변경 사항을 관리했다. 그러나 고교학점제 도입으로 과목별로 매시간 출석 확인이 의무화되었다. 문제는 학생들의 출결 현황을 한 번에 정확하게 파악하기 힘들다는 것이다. 만일 아파서 결강을 했더라도 그 원인이 무엇인지에 따라 질병에서 인정으로 출결 현황이 바뀌기도 하고 미인정에서 질병이나 인정으로 바뀌거나, 질병이나 인정에서 미인정으로 바뀔 수도 있다.

매시간 과목별 출석을 교과 담당교사가 입력하게 되면 학생의 출결 상황이 변경될 때마다 담임교사가 해당 교과 담당교사에게 개별 연락해서 수정을 요청하고, 교과 담당교사가 그것을 수정하면 담임교사가 다시 확인한 뒤 출결을 마감해야 한다. 입력 오류가 발생한 경우에도 담임교사가 이를 직접 확인해 해당 교과 담당교사에게 수정을 요청해야 한다. 이러한 번거로운 절차는 교사의 업무 과중으로 이어진다. 여기에 다과목 수업 운영, 교과별 세부능력 및 특기사항 작성, 평가 업무까지 더해지면서 교사의 부담은 기하급수적으로 늘어나고 있다.

게다가 최소 성취수준 보장 지도를 별도로 설계하고 운영해야 하는 상황까지 겹치면서 교사들의 소진 현상은 심화되고 있다. 조사 결과, 고교 교사 10명 중 8명은 고교학점제가 정착은커녕 폐지를 검토해야 할 만큼 유지가 어렵다고 답할[3] 정도로 현장의 어려움은 크다. 이로 인해 최소 성취수준 보장 지도가 실질적 학습 보장보다 형식적으로 운영될 위험도 크다.

---

3 "고교 교사 10명 중 8명 '정착은커녕 겨우 유지'", 〈한국교육신문〉, 2025. 6. 24

학교 측면 : 인적·물적 자원의 부족과 평가 신뢰성 문제

학교 운영 측면에서도 고교학점제와 최소 성취수준 보장 지도의 안착을 가로막는 여러 난관이 존재한다. 그중 가장 큰 문제는 인적·물적 자원의 부족이다. 고교학점제의 취지를 살리려면 학생의 진로와 적성에 맞춘 다양한 선택과목이 필수적이며 최소 성취수준 보장 지도 운영 역시 이를 뒷받침할 만큼 충분한 교원을 확보하고 학습 인프라를 제공해야 한다.

그러나 학령 인구 감소에 따른 교사 정원 감축으로 특히 소규모 학교나 농산어촌 지역 학교는 교육과정 운영에 큰 어려움을 겪고 있다. 온라인학교, 공동교육과정 등이 대안으로 제시되고 있지만 이러한 문제를 해결하기에는 한계가 있다.

평가 신뢰성 역시 중요한 과제다. 최소 성취수준 보장 지도는 성취기준 달성 여부를 엄격하게 평가하는 것을 전제하지만 학교마다 평가 수준과 기준이 다르면 제도의 신뢰성이 훼손될 수밖에 없다. 성적 부풀리기나 기준 완화에 대한 우려가 현장에서 꾸준히 제기되는 이유다. 이러한 문제가 제도 시행 초기부터 불거진다면 최소 성취수준 보장 지도는 학습권을 보장하기 위한 교육적 안전망이 아니라 행정적 부담만 주는 형식적인 교육 장치로 전락할 수 있다.

고교학점제 전면 도입 반년 만에 개선안 제시한 교육부

고교학점제와 최소 성취수준 보장 지도의 적용에 따른 현장의 혼란을 해결하기 위해 교육부는 고교학점제 전면 도입 반년 만에 '2025. 9. 25 개선안'을 제시했다. 최소 성취수준 보장 지도 부분을 살펴보면 학점당 보충 지도 시수를 5시수에서 3시수 이상으로 줄여 교사와 학생의 부담을 줄였다. 또한 과목 이수 기준 완화에 관해서는 교육과정 개정 권한을 가진 국가교육위원회에 첫째, 공통과목에 대해서는 현행 출석률과 학업 성취율 기준을 유지하되 선택과목은 출석률만 허용하는 안, 둘째, 공통·선택 과목 모두 출석률만 적용하는 안을 제시하고 그 결정에 따르기로 했다. 개정안은 2026학년도 1학기부터 적용될 전망이다.

또한 시도 교육청 온라인학교에 「기본수학」 등의 기초과목 개설, 2026년 1월까지 '추가 학점 이수 방안' 확정, 출결 관리 개선, 교과 세부능력 및 특기사항 기재 분량 축소 등을 통해 고교학점제 및 최소 성취수준 보장 지도를 보완해나갈 예정이다.

그러나 교육계는 '학생 낙인이나 학교 이탈을 부추기는 역효과를 불러온 최소 성취수준 보장 지도를 완전히 폐지해야 한다'는 입장이다.

제도와 현실 사이의 간극

고교학점제와 최소 성취수준 보장 지도는 학생 맞춤형 교육과 공교육의 책무성을 실현하기 위한 핵심 정책이다. 그러나 제도의 이상과 현장의 현실 사이에는 여전히 큰 간극이 존재한다.

제도가 현장에 뿌리내리기 위해서는 학교를 단순한 정책 집행기관이 아니라 정책 설계와 운영의 주체로 세워야 한다. 교육부와 교육청 차원에서 학점제 전담 지원센터를 설치해 학생 지원 프로그램을 직접 운영하는 등 교사 행정업무를 실질적으로 줄일 수 있는 체제를 마련해야 한다. 또한 학교 간 평가 표준화와 신뢰성 확보, 교사 1인당 학생 수 감축을 위한 교원 확충 등은 더 이상 선택이 아닌 필수 과제다.

2022 개정 교육과정이 지향하는 미래사회의 핵심 역량 함양은 이러한 정책적 뒷받침과 현장 중심의 지원 없이는 공허한 구호에 불과하다. 고교학점제가 학

생 개별화 교육의 실질적 토대가 되기 위해서는 정책 설계 단계부터 현장의 목소리를 반영하고 교사와 학생 모두가 신뢰할 수 있는 환경을 조성해야 한다. 제도의 성공 여부는 이상적인 비전 제시가 아니라 현장에서 체감할 수 있는 지원과 실천 가능한 운영 시스템에 달려 있다. 결국 교육 혁신은 제도를 둘러싼 구조적 개선과 학교 현장의 역량 강화가 균형을 이룰 때 비로소 완성될 것이다.

고교 내신 5등급제의 평가 기준을 살펴본다

이도영
원광고등학교 교사
(사)교사크리에이터협회 이사

제도가 바뀌면 전략도 달라져야 한다

2025년부터 대한민국 고등학교에는 내신 5등급제가 도입되었다. 기존 9등급제가 20여 년간 유지됐지만, 지나치게 세밀한 등급 구분으로 인한 부작용이 꾸준히 제기됐었다. 0.1점 차이로도 등급이 갈리다 보니 교사와 학생 모두 평가에 대한 과도한 부담을 느낄 수밖에 없었다. 이러한 문제를 완화하기 위해 교육부는 내신 등급 체계를 단순화한 5등급제로 전환했고, 등급 간 구간을 넓히는 동시에 성취도를 함께 표기해 경쟁 완화와 성취 중심 평가를 병행하려 했다.

하지만 제도의 방향을 바꿨다고 해서 곧바로 현장의 부담이 줄어든 것은 아니다. 등급 간 비율 차이, 바뀐 서식과 성적 계산 방식, 과목별 표기 차이, 대학의 해석 방식에 대한 정보가 충분히 공유되지 않으면서 학교는 실행을, 학부모와 학생은 해석을 놓고 혼란을 겪고 있다. 또한, 일부 과목에서 상대 등급을 미기재하고 성취도만 표기하는 식의 변화도 "무엇을, 어디까지 준비해야 하는가"라는 질문을 키우고 있다. 규칙이 달라졌으니 이제 준비법도 달라져야 한다.

지금부터 중·고등학교 자녀를 둔 학부모와 현장교사가 혼란을 전략으로 바꿀 수 있는 방법을 찾아보고자 한다. 우선 내신 5등급제의 핵심 구조와 장단점을 안내하고, 상위권 대학이 변별력을 어떻게 확보할지에 대한 현실적 시나리오를 살핀다. 이어 미국과 프랑스의 대학입시 사례를 통해 학업적 도전과 꾸준한 성취 관리, 국가적 제도 유지의 중요성에 대해 구체적으로 설명하고, 우리 제도에 적용 가능한 부분을 제시한다. 마지막으로 학생과 학부모가 어떻게 대비하고 나아가야 할지 로드맵을 제공한다.

핵심은 매우 간단하다. 내신 5등급제는 '성취도'와 '상대평가'가 공존하는 구조다. 따라서 학생의 강점과 진로에 맞춘 과목 설계, 성취 기록의 질, 그리고 필요한 범위의 변별을 대비하고 균형 있게 설계하는 것이 승부의 관건이라 할 수 있다. 이 글이 그 균형을 잡는 데 실질적 길잡이가 되길 바란다.

기존 9등급제와 5등급제는 이렇게 다르다

9등급제에서는 상위 4%만 1등급을 받고 2등급은 누적 11%, 3등급 23%, 4등급 40%, 5등급 60%처럼 누적 백분위로 등급을 나누어 학생을 매우 촘촘하게 구분했다. 반면 5등급제는 상위 10%를 1등급, 그다음 24%를 2등급, 32%를 3등급, 24%를 4등급, 마지막 하위 10%를 5등급으로 구분한다. 상대적으로 등급 칸을 넓히는 동시에 각 교과별 목표 달성도를 알 수 있는 성취도(A/B/C/D/E)를 함께 표기하도록 설계되었다. 2025년부터 모든 학년과 과목에 일관되게 학생의 성취수준에 따른 5등급 절대평가(A~E)를 시행하면서, 절대평가가 안정적으로 시행될 수 있게 성적 부풀리기에 대한 안전장치로 상대평가(1~5등급)를 함께 기재한다.[1] 결과적으로 성적표는 우리 아이가 무엇을 얼마나 배우고 습득했는지 알 수 있는 절대평가 정보와, 학급과 학교에서의 위치를 알 수 있는 상대평가 정보를 한눈에 보여주는 구조로 완성되었고, 과거 순위표만 보던 방식에서 벗어나 배움의 내용과 깊이를 함께 알 수 있는 방향으로 개선되었다고 할 수 있다.

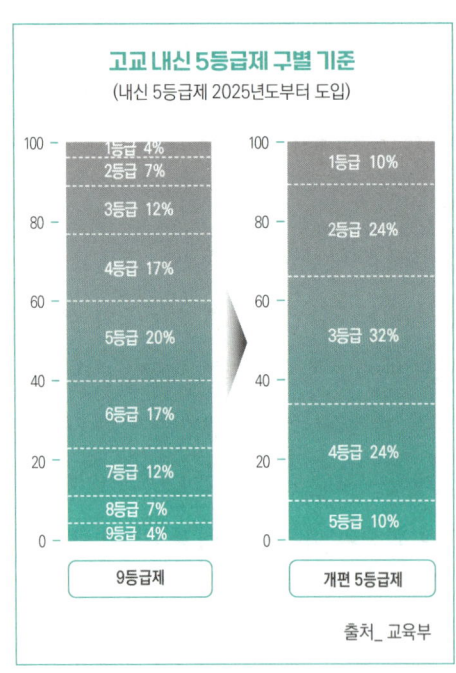

고교 내신 5등급제 구별 기준
(내신 5등급제 2025년도부터 도입)

출처_교육부

만약, 한 학년에 100명의 학생이 다니는 학교가 있다고 가정해보

---

[1] "2028 수능 국수탐 선택과목 없이 통합 평가, 학업포기 내모는 내신 9등급제, 2025부터 5등급 체제'로", 교육부 보도자료(2023)

자. 9등급제에서는 1등급이 4명에 불과해 0.1점 차이의 신경전이 치열했지만, 5등급제에서는 1등급 학생이 10명으로 늘어나 상위권의 미세 경쟁이 완화되고 3등급의 폭이 32%로 넓어져 중위권 학생이 성적을 보다 안정적으로 관리할 수 있게 되었다. 다만, 1등급이 넓어진 만큼 최상위권의 세밀한 변별은 교과 세부능력 및 특기사항, 수행평가와 프로젝트 학습의 질, 대학수학능력시험과 논술, 면접 등 다른 활동이 기준이 될 수 있음을 염두에 둘 필요가 있다.

과목별 성적 산출 및 대학 제공 방식

구분	절대평가		상대평가	통계정보		
	원점수	성취도	석차등급	성취도별 분포비율	과목평균	수강자수
보통교과	○	A·B·C·D·E	5등급	○	○	○
사회·과학 융합 선택	○	A·B·C·D·E	—	○	○	○
체육·예술/과학탐구실험	—	A·B·C				
교양		P				
전문교과	○	A·B·C·D·E	5등급	○	○	○

국어, 영어, 수학과 같은 기초과목은 등급과 성취도를 나란히 확인할 수 있다. 같은 1등급이라도 어떤 성취도를 받았는지, 성취도별 분포는 어떠한지에 따라 학생의 성적이 상대적으로 높거나 낮게 책정될 수 있다. 반면, 사회·과학의 융합 선택과목은 석차 등급을 기재하지 않고, 성취도만 입력한다. 대입의 안정성을 유지하면서도 고교학점제에서 학생의 선택권을 확대하기 위한 방안이자, 교과 융합 및 실생활과 연계한 탐구와 문제 해결 중심 수업의 내실화를 위한 방안이다.[2]

내신 5등급제의 핵심은 학생의 학습능력에 대한 대략적인 위치와 배움의 깊

---

[2] 미래사회를 대비하는 2028 대학입시제도 개편 확정안, 교육부(2023)

이를 동시에 보여주는 데 있으며, 교사와 학부모는 이 두 축을 균형 있게 관리하도록 도와주는 조력자의 역할을 수행해야 한다. 새로운 제도가 학생들에게 기회가 될지, 부담이 될지는 성적표의 숫자를 어떻게 읽고 무엇을 보완하느냐에 달려있다. 앞으로는 등급을 올리는 요령을 넘어 성취의 내용을 채우는 공부와 기록의 정확성을 생활화해야 한다.

미국의 사례 : GPA를 활용한 대학입시

미국은 우리나라와 달리 전국 공통의 내신 제도가 존재하지 않는다. 각 주와 고등학교가 자체적인 GPA Grade Point Average를 운영한다. 일반적으로는 한 과목 당 4.0 만점 체계를 활용하며, Honors 수업과 AP Advanced Placement나 IB International Baccalaureate와 같은 고급(심화) 과목은 가중치를 부여하여 5.0까지 계산한다.

캘리포니아주의 대표적인 공립 고등학교인 Palo Alto High School의 사례를 살펴보자. 이 학교에서는 성적을 A~F까지 부여하며, A는 4.0점, B는 3.0점, C는 2.0점으로 환산한다. 다만, AP 과목을 수강하면 A는 5.0으로 계산되어 변환점수가 높아지기에 같은 등급의 성적을 받는다면 성적 평균이 높아질 수 있다. 이는 학생들이 보다 어려운 심화과목을 선택하도록 유도하기 위한 장치이다. UC 버클리의 경우, UC University of California GPA를 활용하여 학생을 선발하며, 지원자의 GPA 평균은 보통 4.15점 이상으로 알려져 있다. 이 수치는 단순히 모든 과목에서 A를 받았다는 것이 아니라, AP나 Honors에서 높은 성취를 거두었다는 의미이다. 여기서 우리가 주목해야 할 점은 점수 가중 방식이 학군과 학교에 따라 다르다는 사실이다. 그래서 대학들은 서로 다른 고교의 GPA를 그대로 비교하지 않고, 자체 기준으로 다시 계산한다. 우리나라가 같은 방식을 단순 도입한다면, 고등학교 서열화의 문제가 더욱 커질 수 있다는 점을 유의해야 한다.

그렇다면, 미국 대학은 절대평가 성적을 어떻게 서열화하는가. 첫째, 표준화도구를 활용하여 서로 다른 고등학교의 변환점수 규칙을 대학 기준으로 통일한다. 즉, 지원한 학생의 고등학교 성적을 비교 가능한 수치화 과정을 통해 공정하게 줄을 세운다. 둘째, 고등학교 교육과정의 강도(리거 rigor, 수업의 난이도와 중요도)를 별도 평가한다. 같은 4.1점이라도 어떤 과목을 어떻게 이수했는지에 따라 평가는 달라진다. 대학은 학교 프로파일을 통해 해당 학교가 AP/IB/Honors 수업을 얼마나 개설하는지, 상위권 학생이 보통 어느 수준의 과목까지 이수하는지를 파악하고, 지원한 학생이 학교가 제공한 범위 안에서 얼마나 도전적으로 과목을 선택했는지 확인한다. 셋째, GPA와 커리큘럼 강도를 최상위 요소로 두고 학생을 평가한다. 미국 대학입학전문가협회 NACAC의 정리처럼, 대입에서 가장 중요한 요소는 교과목 성적과 과목 난이도라는 점을 알 수 있다. 즉, 시험 점수나 비교과 활동은 차순위로 반영한다는 것이다.

미국 고등학교의 수업별 변환점수 비교 예시

	Regular 수업		Honors 수업		AP, IB 수업	
	등급	변환점수	등급	변환점수	등급	변환점수
1과목	A+	80	A+	83	A+	90
2과목	A	77	A	79	A	88
3과목	B+	67	B+	70	B+	80
4과목	B	63	B	67	B	77
	합계	287	합계	299	합계	335
	평균	71.75	평균	74.75	평균	83.75

위의 표에서 보듯 미국은 단순한 등급보다 과목 선택의 난이도와 도전성에 큰 비중을 둔다. 이 점은 우리나라의 내신 5등급제에도 시사하는 바다 크다. 이제는 단순히 몇 등급을 받았는지보다 어떤 과목을 선택하고 목표를 얼마나 달성했는지가 성적표에 기록되고 평가에 반영될 가능성이 높아졌기 때문이다. 예를 들어 수학·과학 계열 학과 진학을 희망하는 학생이 「기하」, 「미적분Ⅱ」와 같

심화수학 과목이나 「전자기와 양자」 같은 도전적 과목을 선택해 높은 성취도를 기록한다면, 대학은 이 학생을 단순한 내신 1등급 학생보다 더 높게 평가할 수 있다는 것이다. 나아가 진로선택·융합선택 과목에서도 난이도에 따른 합리적 가중 방식을 정교하게 도입하면, 학생 수에 따른 내신 등급 걱정 없이 전공적합성에 맞는 과목을 학생이 주도적으로 선택하는 환경을 만들 수 있다.

이처럼 절대 기준 중심의 내신 평가 방법을 활용하거나 성취 중심의 체계를 사용하는 이유는 분명하다. 학생 간 치열한 석차 경쟁에서 오는 심리적 부담을 줄이고, 평가의 공정성과 신뢰성을 높이며, 실제 학습 성취와 성장 가능성에 초점을 맞추기 위함이다.

프랑스의 사례 : 바칼로레아, 한국의 시스템과 가장 유사하면서도 다른 입시

입시에서 학생들의 등급을 활용하는 대표적 국가 중 하나가 프랑스이다. 프랑스 학생들은 바칼로레아Baccalauréat라는 고교 졸업시험이자 대학 입학 자격 시험을 치른다.

바칼로레아는 최종 점수의 40%는 고등학교 2, 3학년 내신 평균점수로, 60%는 최종 시험성적으로 구성된다. 이는 단 한 번의 시험으로 모든 것을 결정하는 방식에서 벗어나, 꾸준한 학업 성취와 학교생활 전반을 종합적으로 평가하려는 목적을 지니고 있다. 이러한 평가방식은 학생의 과도한 부담을 줄이고, 고등학교 교육과정을 대학 준비의 과정으로 자연스럽게 연결하도록 설계되었다.

바칼로레아 등급 mention 기준

점수	기준
10점 이상-12점 미만	통과(passable)
12점 이상-14점 미만	좋음(assez bien)
14점 이상-16점 미만	훌륭함(bien)
16점 이상-18점 미만	매우 훌륭함(très bien)

바칼로레아는 총 20점 만점 중 10점 이상을 받아야 통과하며, 이는 절대평가 체계이다. 합격 기준선 이상에서는 점수 구간에 따라 등급mention이 부여된다.

절대평가 방식은 학생들이 서로 경쟁하기보다는 정해진 기준 충족에 집중하도록 유도하며, 교실 내 협력적 분위기 형성에도 도움이 된다. 2024년 바칼로레아 전체 합격률은 91.4%였고, 일반계 96.1%, 기술계 90.3%, 직업계 83.4%를 기록했다. 높은 합격률은 바칼로레아가 고등학교 졸업 자격과 기본 학업 역량 확인에 초점을 두고 있음을 시사한다.

그렇다면, 과연 우리의 입시와 무엇이 닮았고, 무엇이 다를까. 먼저 공통점을 보자. 프랑스의 바칼로레아와 우리나라의 내신 및 수능은 모두 고등학교 교육과정을 마치고 대학에 진학하기 위한 국가적 평가 도구라는 성격을 지닌다. 두 시스템 모두 중등교육의 최종 관문이자 고등교육으로의 이행을 위한 핵심 역할을 수행하며, 이러한 공통점은 학생들이 최소한의 학업 역량을 갖추었는지 대학이 확인이 필요하다고 인식하고 있음을 보여준다. 내신의 중요성이 크다는 점도 비슷하다. 프랑스의 경우 최종 점수의 40%를 고등학교 2학년과 3학년 내신 평균 점수로 반영하고, 우리나라 역시 수시 전형에서 내신 점수와 등급을 매우 중요한 지표로 활용한다. 아울러 두 나라 모두 학생의 진로와 적성을 강화해왔는데 프랑스는 2021년 교육과정 개편으로 기존 이과, 문과, 상경계열 구분을 없애고 13개 전공과목 중 3개를 선택하는 방식으로 전환하였다. 우리의 2022 개정 교육과정도 문과와 이과의 경계를 낮추어, 학생의 진로와 적성을 고려하여 과목 선택의 폭을 넓혔으며, 학생의 관심사와 미래 직업에 따라 교과를 선택할 수 있는 자율성을 부여하기 위해 노력하고 있다.

차이점도 분명하다. 가장 큰 차이는 절대평가와 상대평가의 대비이다. 바칼로레아는 20점 만점 중 10점 이상이면 합격하는 절대평가로, 학생이 일정 수준의 지식과 사고력을 성취했는지에 초점을 맞춘다. 시험은 논술형 중심이고, 구술 평가가 포함되어 비판적 사고력과 판단력, 창의력과 표현력을 평가한다. 반면 우리의 내신 5등급제는 상대평가 요소를 유지한다. 상대평가는 학생 간 치열한 순위 경쟁을 유발하고, 사교육 의존과 학업 스트레스로 이어질 수 있는 점이 늘 논의의 대상이다.

평가 형식에도 큰 차이가 있다. 우리나라의 학교 시험은 객관식 비중이 높다는 지적을 받아왔다. 반면 프랑스는 서술형과 구술형 중심으로 사고 과정과 표현을 중시하는 시험을 치른다. 또한, 전형 운영방식 역시 다르다. 프랑스는 바칼로레아를 대학 진학의 필수 조건으로 삼고, 국가 플랫폼 파르쿠르쉽Parcoursup에서 모든 시험의 과정과 요건, 평가요소를 통합 안내하며, 시험 결과와 학교생활기록을 종합해 선발한다. 이러한 명확하고 일원화된 경로는 학생이 입시의 혼란에서 벗어나 학업 역량 개발에 집중하도록 돕는다. 우리는 학생부 교과, 학생부 종합, 논술, 정시 등 전형 요소가 다층적이며, 2028학년도 대학입시에서는 수능 위주의 정시전형에서도 교과와 학생생활기록부를 함께 반영할 가능성이 커지고 있다. 복잡하고 파편화된 구조를 국가 차원에서 명확하게 표준화하여 사교육 의존도를 낮추고 가정의 경제 상황에 따른 교육격차를 완화해야 할 필요가 있다.

전체적으로 보았을 때 프랑스의 바칼로레아는 우리나라의 입시와 선발 측면에서 유사하나, 평가방식과 전형 운영의 철학에서는 뚜렷한 차이를 보인다. 우리나라가 입시제도의 복잡성을 줄이고 평가 기준의 투명성과 예측 가능성을 높이려면, 바칼로레아의 절대평가 원칙과 국가 주도의 중앙 플랫폼을 참고하여 K-입시 평가구조를 체계적으로 재설계해야 할 것이다.

내신 5등급제에서 대학입시 전형 변화의 방향

내신 5등급제가 도입되면서 대학은 줄 세우기만으로는 학생을 평가하기 어려운 상황에 직면했다. 등급 칸이 넓어지고 성취도가 함께 표기되면서 성적표를 통해 확인하는 정보의 성격이 바뀌었고, 이에 따라 입시 전형 운영의 초점도 조금씩 이동하고 있다. 변화가 가장 두드러질 것으로 예상하는 영역은 수시모집의 학생부 교과전형이다. 5등급제에서는 동일한 등급대 안에 학생이 더 많이 포함되므로 단순 등급 합산은 변별력이 떨어질 것이다. 따라서 교과 세부능력 및 특기사항과 같은 수업 과정에서의 실체 성취를 보여주는 정성적 기록의 중요성이 보다 커질 전망이다. 수행평가와 보고서, 발표 등 학습의 증거가 교과전형 판단의 근거로 더 깊게 들어올 가능성이 높으며, 결과적으로 교과전형은 종합전형에 가까운 성격을 띨 수 있다. 상위권 대학은 필요한 수준의 학업 역량을 보장하기 위해 수능 최저학력기준을 일정 부분 상향하거나 적용 범위를 넓히는 방식으로 보완할 가능성이 있으며, 진로탐색과 전공 연계 활동처럼 등급만으로는 보이지 않는 경쟁력도 함께 평가하려 할 것이다.

학생부 종합전형에서는 기록의 밀도가 더 높아질 것으로 보인다. 내신 5등급제에서는 비슷한 등급을 가진 지원자가 늘어나므로 대학은 과목 선택의 맥락과 난이도, 학교가 제공한 과목 내에서 얼마나 도전적으로 이수했는지, 교과 세부능력 및 특기사항의 구체성과 일관성, 수행평가의 실제 결과와 피드백 반영 정도까지 더욱 꼼꼼히 살필 것이다. 이 과정에서 자체 면접이나 시험 같은 대학 고유의 평가요소가 강화될 가능성이 있으며, 전형의 신뢰성을 높이기 위한 장치로 수능 최저학력기준을 일부 전형에 연계할 수 있다. 고교학점제로 학생의 과목 선택이 다양해지는 환경에서는 공정성과 예측 가능성이 핵심이므로, 대학은 학교 프로파일과 성취도 분포 등의 배경 정보를 함께 활용해 학생의 생활기록부를 해석하려 할 것이다.

정시모집 수능 위주의 전형에서도 미세한 조정이 예상된다. 공통과목 중심의 수능 개편안은 기존보다 변별력이 약화될 것이므로 일부 대학은 정시에 면접이나 서류 평가를 결합해 종합적 학업 역량과 전공 적합성을 확인하려 할 가능성이 있으며, 내신이나 생활기록부 기록을 일정 비율 반영해 학교생활 충실도와 비교과 능력 또한 함께 평가할 수도 있다. 서울대학교의 경우 내신 반영 비율을 기존 20%에서 40%로 늘리고, 수능 점수 또한 백분위 점수로 환산하여 비중을 낮추는 방안을 실시하겠다고 밝히기도 했다. 대학별로 영역 반영 비율과 산정 방식이 다르므로, 수험생과 학부모는 목표 대학의 반영 구조와 계산 방법을 사전에 꼼꼼히 확인해야 한다.

정리하면, 내신 5등급제에서 대학의 평가는 교과전형은 등급 합산 중심의 기존안에서 과정과 성취도를 함께 보는 방향으로, 종합전형은 기록의 질과 도전성에 대한 평가를 더 섬세하게 진행하는 방향으로, 정시는 수능 점수에 학교생활 정보를 보완하는 방향으로 움직일 가능성이 매우 크다. 핵심은 대학이 수험생의 등급을 해석할 때, '성취도'와 '과목 선택의 맥락'을 반드시 함께 본다는 점이다. 학부모와 학생이 이 변화를 이해하고 성적을 균형 있게 관리하면서 학습의 양과 질을 꾸준히 쌓아간다면 좋은 결과를 얻을 수 있을 것이다.

내신 5등급제를 성공적인 입시제도로 만들기 위한 제언

내신 5등급제의 성공적인 안착을 위해 먼저 평가의 표준화가 필요하다. 학교 현장에서 채점 기준표가 더욱 명확해질 때 학생과 학부모의 불만이 줄어든다. 수업-평가-기록의 연결 고리가 분명해지면 성취도(A~E)의 의미도 선명해진다. 더불어 학교 간 공동 채점이나 표본 재채점을 정례화하면 평가 편차가 줄어들고, 불필요한 고등학교 서열화를 완화할 수 있다. 이는 대학이 학교별 절대평가 기록을 더욱 신뢰하게 만드는 기반이 된다.

다음으로는 학부모 교육이 시급하다. 2025학년도 고등학교 1학년부터 학생생활기록부의 과목별 표준편차가 삭제되고 성취도별 분포 비율이 새롭게 기재되었다. 과거에는 평균과 표준편차로 성적의 분포를 가늠했다면, 이제는 성취도별 (A/B/C/D/E) 구간에 학생이 얼마나 분포했는지 직접 확인할 수 있다. 기존에 진로선택 과목에서만 제공됐던 이 정보가 모든 과목으로 확대된 것이다. 학부모는 자녀의 현재 위치와 진학 가능성을 데이터로 이해하길 원한다. 따라서 내신 5등급제의 구조, 등급 산출 방식, 성취도 해석법을 주제로 한 체계적인 연수를 통해 성적 읽기 역량을 높여야 한다. 구체적으로는 과목별 등급과 성취도를 확인하는 방법을 익히고, 학교에서 공개하는 성취 분포 비율과 과목 개설 및 이수 정보를 활용하여 선택과목을 설계하는 방법을 인지해야 한다.

마지막으로 대학입학전형의 표준화, 투명화, 정교화가 핵심이다. 대학은 점수 산출 과정을 사전에 명확히 고지하고, 학교마다 다른 성적표를 공정하게 해석할 수 있는 시스템을 갖추어야 한다. 전형 요소의 비중과 계산법을 미리 알리면, 학생은 그에 맞게 준비할 수 있다. 그 결과 1, 2학년의 과목 선택과 교내 활동도 대세에 휘둘리지 않고, 자신의 진로와 전공 적합성을 기준으로 결정할 수 있다. 아울러 교육부가 예고한 대로 대학입학전형 자료에 과목별 평가 정보와 교과 운영 특이사항이 포함되면, 대학은 성적표의 등급과 성취 분포를 넘어 과정의 맥락까지 읽을 수 있어 선발의 공정성과 신뢰성이 높아진다.

이 세 축이 갖춰질 때 내신 5등급제는 형식적 병기를 넘어 실질적 신뢰를 얻을 수 있을 것이다. 교육활동의 주체는 학생과 학부모, 교사이며 누구도 교육에서 피해자가 되어서는 안 된다. 정책은 현실을 비추며 끊임없이 다듬어져야 한다. 내신 5등급제가 하루빨리 안정적으로 정착하여 우리 학생들이 입시 정책에 대한 걱정 없이 자신의 배움과 진로에 집중할 수 있기를 바란다.

수행평가 논란, 그 해법은?

정태진
전라남도교육청 소속 중등교사
블로그 '교단으로 가는 길' 운영

최근 수행평가를 둘러싼 논란이 뜨겁다. 수행평가의 부담으로 누적된 학생들의 스트레스와 학부모의 답답함이 고교학점제 전면 시행을 계기로 한꺼번에 표출된 것이 아닐까 추측해본다. 물론 그 답답함에는 교사도 예외가 아니다. 이번 논란은 단순한 답답함과 불편함의 차원을 넘어 수행평가에 대한 보다 근본적인 질문을 던지고 있다. 논란이 있고 얼마 지나지 않아 '수행평가 폐지' 청원이 수많은 사람들의 주목을 받았으며, 교육부도 서둘러 지침을 내놓았다. 수행평가 문제는 겉으로는 굉장히 단순해 보이지만, 그 이면은 매우 복잡하다. 현재 고등학교 3학년 담임이자 수학교사의 시각에서 이 논란의 원인과 쟁점을 차분히 짚어보고자 한다.

수행평가의 역사

수행평가의 역사는 생각보다 오래되었다. 1995년 '5.31 교육개혁안'에서는 새로운 평가방식의 필요성이 제기되었다. 기존 교육 평가방식에 대한 깊은 반성과 함께 구체적인 대안으로 수행평가가 제시되었다. 수행평가는 1997년부터 조금씩 적용되기 시작하였으며, 1999년 전면 도입돼 대한민국 교육의 중요한 축으로 자리 잡아 지금까지 이어지고 있다. 수행평가의 처음 도입 취지는 다음과 같다. '정답만을 요구하는 선다형, 단답형 시험에서 탈피해 학생들의 창의성과 문제 해결력을 기르겠다.' 이처럼 이상적인 목표를 가지고 시작된 수행평가는 25년이 넘는 시간을 지나오며 조금씩 그 형태를 바꿔왔다. 과도한 수행평가 논란으로 과제형 수행평가를 없애고 수업시간 내 평가를 원칙으로 바꾸었으며, 과정 중심 평가라는 개념이 강조되기 시작했다.

수행평가 논란과 발생 원인

수행평가 논란은 2025년만의 일은 아니다. 다음은 수행평가가 전면 도입된 지 3년 후인 2002년 〈경향신문〉에 올라온 '수행평가 개선 시급하다'라는 주제의 사설 내용 일부이다.

> 초·중·고에서 시행되고 있는 수행평가가 공정성을 의심받고 학생과 교사에게 큰 부담을 주고 있는 것으로 나타났다. 한국교육과정평가원이 전국의 교사·학생·학부모를 대상으로 조사한 연구보고서에 의하면 수행평가에 대한 불만이 크고 도입 취지를 제대로 살리지 못하고 있다는 것이다. 학습 과정과 전인적 발달을 평가하기 위해 1999년에 도입된 수행평가는 이제 3년이 지난 만큼 문제점을 점검하고 개선해야 할 때가 됐다. (중략)

사설에서 언급한 주요 문제점은 평가에 대한 공정성 문제, 학생들의 부담 과다, 교사의 평가 업무 과중, 수행평가 본래 목적의 훼손이다. 조금 더 최근 글인 2016년 「행복한 교육」 4월호에 실린 '올바른 수행평가 시행을 위한 제언'에서도 비슷한 내용이 실려 있다.

오랫동안 수행평가 논란이 이어졌음에도 학교 현장에서 바뀐 것은 별로 없다. 오히려 교사의 평가 부담은 더욱 과중되었으며, 학생들의 스트레스는 더욱 커졌다. 수행평가의 본래 목적은 현실과 점점 멀어져만 가고 있다. 도대체 무엇이 문제인 걸까? 문제점을 조금 더 자세히 분석해볼 필요가 있다.

현재 많은 학교에서는 수행평가 영역을 3개 이상, 수행평가 반영 비율은 50% 이상을 권고하고 있다. 한 학기에 학생들이 듣는 과목을 10과목으로만 가정해도 한 명의 학생이 해야 하는 수행평가는 30개 이상이다. 1년이면 이 수는 배로 늘어나며, 고등학생의 경우 추가 교육과정, 공동교육과정 등 별도로 수강하는 과목까지 고려한다면 매년 해야 하는 수행평가가 100개가 넘는다는 것이 허무맹랑한 소리만은 아니다.

시기의 쏠림 현상도 문제다. 시험기간을 피하고 학사 일정을 고려하다 보면 특정 시기에 수행평가가 쏠릴 수밖에 없는 것이 현실이다. 이때는 속칭 '고난의 행군'이 시작된다. 학생들은 새벽까지 수행평가에 시달리며, 퀭한 눈과 피곤한 얼굴로 자리에 앉아 있을 수밖에 없다. 교사 입장에서도 학생들이 참 안타까울 따름이다.

평가방식에서도 문제가 있다. 현재 수행평가는 정량적 평가를 지양하고 있다. 단순 암기 형태의 수행평가는 대부분 하지 않다 보니, 수행평가 하나하나의 밀도가 커질 수밖에 없다. 물론 교사들이 수행평가 영역과 비중 등을 조절하겠지만, 학생들의 부담은 크게 달라지지 않는다. 하지만 이 모든 것을 뛰어넘는 문제는 따로 있다. 바로 '생활기록부'이다. 고등학교의 모든 활동은 결국 생활기록부로 귀결된다. 이전보다 수시 비중이 높아지며 생활기록부의 중요성은 매우 커졌다. 조금이라도 경쟁력 있는 생기부를 위해서는 어쩔 수 없이 교과 세부능력 및 특기사항에 반영할 수 있는 활동을 수행평가에서 요구할 수밖에 없는 것이 현재 대한민국 수행평가의 현실이다.

수행평가는 진짜 없어져야 할까?

수행평가 논란을 가장 빠르고 쉽게 해결할 수 있는 방법은 수행평가를 없애는 것이다. 학생과 학부모, 교사까지 모두에게 고통만을 주는 수행평가는 과연 계속 유지되어야 하는 걸까. 공신닷컴의 대표이자 공부의 신으로 알려진 강성태 님은 실제로 수행평가 폐지를 청원했다. 해당 청원은 큰 화제를 불러왔고, 심사기준인 5만 명을 넘어 현재 심사 단계에 있다. 과연 어떤 답변이 나올지 관심을 가지고 지켜봐야 할 부분이다.

하지만 수행평가를 진짜 없애야 할지에 대해서 우리는 숙고해봐야 한다. 우선 현실적인 부분에 문제가 있다. 2025학년도 고등학교 1학년 학생들부터 고교

학점제가 본격적으로 도입되었다. 이 제도의 핵심 중 하나는 각 과목의 최소 성취수준 보장이다. 학생들은 각 과목 수업의 1/3 이상을 결석하거나, 성취율 40% 이상을 달성하지 못하면 보충지도를 받게 된다. 이때 성취율 40%를 지필평가만으로 채운다고 생각하면 보충지도를 받는 학생들의 수는 기하급수적으로 늘어날 수밖에 없다. 그렇다고 무작정 지필평가 시험의 난이도를 낮춘다면 시험 변별력을 비롯한 여러 문제가 발생하게 된다.

일부 과목의 경우 지필평가를 보지 않고 수행평가 100%로 평가하는 과목들도 있다. 주로 음악, 미술, 체육과 같은 예체능 과목이 여기에 해당한다. 과목의 특성을 고려해 지필평가를 보지 않고 수행평가 위주로 운영되고 있는데, 수행평가가 없어진다면 난감한 상황이 아닐 수 없다.

개별 학생을 평가하는 부분도 고려해야 한다. 평소 수업도 정말 열심히 듣고, 성실한 친구 A가 있다고 해보자. 이 학생은 학습 결과물과 교사의 관찰로 미루어봤을 때 수학 실력은 준수한 편이나 시험에서는 유독 좋은 점수를 받지 못한다. 만약 이런 친구를 수행평가 없이 지필로만 평가한다면 어떻게 될까? 안타깝지만 좋은 점수를 받기는 어려울 것이다. 결국 수행평가를 없앤다면 학생의 다양한 부분을 평가해주지 못할 것이다.

수행평가 논란의 해결 방안

교육부는 7월 2일 수행평가 논란에 대한 지침을 발표했다. 지침의 핵심 내용은 크게 2가지이다. '모든 수행평가는 수업시간 내에 이루어진다는 원칙을 철저히 적용한다'와 '수행평가 운영에 대한 현장 안내를 실시한다'이다. 논란이 있고 얼마 지나지 않아 나온 대책이다 보니 교육부의 해결 방안은 다소 아쉬움이 느껴진다. 현재 수행평가는 이미 대부분 수업시간 내에 이루어지고 있으며, 수행평가 운영에 대한 현장 안내는 실효성이 있을지 의문이다. 오히려 학교 및 교사에게 과중한 부담과 업무로 돌아오지 않을까 걱정이다.

일부에서는 AI 평가시스템을 도입해 이러한 문제를 해결하겠다고 밝혔다. 학생들의 수행평가를 AI에게 맡긴다면 수행평가에 대한 공정성과 교사의 평가 부담을 덜어줄 거라는 취지로 여겨진다. 하지만 걱정되는 부분은 AI 평가 결과를 학생이 받아들이지 못하거나, 교사의 의도를 충분히 반영하지 못한 평가에 대해서는 어떻게 처리할 것인가이다. AI에게 아무리 명확한 평가 기준과 데이터를 넣어주더라도 완벽한 평가가 이루어질 수 있을지, 공정한 평가가 될 수 있을지는 장담하기 어렵다. 단, 지금 시점에서도 AI가 평가에 참고할 수 있는 도구로서의 역할은 충분히 할 수 있을 것이라 본다.

가장 현실적인 해결 방법은 수행평가 영역과 반영 비율을 축소하는 것이다. 현재 수행평가 최대 영역을 3개에서 2개 이하로 축소하고 반영 비율을 30% 혹은 20% 이하로 줄이는 방향을 고려해볼 수 있다. 수행평가 영역과 반영 비율만 줄어들어도 학생과 교사의 평가 부담을 많이 덜 수 있다. 더불어 현재 제도를 그대로 유지하면서 가장 빠르고 직관적으로 실행할 수 있는 방법이기 때문에 그 효과가 클 것이라 판단한다. 여기에 행정적인 절차와 평가 관련 지침을 일부 완화하는 것도 좋은 방법이 될 수 있다. 매년 새로운 지침이 더해지고, 여러 절차가 복합적으로 얽혀 있다 보니 행정적인 일에 에너지를 쏟게 되는 경우가 너무 많다. 제도적 변화가 이루어진다면 이런 부분을 상당히 개선할 수 있을 것으로 보인다. 평가 시기를 적절히 분산시킬 수도 있다. 학기 초 평가 계획을 수립할 때, 학교 구성원이 협력하여 수행평가 시기를 적절히 분산하는 것이다. 학생들의 입장에서 수행평가를 준비하는 시기만 분산되더라도 많은 부담을 덜 수 있다.

하지만 장기적인 측면에서 봤을 때 이러한 대책은 결국 반쪽짜리밖에 될 수 없다. 근본적인 원인 해결을 위해서는 입시제도의 개선이 반드시 뒤따라야 한다. 수행평가가 이전보다 더욱 부담이 되는 가장 큰 이유는 생활기록부 기재 문제에 있다. 학생부종합전형으로 대학을 진학하기 위해서는 생활기록부 관리가 필수이다. 많은 학생이 수시로 대학에 진학하고 있으며 최소 1~2장은 학생부종합전형을 선택하고 있기 때문에 이를 소홀히 할 수 없다. 생활기록부 경쟁에서 살아남기 위해서는 수행평가의 난이도는 자연스럽게 높아질 수밖에 없다. 특히 대학에서 제시하는 '우수 생활기록부 사례'는 화려한 수행평가의 나열을 부추기며 학생은 과제에, 교사는 평가에 밤을 지새우는 악순환이 이어진다. 이것이 수행평가 개선과 함께 반드시 입시제도가 개선되어야 하는 이유이다.

대학입시제도의 개선이 종합적으로 이루어져야 한다

수행평가 제도는 단순히 평가방식의 문제가 아닌 대한민국 교육의 구조적 문제와 긴밀히 맞물려 있다. 현재는 학생과 교사 모두에게 과중한 부담을 지우며 본래 수행평가의 취지를 충분히 살리지 못하고 있다. 단순히 '수업시간 내 실시' '지침 안내' 수준의 대책만으로는 근본적인 해결이 어렵다. 단기적으로는 수행평가의 영역과 반영 비율을 축소하여 부담을 줄여야 하며, 장기적으로는 대학입시 제도의 개선을 통해 이러한 논란을 종식시킬 필요가 있다. 수행평가는 폐지가 아닌 개선의 대상으로 공정성과 실효성을 높이는 방향에서 학생의 창의성과 문제해결력을 평가할 수 있는 본래 목적을 회복해야 한다. 이를 위해 실질적인 정책 도입, 제도 개선, 대학입시 구조 개편이 종합적으로 이루어져야만 현재의 논란을 넘어 수행평가가 진정한 교육적 평가로 자리매김할 수 있을 것이다. 교육제도의 목표는 거창한 것이 아니다. 학생은 배울 수 있고, 교사는 가르칠 수 있도록 만드는 것이 목표임을 다시금 상기할 필요가 있다.

캐나다에서 고교학점제의 방향을 묻다

마영실
경상남도교육청 소속 중등교사
전국교사작가협회 '책쓰샘' 회원
경남 초중등 영어교과연구회 회원
충남대학교 교육대학원 진로진학상담 석사과정

고교학점제는 왜 흔들리는가?

　2025학년도 고등학교 1학년을 대상으로 전면 시행된 고교학점제는 기존의 교육과정과 달리 학생들이 진로에 따라 과목을 선택해 이수하고 출석률과 누적 학점이 기준치에 도달하면 졸업하는 제도이다. 이는 교육 수요자인 학생의 의견을 반영하기 힘들었던 기존의 획일적인 교육에서 벗어나 학생의 선택권과 자율성을 보장한다는 취지에서 많은 기대를 모았다. 하지만, 기대만큼 다양한 우려의 목소리가 존재했고, 실시 이후 교사 수급 문제로 인한 과목 개설의 한계, 학교 간 교육격차 심화 및 기형적인 평가 체계 등으로 인해 비판의 대상이 되고 있다. 또한, 정보의 부족과 평가에 대한 부담으로 학부모와 학생들의 불만도 커지고 있다. 이러한 이유로, 시행 첫해부터 언론 및 많은 교육 관련 단체들은 제도 자체를 폐지해야 하는 것이 아니냐는 목소리를 내기에 이르렀다.

　그렇다면 고교학점제는 정말로 실패한 제도일까? 이 제도는 미국, 캐나다, 호주 등 여러 국가에서 1970-80년대에 도입하여 현재까지 안정적으로 운영하고 있다. 따라서, 초기 운영상의 문제들을 이유로 다시 기존의 획일적인 교육으로 되돌아가기보다는 성공적인 안착을 위해서 해외 운영 사례를 살펴보고 비교·분석하는 것이 더 바람직하다. 이러한 관점에서 1972년에 처음 학점제를 도입하여 현재까지 성공적으로 시행하고 있는 캐나다의 사례를 분석하여 대한민국의 고교학점제가 나아가야 할 방향을 모색해보고자 한다.

　캐나다는 국가 수준 교육과정이 아닌 주별 교육과정을 운영하고 있어 운영 방식에는 다소 차이가 있으나, 일부 인구 밀도가 낮은 준주를 제외하고는 '학점(credit)을 이수한다'는 기본 골격은 같다. 이 글에서는 캐나다의 최대 도시인 토론토와 수도인 오타와가 속한 온타리오주의 고교학점제를 바탕으로 설명한다.

캐나다의 학제와 고교학점제

캐나다는 9월에 새 학기를 시작하여, 이듬해 6월까지 한 학년을 운영한다. 퀘벡주를 제외한 대부분 주에서 초등학교 6년, 중등학교 6년의 총 12년 학제를 운영하고 있다. 유치원은 초등학교에 통합된 병설 유치원의 형태로 운영되는 경우가 많으나 의무교육은 아니기 때문에 일반적으로 초등학교 1학년인 6세부터 고등학교를 졸업하는 18세까지를 의무교육으로 정하고 있다.

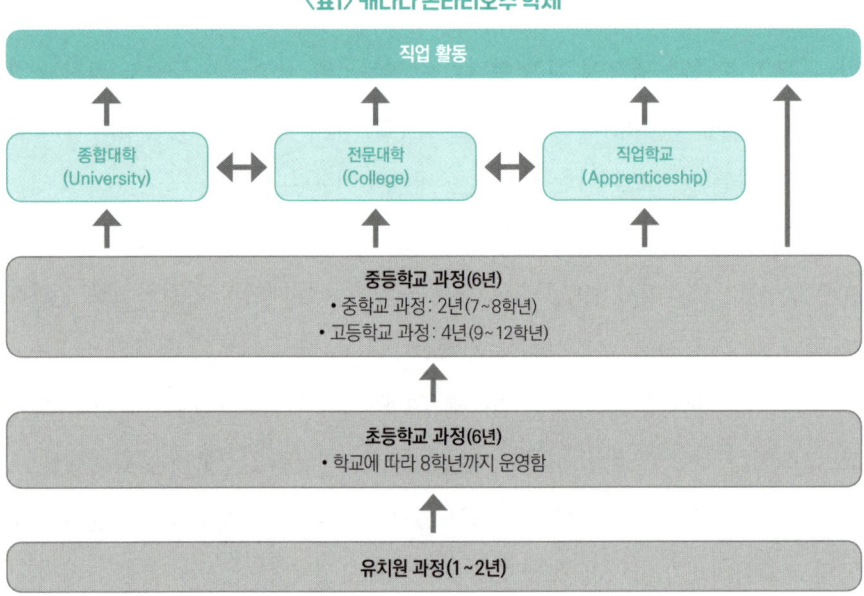

〈표1〉 캐나다 온타리오주 학제

중등학교 과정은 7학년에서 12학년까지이다. 캐나다는 우리나라와 달리 중학교를 별도로 운영하지 않지만 7, 8학년을 해당 과정으로 본다. 상황에 따라 초등학교를 1학년부터 8학년까지 운영하거나 고등학교(secondary 또는 high school)를 7학년부터 12학년까지 운영한다. 단, 한 학교 내에서 7학년부터 12학년까지 모두 운영하더라도 7~8학년과 9~12학년 사이는 분명히 구분된다. 그 이유는 바로 9학년부터 학점 이수라는 큰 변화가 시작되기 때문이다.

온타리오주에서는 고등학교 졸업 자격(Ontario Secondary School Deploma, OSSD)을 제도적으로 규정하며, 각 학교에서는 그 기준에 맞추어 학생들이 졸업 기준을 충족할 수 있도록 교육과정을 계획하고 안내한다. 온타리오주 고등학교 졸업 자격은 3가지 요건을 충족해야 한다. 첫 번째는 온타리오 고등학교 문해력 시험(Ontario Secondary School Literacy Test, OSSLT)을 통과하는 것이다. 이 시험은 고등학교 졸업자가 갖춰야 할 읽기, 쓰기 능력을 측정하는 것으로 10학년부터 응시할 수 있다. 또한, 자격시험이기 때문에 통과 여부를 중요시하며, 만약 통과하지 못하더라도 다음 회차에 다시 응시하거나 별도의 과정을 대체하여 들을 수 있다. 두 번째는 40시간의 지역사회 활동을 하는 것이다. 이 활동은 9학년부터 시작할 수 있는데 교육청에서 인정하고 관리하는 지역 축제, 커뮤니티 센터, 공공기관 등에서 한다. 마지막 졸업 요건은 고등학교 4년간 총 30학점을 이수해야 하는 것으로, 가장 중요도가 높다. 이에 대해 아래에서 자세히 설명하겠다.

고교학점제의 기본 설계

온타리오주 고교학점제의 주요 골자는 9학년부터 12학년, 총 4년간 30학점을 이수하는 것이다. 구체적인 학점제도의 기본 설계 내용을 학점 계산 방법, 과목 이수 방법, 다양한 선택과목과 유연한 학점 이수 방법의 3가지 항목으로 나누어 살펴보자.

첫째, 온타리오주에서는 한 과목을 1학점으로 계산한다. 한 학기를 기준으로 학점을 이수한다는 점에서는 우리와 같다. 하지만 우리나라의 경우 주당 단위 수업 시간에 따라 과목당 학점에 차등을 둔다. 예를 들어, 1주일에 3시간으로 편성된 과목은 3학점 과정이다. 따라서 같은 과목이라도 각 학교의 교육과정에 따라 3학점이 될 수도 4학점이 될 수도 있다. 이를 한 학기당 과목별 총 수업 시간으로 계산해본다면 4학점 과목의 경우 17주×4시간=총 68시간의 수업이 이루

<표2> 오타와 캔터베리 고등학교 11학년 시간표 예시

	Day 1	Day 2
Period 1 (09:10-10:25)	Chemistry (화학)	Visual Arts-Visual Design (시각 예술-시각 디자인)
Period 2 (10:30-11:45)	Visual Arts-Visual Design (시각 예술-시각 디자인)	Chemistry (화학)
Lunch (11:45-12:45)		
Period 3 (12:50-14:05)	World History to the End of the 15th Century (세계사-15세기 말까지)	Understanding Contemporary First Nations, Metis, and Inuit Voices (현대 원주민, 메티스, 이누이트의 관점 이해)
Period 4 (14:10-15:25)	Understanding Contemporary First Nations, Metis, and Inuit Voices (현대 원주민, 메티스, 이누이트의 관점 이해)	World History to the End of the 15th Century (세계사-15세기 말까지)

어진다. 반면, 온타리오주의 1학점 이수 기준은 한 학기 110시간이다. 진로탐색이나 시민교육과 같은 0.5학점 과목은 55시간 이상 수업이 이루어져야 한다. 따라서 1학점 이수를 위해 필요한 수업 시간은 대한민국보다 온타리오주가 훨씬 더 길다. 이렇게 기준 수업 시간을 더 길게 설정할 수 있는 이유는 학생들이 한 학기에 4학점, 즉 4과목을 수강하기 때문이다. <표2>는 고등학교에 재학 중인 11학년 학생의 실제 시간표이다. 학교마다 차이가 있으나 대부분 1교시는 75분 수업이고 하루는 총 4교시로 구성되며, 홀수 날짜는 day 1, 짝수 날짜는 day 2로 구분하고 4과목을 순서만 달리하여 번갈아 듣는다. 쉽게 말해 4개의 과목을 일주일 동안 매일 듣기 때문에 한 학기 동안 한 과목을 110시간 집중해서 공부할 수 있다.

둘째, 온타리오주는 총 30학점 중 필수과목 17학점, 선택과목 13학점을 수강해야 하며, 그중 2학점은 온라인 수업으로 이수해야 한다. <표3>에 제시된 것처럼 과목에 따라 수강 학년이 정해져 있는 경우는 학년에 맞추어 수강하며 그 외에는 자신의 진로에 맞는 학업 계획에 따라 수강하면 된다.

<표3> 온타리오 고등학교 이수 학점

과목명	학점	과목명	학점
영어	4학점 (각 학년당 1학점)	예술	1학점
수학	3학점 (9-10학년 각 1학점, 11-12학년 중 1학점)	건강과 체육	1학점
과학	2학점	프랑스어	1학점
기술교육	1학점 (9학년 또는 10학년)	진로탐색	0.5학점
캐나다 역사	1학점 (10학년)	시민교육	0.5학점
캐나다 지리	1학점 (9학년)	STEM	1학점
필수과목	17학점		
선택과목	13학점		

우리나라의 집중이수제처럼 한 학기당 4과목을 듣고, 학기마다 다른 과목을 듣는다. 예를 들어 필수과목으로 지정된 과목을 9학년 1학기에 듣게 되면 2학기에는 동일 과목을 수강하지 않는다. 대신, 동일 과목 계열이라도 선택과목이라면 수강할 수 있다. 과학과 같은 일부 과목은 이전 학년에서 선수 과목을 이수하지 않으면 다음 학년에 다음 과정을 수강할 수 없으므로 학교는 해당 학년에 반드시 이수해야 하는 과목과 관련하여 가이드라인을 마련해 안내한다.

<표4> 공립 가톨릭교육청의 학년별 과목 편성

9학년	10학년	11학년	12학년
종교	종교	종교	종교
영어	영어	영어	영어
수학	수학	과학	선택
캐나다 지리	캐나다 역사	필수/선택	선택
과학	과학	선택	선택
프랑스어	진로 및 시민교육	선택	선택
체육	필수/선택	선택	선택
필수/선택	필수/선택	선택	선택

'종교'는 원래 선택과목이나 학교 특성에 따라 필수과목으로 편성

지정과목으로 편성되지 않은 나머지 필수 또는 선택과목 중 수강 가능. 예를 들어 9학년 지정과목 외 다른 필수과목(예: 예술)을 수강 시 9학년은 필수과목 8개만 수강

〈표4〉를 살펴보면 우리나라와 비슷하게 고등학교 1학년에 해당하는 9학년은 필수과목 비중이 높고, 상위 학년으로 올라갈수록 선택과목의 비중이 높다는 것을 알 수 있다. 또한 온타리오주 고등학교 졸업 자격을 충족할 수 있는 범위 내에서는 학교의 특색에 맞추어 학교별 필수과목을 지정할 수도 있는데, 가톨릭 교육청에 소속된 학교의 경우 「종교」 과목을 지정과목으로 편성하여 반드시 수강하도록 하는 것이 그 예이다.

　마지막으로, 온타리오주는 다양한 선택과목 및 유연한 학점 이수 방법을 제시한다. 우리는 학교 특성에 따라 특목고 및 특성화고로 분리하여 설립하기 때문에, 전문 교과 및 일부 선택과목은 일반계고에서 편성하지 않는 경우가 많다. 따라서 학생의 진로가 바뀌거나 해당 과목을 수강하고 싶어도 현재 다니는 학교에 개설되어 있지 않다면 수강하기가 어렵고, 이를 위해 전학하는 것도 쉽지 않다. 온타리오주는 특목고나 특성화고를 따로 설립하는 경우가 드문 대신, 일반 고등학교에서 학교별 특색 있는 선택과목 개설을 통해 차별성을 확보하고 이를 다양하게 지원한다. 예를 들어 예술특화고등학교의 경우, 음악과 미술 과목을 다른 학교보다 더 많이 운영하며, 과학이나 수학 과목의 심화를 특색으로 하는 학교는 Robotics나 AP 과정, IB 과정 등을 제공함으로써 학생들의 필요를 충족하고 학교의 특색을 살린다. 다양한 과목 개설을 위해 필요한 교사는 대부분 교육청에서 인력풀을 관리하고 지원한다. 만약 진로 목적에 따라 필요한 과목이 개설된 학교가 거주지 학군 밖에 있는 경우, 교육청을 통하여 해당 학교로 전학 갈 수도 있다.

　그뿐만 아니라, 학점 이수 방법에서도 유연성을 발휘하여 학교 외부에서도 학점 이수가 가능하다. 교육청에서 운영하는 온라인 학습 사이트에서 학점 이수를 할 수 있으며, 왕립 음악교육원 등에서 일정 수준 이상의 음악 자격증을 취득하는 경우 최대 2학점을, 한글학교 등 교육청이 인정하는 제2외국어 교육기관 수업을 수강하면 최대 3학점까지 이수할 수 있다. 대학 진학을 원하는 학생들은 대학과 연계하여 수업을 들을 수 있고(dual credit), 고등학교 졸업 후 취업을 하고자 하는 학생들은 산업 현장과 연계한 협업 수업(co-op) 등을 통해서도 학점을 채울 수 있다. 이런 방식으로 학생들은 자신의 진로에 맞는 다양한 선택과목을 수강하고 유연한 방법으로 학점을 획득할 수 있다. 이 모든 과정을 교육청이 감독하며 단위학교에서 학생들에게 안내하고 관리한다.

줄 세우기 없는 평가 제도

현재 우리나라 고교학점제의 가장 큰 문제점은 평가 방법이다. 고교학점제 추진 초기인 2018년에는 다양한 과목 선택을 유도하고 학생 간 불필요한 경쟁을 완화하기 위해 성취기준에 따라 A~E등급으로 표기하는 절대평가인 성취평가제를 구상했다. 하지만 대학입시에서의 변별력 저하, 평가의 신뢰성 문제 등을 이유로 논의를 거쳐 2023년 최종안에서 성취평가제와 더불어 5단계 상대평가를 함께 표기하는 것으로 확정했다. 2025년 시행 후에는 모두의 우려대로 성적 경쟁이 심해지고, 수행평가 부담이 가중되는 부작용이 나타나고 있다. 또한, 내신 등급을 더 잘 받기 위해 듣고 싶은 과목이 아닌 수강생 수가 많아 좋은 내신 등급을 받기 쉬운 과목에만 몰리는 현상을 막을 수 없다. 상대평가로 학생들을 줄 세우는 '변별력'은 생겼을지 모르지만, 본래의 취지를 잃어버린 것이다.

〈표5〉 온타리오 고등학교 성취도 체계

성취수준	퍼센트 범위	의미
LEVEL 4	80~100%	뛰어남
LEVEL 3	70~79%	표준 달성
LEVEL 2	60~69%	표준 미달, 일부 영역에서 부족
LEVEL 1	50~59%	표준 미달, 전반적으로 부족
R	0~49%	낙제(FAIL) - 학점 미취득, 재이수 필요

그렇다면 캐나다는 어떻게 성적을 평가할까? 고교학점제를 시행하는 대부

분의 나라가 그러하듯 캐나다 역시 성취수준에 따른 절대평가를 실시한다. 성취수준은 〈표5〉처럼 5단계로 나타내는데, 이는 학생들 간의 비교를 통한 줄 세우기가 아니라 학생들이 획득한 점수를 바탕으로 성취수준에 얼마나 도달했느냐를 백분율로 표현한 것이다. 대부분 과목은 수업 중 상시 이루어지는 과제, 퀴즈, 프로젝트 등의 수행평가를 종합하여 학기 중 활동 성적 70%, 그리고 기말 성적 30%의 비율로 평가한다. 학생들은 과제 수행 결과와 기말평가 결과를 종합하여 성취수준에 근거해 등급을 부여받는다. 공식 성적표에는 과목별 등급과 백분율 점수, 책임감·조직력·협동심 등 정의적 평가 영역인 학습기술 항목과 교사의 피드백을 함께 기록하는데, 이는 학생의 학업 경험을 종합적으로 기록하는 것이다.

고교학점제가 시행되면서 대한민국에서는 성취율이 40% 미만인 학생을 대상으로 '최소 성취수준 보장 지도'를 실시하고 있다. 이론적으로는 최소 성취수준에 도달하지 못한 학생들은 해당 과목을 '미이수'로 기록해야 하지만 실제 현장에서는 그럴 수 없으므로 해당 학기 내 추가지도를 받도록 하고 있다. 최근 '2025. 9. 25'자 발표에서 이수 기준 시간을 줄이고 출석율 미도달 학생을 위한 온라인 프로그램 운영 등의 정책 수정안을 내놓았지만 여전히 이에 대한 부담이 교사의 몫으로 남겨져 있다.

온타리오주도 이와 마찬가지로 R(Reattempt)등급을 받는 경우는 낙제에 해당하여 학점을 얻을 수 없다. 낙제과목이 만약 선택과목이라면 다른 과목으로 대체이수해도 되지만, 필수과목이거나 대학 진학에 필요하다면 재수강을 통해 학점 회복을 해야 한다. 재수강은 새로운 학기에 정규수업을 듣거나, 온라인 학습을 이용할 수 있으며, 여름방학 동안 교육청 단위로 실시되는 계절학기(Summer School)를 이용할 수도 있다. 계절학기는 교육청에서 지역별로 묶어서 진행하는데 재수강 외에도 학기 중 듣기 어려운 과목을 수강하거나 학점을 미리 받고 싶은 학생들이 많이 이용하고 있는 제도다. 이는 성취수준 미도달의 책임을 학생과 교육기관이 나누고, 다시 회복할 충분한 기회를 준다는 점에서 주목할 만하다.

다양한 선택의 기회를 보장하면서 최소 성취수준에 도달하게 하고, 대학입시를 위한 변별력도 기르고 싶은 대한민국의 고교학점제는 어떻게 개선해나가야 할까? 학업을 수행하며 성취수준에 따라 자신의 능력을 평가받고, 실패해도 회복할 기회를 주는 온타리오주의 평가제도가 어떻게 오랜 시간 잘 유지되어왔는지 눈여겨볼 때다.

고교학점제와 진로 상담교사

고교학점제가 시행된 후 대한민국의 학부모들이 답답해하는 것 중 하나는 고교학점제 전반에 관한 정보가 부족하다는 점이다. 학생들의 선택권을 확대하기 위해서는 그에 필요한 정보를 다양한 경로를 통해 제공하는 것이 필수적이다. 대한민국의 고등학교에서도 이를 위해 진로 상담교사를 배치하고 교육과정 설명회나 선택과목 박람회 등을 개최하고 있으나 충분하지 않다는 지적이 있다. 최신(2025. 9. 25) 발표에서 중학교 3학년 학생들이 진로 및 과목 선택에 도움을 받을 수 있도록 지원단 규모를 늘리겠다고 했다. 이런 개선의 시도들이 효과를 거두기 위해서는 실질적 운영 사례들을 살펴볼 필요가 있다. 그렇다면 온타리오주에서는 어떻게 진로 및 학점제 관련 정보를 제공하고 지도하고 있을까?

온타리오주에서는 다양한 정보 제공과 진로 지도를 위해 학부모 대상 설명회를 개최하고, 각 학교에 진로 상담교사Guidance Counsellor 배치와 학생 성공팀 운영을 지원하고 있다. 학부모 대상 설명회는 중학교 과정인 8학년 학생들과 학부모들을 대상으로 2학기 무렵 실시한다. 이러한 시간을 통해 고등학교에 진학하기 전 미리 학교생활 및 학점제 관련 정보, 진로 경로에 따른 과목 정보 등을 제공한다. 필요한 경우 고등학교의 진로 상담교사와 연락할 수 있도록 이메일 등의 연락처를 공유하기도 한다. 9~12학년 학생 및 학부모 역시 수시로 진로 상

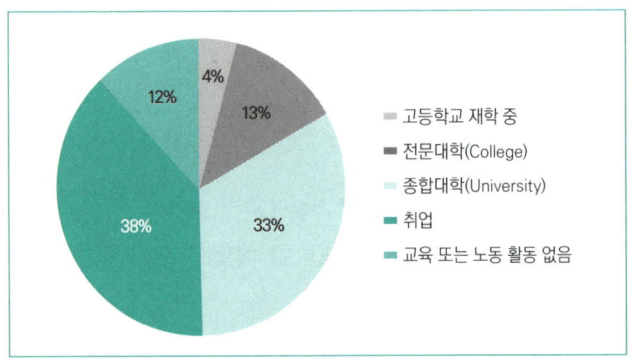

〈표6〉 캐나다 18-24세 노동시장 활동 통계

담교사와 면담 약속을 잡고 상담받을 수 있다. 진로 관련 정보의 접근성 및 질적 향상을 위해 온타리오주의 고등학교에서는 학교마다 평균 2~3명의 진로 상담교사가 근무하며, 1인당 약 385명의 학생을 담당한다.[1] 진로 상담교사는 학생들의 진로 및 생활 전반, 정서 지원 등 다양한 업무를 수행하며. 학점제와 관련해서는 학생의 학업 계획에 맞춰 세부적인 과목 선택의 가이드를 제공한다.

통계에 따르면 대한민국은 고등학교 졸업자의 평균 72%가 대학 등 상위 교육기관에 진학하는[2] 반면, 캐나다는 약 46%가 전문대학 및 종합대학에 진학하고, 38%는 바로 취업을 선택한다.[3] 이에 따라 온타리오주는 전문대학, 종합대학, 취업, 직업훈련 등으로 학업 경로를 세분화하고 이에 맞추어 진로 상담교사가 학생들에게 진로 및 진학 상담을 한다. 만약 대학 진학을 염두에 두었다면 각 대학의 학과에서 요구하는 심화 수학이나 과학 과목을 듣도록 안내하고, 필요한 경우 대학 지원과 관련하여 자기소개서, 학업계획서 작성 등 맞춤형 정보도 제공한다. 또한, 취업을 원한다면 이력서 작성, 인터뷰 준비와 같은 과정을 지원할 뿐 아

---

1 The Students' vision for Education, OSTA-AECO(2019)
2 청소년 통계: 대학진학률과 취업률, 청소년 정책분석 평가 센터(2020)
3 Statistics Canada, tables 37-10-0103 and 37-10-0196

니라 지역 산업체와 연계하는 협업과정을 이수할 수 있도록 산학 연계과정도 안내한다.

이런 진로 상담교사의 업무 지원을 위해, 학교별로 '학생 성공 팀Student Success Team'을 운영한다. 학생 성공 교사Student Success Teacher가 주축이 되어 학업 위기에 처한 학생을 학습방법 지원 및 재수강 정보 제공 등을 통해 특별관리하여 성공적으로 고등학교를 졸업할 수 있도록 돕는다. 진로 상담교사의 업무를 돕는 보조적 성격의 팀이다.

캐나다에서 고교학점제가 잘 작동될 수 있도록 하는 힘은 전문적인 진로 상담교사의 역할과 그들을 지원하는 제도에 있다. 이는 대한민국 고교학점제의 어려움을 해결하기 위해 참고할 만하다.

대한민국의 고교학점제가 나아가야 할 방향

이제 시작된 대한민국의 고교학점제는 어떤 방향으로 나아가야 할까? 캐나다 온타리오주의 고교학점제를 바탕으로 세 가지를 제언하고자 한다.

첫째, 성취수준에 따라 평가하는 절대평가로 돌아가야 한다. 평가 방향이 현재와 같이 기형적으로 바뀐 것은 개인의 성취 평가만으로는 학생들 간의 상호 비교를 할 수 없다 보니 대학입시에 활용하기 어렵다고 여긴 이유가 크다. 하지만 이런 식으로 고등학교 교육이 대학입시를 위한 도구로써만 기능한다면 교육의 목표를 실현하기 힘들 것이다. 학령인구가 줄어드는 지금, 학생들을 줄 세우고 가려내려는 생각을 이제는 바꿔야 하지 않을까? 절대평가 내에서도 변별은 가능하고 입시도 이루어진다. 캐나다의 대학에서는 다양한 학과에서 그에 맞는 평가요소를 갖추고 심층 평가하여 학생들의 입학을 결정한다. 예를 들어 토론토대학교의 경우 학과별 필수과목에서 백분율 기준 동점자가 있다면 학생의 전체 수강 과목을 보고 심화 수준의 과목을 얼마나 이수했는지, 학업 수행의 추이는 어떤지, 다양한 프로젝트에 어떻게 참여했는지 등 여러 측면을 함께 평가한다. 이런 작업은 시간이 많이 필요하여 12학년이 되는 학기 초부터 학년 말까지 입시절차가 계속되지만, 그만큼 심도 있게 평가함으로써 신뢰성을 확보한다. 더 이상 대학 입시를 위한 변별을 고등학교의 몫으로 넘기지 말고 공정한 입시를 위해 현재 시행 중인 입학사정관제도를 보완하는 방법을 고민하는 것도 필요하다.

둘째, 학기당 수강하는 과목 수를 줄이고 학점 이수 방법을 다양화해야 한다. 현재 대한민국의 고등학생은 한 학기당 평균 8과목을 수강한다. 그러다 보니 한 과목당 수업해야 할 내용은 많지만, 수업시수는 적어서 내용이 부실해질 수밖에 없다. 게다가 과목별로 수행평가 및 정기고사가 치러져서 평가에 대한 학생들의 부담은 너무나 크다. 따라서 학기당 수강 과목 수를 줄이고 과목의 질을 높여야 한다. 이를 위해 학점 이수 방법을 다양화하는 것도 검토할 수 있다. 현재 운영되는 공동교육과정을 내실화하고 지역별 거점 학교에서 주말이나 방학을 이용해 대면 수업을 하는 것도 가능하다. 이런 식으로 학점을 유연하게 관리할 수 있게 제도적으로 지원하면 학생들의 선택권을 보장한다는 고교학점제의 의의도 살릴 수 있고, 학교별 교육격차도 해소할 수 있을 것이다.

〈표7〉 중등학교 진로 상담교사 배치율

셋째, 고교학점제에 대한 정보를 제공하고 학생들의 학업 계획을 관리할 진로 상담교사를 더 늘릴 필요가 있다. 대한민국과 온타리오주 모두 학교당 진로 상담교사 배치율은 비슷하지만,[4] 진로 상담교사 1명당 담당하는 학생 수를 살펴보면 상황이 다르다. 앞서 언급한 것처럼 온타리오주는 교사 1명이 정해진 인원만을 담당하지만 우리나라는 학교에 배치된 교사 1명이 전교생을 다 관리하고 있다. 현재와 같은 상황에서 개별 학생에 맞춘 진로 지도는 기대하기 어렵다. 진로 상담교사의 정보 및 상담 역량이 담임교사를 비롯한 다른 교사들의 원활한 진로 지도 업무를 지원할 수 있다. 학생들에게 실제로 도움이 되도록 진로 및 학습 지도, 학점 관리 등을 체계적으로 할 수 있는 시스템 마련을 위해 진로 상담교사 또는 보조 인력을 더 확충하는 것이 필요하다.

끝으로, 현재 상황에서 대한민국 고등학생은 자기주도성과 자율성이 부족할 수밖에 없다. 이는 학생들이 모두 같은 시간에 등교하고, 다 같은 시간에 하교해야 한다는 고정관념이 큰 몫을 한다. 다양한 진로에 맞는 다양한 학업 경로를 고교학점제에서 실현하고 싶다면, 학생들이 자기 일정에 맞추어 등교하고, 수업을 듣고, 여유 시간을 활용할 수 있는 자율성을 허락해야 한다. 그리고 그 결과를 학생이 책임질 수 있도록 교육해야 한다. 그런 유연함이 우리 고등학교 교육 현장에 필요하지는 않은지 함께 고민해보면 좋겠다.

---

[4] 교육부 시도별 진로전담교사 배치현황(2024), 공공데이터포털

시·공간을 넘어 배움을 확장하는 경기이음온학교

임현우
경기이음온학교 수학교사
경기도교육청 디지털교육정책연구회 연구위원
경기도 교사 크리에이터(GTC, GOE Creator)

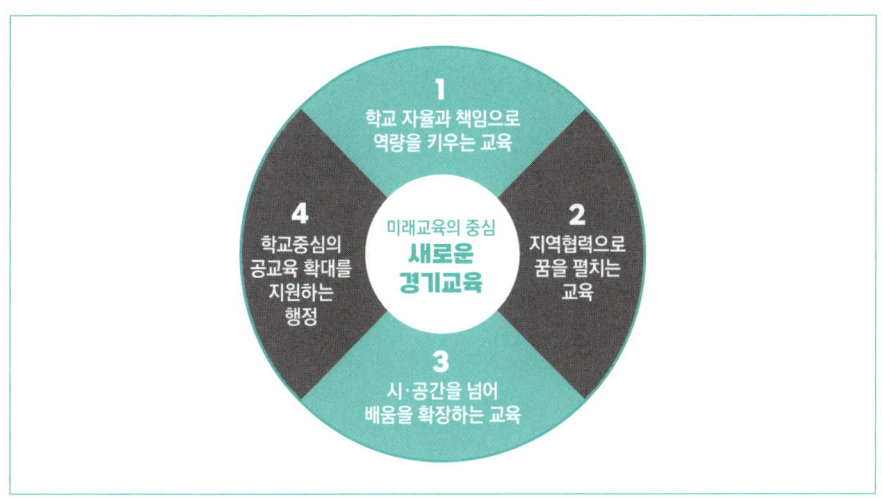

시·공간을 뛰어넘어 꿈을 가꾸는 미래배움터, 경기이음온학교가 2025년 3월 경기도 수원에 문을 열었다. 경기도교육청의 경기미래교육 4대 정책 중 '경기온라인학교'의 핵심인 경기이음온학교는 실시간 온라인 쌍방향 수업 운영을 통해 지역과 소속학교의 한계를 넘어 학생 맞춤형 교육과정을 지원하는 데에 그 의의를 두고 있다. 신산업 분야 기술의 급격한 발전, 인공지능 시대의 도래, 그리고 고교학점제의 전면적인 도입과 함께 학생 개개인의 주체적인 배움과 성장을 실질적으로 지원할 수 있는 새로운 시스템에 대한 요구가 늘어났으며, 경기이음온학교는 바로 이러한 시대의 요구에 응답하기 위해 탄생했다.

경기이음온학교는 어떠한 방식으로 고교학점제의 어려움을 지원할 수 있을까?

학생의 자유로운 과목 선택권, 미래 핵심 역량 함양, 공평한 교육 기회 제공의 관점에서 경기이음온학교를 살펴보자.

경기이음온학교에서는 현재(2025학년도 2학기 기준) 수학·과학·정보 교과군의 25개 교과목을 운영하고 있다. 인공지능 수학, 고급물리학, 응용화학탐구, 인공지능 기반 생물정보학 기초와 활용, 프런티어 사이언스, 인공지능 자율주행자동차 등 신산업·인공지능 관련 진로선택·융합선택 과목을 중심으로 운영하고 있으며, 학생들의 다양한 수요를 반영하기 위해 고시외 과목이나 교양과목도 일부 운영하고 있다. 2026년부터는 더욱 많은 학생들의 과목 선택권을 보장하기 위해 일반사회·언어·예술·교양 교과를 포함하여 84개의 교과목을 운영할 예정이다. 2025학년도 2학기에는 27개 학교 196명의 수강생이 수업에 참여하고 있으며, 교사 증원과 학교 확장을 통해 앞으로 더 많은 학교의 수업을 지원할 예정이다. 다양한 학생 수요를 고려하여 다양한 과목을 개설하고 있으며, 개설형 수업뿐 아니라 요청형 수업 신청을 통해 희소·심화·신산업 분야의 교과목 수업을 별도로 개설할 수 있다. 이와 같이 경기이음온학교는 학생의 자유로운 과목 선택권을 최대한 반영하기 위해서 노력하고 있으며, 학생들의 진로와 적성에 도움이 되는 미래 핵심 역량을 함양할 수 있도록 학생 수강 신청 통계와 각 교과목의 핵심 역량 요소를 반영하여 수업 교과를 선정하고 있다.

　경기이음온학교의 모든 수업 성적은 석차 등급을 산출하지 않으며, 성취도(A, B, C, D, E/ A, B, C/ P, F)로만 표기한다. 상대평가로 인한 선택권 제한에서 벗어나 모든 학생이 자신의 적성과 진로, 흥미에 맞는 과목을 신청할 수 있도록 하기 위해서이다. 또한 원칙적으로 지필평가를 실시하지 않고, 수행평가 100%로 학기별 평가를 진행한다. 논술·구술형 평가, 프로젝트 평가, 토의·토론, 포트폴리오 평가 등의 다각화된 평가방식을 통해 학생의 다양한 특성을 파악하고 피드백을 제공하고 있다. 학생이 활동한 내용은 단위학교 수업과 마찬가지로 학교생활기록부 교과 세부능력 및 특기사항란에 구체적으로 기록된다. 특히 신산업·인공지능 관련 교과목은 특성상 학생의 활동에 드러난 미래 핵심 역량을 중심으로 기록되는 경우가 많다. 예를 들어,「인공지능 기반 생물정보학 기초와 활용」수업에서는 학생이 염기서열 분석 프로그램과 유전적 계통 분석 프로그램을 활용해 진화적 가설을 도출하고 유사도를 계산하는, 자기주도적 탐구 역량을 보여주는 활동 내용이 기록되고, 「인공지능과 미래사회」 수업에서는 선형함수를 이용한 회귀분석 실습을 통해 인공지능을 학습시키고 과소적합 문제를 해결해나가는 과정과 향후 데이터 과학자로서의 성장 가능성 등이 기록된다.

수강 신청 기준도 까다롭지 않다. 학생이 소속된 학교에 원하는 과목이 편제되어 있지 않거나, 편제가 되어 있지만 신청 인원이 적거나 수업 가능한 교사가 배치되지 않아 수업이 개설되지 못하는 경우에 경기도 내 모든 지역의 학교에서 자유롭게 신청할 수 있다. 특성화고나 특목고의 경우 단독으로는 수강할 수 없으나, 일반계고 학생과 함께 수업을 수강할 경우 신청할 수 있다. 일례로 다소 특수한 경우이기는 하나 이번 학기 「인공지능 수학」 과목은 한 수업에 특목고, 일반계고, 특성화고 학생들이 모두 수강하고 있다. 다양한 학습 환경에 있는 학생 모두가 자신이 속한 지역과 학교 상황에 관계없이 공평한 교육 기회를 가질 수 있도록 하기 위함이다. 수강 대상자 선정 과정에서는 신청 학교의 환경적 특성, 신청한 학생 수 등의 다양한 요소를 고려하지만, '가장 많은 학교에서 들을 수 있도록, 가장 많은 학생이 들을 수 있도록' 편성하는 것을 대원칙으로 두고 있다. 가능한 한 한 학교라도 더 많이 지원하여 학생의 의미 있는 배움에 보탬이 되기 위해서이다.

경기이음온학교의 온라인 수업 운영은 어떤 방식으로 이루어지고 있는가?

'온라인 수업'이라는 단어를 들으면 아직도 인터넷 강의, EBS 강좌와 같은 영상 시청 형식의 단방향 수업이나, 코로나19 시절에 경험했던 온라인 화상 회의 시스템만을 이용한 쌍방향 수업을 생각하는 경우가 많다. 경기이음온학교의 온라인 수업은 다르다. 구글 미트를 활용한 실시간 쌍방향 수업을 진행하는 것은 후자와 동일하나, 단순히 교과 내용을 설명하는 선에서 그치는 것이 아니라 학생의 활동 내용을 실시간으로 관찰하고 개별 맞춤형 피드백을 제공하기 위해 다양한 에듀테크를 활용하고 있다.

특히 경기도교육청의 AI 기반 교수학습 플랫폼인 '하이러닝'이 모든 교과에서 공통적으로 사용되고 있다. '하이러닝' 또한 경기미래교육 정책 중 '경기온라인학교'의 핵심이다. 교사와 학생이 수업 현장에서 실시간으로 상호작용할 수 있도록 학생 대시보드, 통합학습창, 클래스보드, AI 서·논술형 평가 등의 다양한 기능을 제공하고 있다.

하이러닝을 통해 학생들은 수동적으로 교사의 설명을 듣고만 있는 것이 아니라, 주체적인 배움을 이끌어갈 수 있다. 학생은 하이러닝 통합학습창을 통해 교사가 제공하는 자료에 자신의 학습 내용을 필기하며, 교사는 실시간 모니터링 기능을 활용해 학생 개개인의 활동 상황을 관찰하고 개별 특성에 맞는 피드백을 제공한다. 모둠 학습 기능을 이용해 토의·토론형 학습을 진행할 수도 있으며, 형성평가 기능을 활용하여 학생의 이해도를 실시간으로 확인하고 통계자료로 평가 결과를 확인할 수도 있다. 수업이 끝난 이후에는 클래스보드 기능을 통해 학생의 활동 내용을 다시 볼 수 있다. 교사뿐 아니라 학생도 클래스보드에 접속하여 그날 배운 내용을 언제든 다시 복습할 수 있다. 또한 AI 서·논술형 평가 기능을 통해 교사는 학생들의 서·논술형 수행평가 수행 수준을 더욱 섬세하고 정확하게 판별할 수 있다. 이와 같이 하이러닝을 활용해 학생들은 시·공간의 장벽을 넘어 교사와 실시간으로 상호작용하며 깊이 있는 수업을 경험한다.

경기이음온학교에는 교실이 없다. 대신 '1인 스튜디오'가 있다. 모든 교사는 펜 태블릿, 카메라, 조명, 크로마키, 전자칠판, 3D VR 가상 배경 시스템 등 온라인 수업 기반 설비가 갖추어져 있는 자신의 스튜디오에서 실시간 쌍방향 수업을

진행한다. 또한, 수업에 필요한 영상자료를 제작하고 편집할 수 있는 '메이킹 스튜디오'도 준비되어 있다. 메이킹 스튜디오에는 프롬프터, 고화질 캠코더, 고급 음향 장비, 고성능 컴퓨터가 갖추어져 있어 1인 스튜디오보다 더욱 전문성 있는 영상을 만들 수 있다.

이와 같이 온라인 수업 환경에 최적화된 설비를 기반으로 학생들과 더욱 생동감 있는 수업을 만들어갈 수 있다. 관심이 있는 독자들은 하단의 QR코드를 통해 경기이음온학교 공식 유튜브 채널에 게시되어 있는 학교 소개 영상을 시청하면 이해에 도움이 될 것 같다.

경기이음온학교
소개 브이로그

경기이음온학교에 관한 다양한 궁금증들

정확한 설명을 위해 '일과 내'와 '일과 외'라는 용어를 정의할 필요가 있다. 우리가 일상적으로 생각하는 '일과' 시간은 공강시간을 포함하여 교사와 학생이 학교에 존재하는 모든 시간(9~17시)이지만, 공동교육과정과 온라인학교 수업에서의 '일과'는 그 뜻이 다르다. 공식적인 의미의 '일과 내' 수업 운영이란 학교에서 교과 총 이수 학점 174학점 이내로 수업을 운영하는 경우를 뜻하며, 반대로 '일과 외' 수업 운영이란 교과 총 이수 학점 174학점을 초과하여 운영하는 경우를 의미한다. (정확한 분류는 아니지만, 학생이 학교에서 선택과목을 수강하는 시간을 일과 내로, 공강시간[주로 7교시]을 일과 외로 생각하면 대부분 맞다.) 경기이음온학교에서는 '일과 내' 수업과 '일과 외' 수업이 모두 이루어지지만, 모든 수업은 9~17시 사이에 이루어진다. 사실 이것이 이미 시행되고 있는 '온라인 공동교육과정'과의 가장 커다란 차이 중 하나이다. 온라인 공동교육과정의 수업은 18~20시 정도의 늦은 저녁 시간에 이루어지는 경우도 있지만, 온라인학교의 수업은 그렇지 않다. 대부분 학생이 학교에 있는 시간에 수업이 이루어지며, 이에 따라 학생이 수업을 따로 들을 수 있는 빈 교실이나 다른 학습 공간이 반드시 필요하다.

온라인 수업을 위해 필요한 기기에 관한 문의도 많다. 경기이음온학교에서는 '노트북+태블릿'의 형태를 가장 추천하고 있다. 태블릿을 통해 하이러닝에 접속하여 수업 중 활동을 진행하고, 동시에 노트북을 통해 구글 미트나 다른 에듀테크 프로그램을 사용하는 방식이다. 그러나 학교 여건상 이와 같이 디지털 기기를 마련하기는 어려운 경우가 많다. 이럴 때에는 '크롬북'과 같이 노트북 기반이지만 펜 터치가 가능한 기기를 활용하면 좋다. 물론 노트북이나 태블릿 중 하나만 준비하여도 수업 참여가 가능하며, 최근 하이러닝에 원격수업 기능이 추가됨에 따라 태블릿 하나만으로 수업을 진행하기가 조금 더 용이해진 측면이 있다. 하지만 인공지능 관련 과목의 경우 과목 특성상 윈도우 기반 노트북이 반드시

구분	2022 개정 교육과정	2015 개정 교육과정
수강 가능 과목 수	• 일과 내·외 구분 없이 학기당 최대 2개 이내	• 일과 내 개설 강좌는 학기당 최대 수강 학점 제한 없음 • 일과 외 개설 강좌는 학기당 최대 6학점 내
학점 초과 이수 기준	• 국어, 수학, 영어 교과의 이수 학점 총합이 81학점을 초과할 수 없으며, 교과 이수 학점이 174학점을 초과하는 경우 초과 이수 학점의 50% 초과 불가	• 기초 교과 영역(국어, 수학, 영어, 한국사)의 이수 학점이 총 교과 이수 학점의 50% 초과 불가
학생 수강 기준	• 소속학교의 당해 학년도 입학생의 3개년간 교육과정에 편제되지 않은 과목 • 소속학교의 당해 학년도 입학생의 3개년간 교육과정에 편제되어 있으나 수강 인원 미달이나 교원 미배치로 개설되지 않은 과목 • 공동교육과정 등 타학교에서 이수한 적이 없는 과목 • 과목의 위계성을 고려하여 수강 신청 가능	

필요할 수 있으니 담당교사와 미리 상의하는 것이 바람직하다.

 출결 처리와 관련된 문의도 많다. 학교 공식 행사나 학교장 허가 교외체험학습으로 인해 경기이음온학교 수업에 참여하지 못할 경우, 소속학교를 통해 연락을 받아 출석인정 처리가 가능하며, 방학이나 지필평가로 인해 학교 수업시간이 아닐 때 경기이음온학교 수업이 있는 경우에는, 접속하여 수업에 참여하여야 출석 처리가 된다. 한 학생당 수강할 수 있는 과목 개수는 2022 개정 교육과정(2026년 기준 1, 2학년)의 경우 학기당 최대 2개이며, 2015 개정 교육과정(2026년 기준 3학년)의 경우 일과 내 개설 강좌의 경우 제한이 없고 일과 외 개설 강좌의 경우 학기당 최대 6학점까지 수강 가능하다. 국어·수학·영어·한국사(2015 개정 교육과정) 과목의 경우 전체 학점 중 해당 교과군의 이수 학점 비율이 50%를 초과하면 안 되는 등의 제한이 존재하니 수강 신청 전 반드시 확인하여야 한다.

 수강 신청은 학생이 바로 경기이음온학교로 하는 것이 아니라 학생→소속학교→경기이음온학교의 절차를 통해 하여야 한다. 학교에서 경기이음온학교의 시간표에 맞게 선택과목을 편성하거나 공강시간을 조정하는 과정이 완료되어야 수강이 가능하기 때문이다. 더 많은 자세한 내용은 각 학교로 배부된 '경기이음온학교 길라잡이'를 참고하길 바란다.

경기이음온학교의 발전 방향

마지막으로 경기이음온학교 운영의 교육적 효과와 비판적 성찰, 그리고 앞으로의 발전 방향에 관하여 이야기하며 글을 매듭짓고자 한다. 고교학점제 전면 시행과 함께 그 포문을 연 경기이음온학교의 교육적인 효과는 작지 않다. 학생 수요를 반영한 신산업·인공지능 기반의 선택과목 개설과 에듀테크를 활용한 다각화된 평가를 통해 미래사회에 필요한 역량을 함양할 수 있도록 하고 있으며, 실시간 온라인 쌍방향 수업을 통해 수업이 필요한 모든 학생들이 지역과 학교 특성으로 인한 교육격차로부터 벗어나 자신이 원하는 수업을 수강할 수 있도록 만들기 위해 최선을 다하고 있다. 학생들의 수업 만족도 높다. 전반적인 수업에 대한 만족도 조사에서 긍정적인 답변이 90%를 상회하며, 수업 중 교사와의 상호작용과 유의미한 평가에 관한 만족도 역시 높은 편이다.

문항별 긍정 응답 비율

그러나 앞으로 더욱 많은 학교와 학생을 지원하기 위하여 개선이 필요한 부분들도 있다.

일단, 온라인학교라는 개념 자체에 대한 홍보와 안내가 필요하다. 연수나 연구회 활동을 통해 경기도의 많은 교사들을 만나며 경기이음온학교에 대해 들어본 적이 있는지 여쭤보고 있는데, 보통 70% 이상은 단 한 번도 들어본 적이 없다는 반응을 보인다. 경기이음온학교에 대해 들어본 선생님들 중에서도 대안학교 개념으로 학생을 위탁 보내야 하는 줄 알고 있거나, EBS 강의를 듣듯이 단방향 온라인 수업 형태로 진행한다고 생각하는 경우도 많았다. 솔직히, 이번에 이 글을 집필하는 것도 학교 홍보를 하고 싶다는 흑심(?)이 조금 있었다. 더 많은 학생들이 좋은 시스템을 활용하여 최대한 자신의 꿈을 키워나가기를 바라는 마음에서다. 학교의 존재를 널리 알리기 위해 교사·학부모·학생을 대상으로 온·오프라인 교육과정 설명회도 주기적으로 실시하고 있으며, 개설 과목과 학교에 대한 정보를 담은 유튜브 채널도 운영하고 있다.

두 번째로 학교 규모 확장과 교사 증원이 필요하다. 현재는 수업 교사가 6명(수학·물리학·화학·생명과학·지구과학·정보 교과 각 1명)밖에 없는 상황이며, 내년에는 일반사회, 보건, 스페인어 등 더욱 다양한 교과의 수업을 개설하기 위해 증원을 요청한 상태이다. 앞으로 많은 학교가 수강 신청을 하게 된다면 더욱 다양한 과목의 교사가 필요하고, 교사 수도 늘려야 한다. 자연스레 수업을 할 수 있는 스튜디오와 제반 시설 역시 확장해야 한다.

마지막으로, 학교 교육과정에 경기이음온학교가 녹아들어가야 한다. 앞서 서술하였듯 경기이음온학교로 수강 신청을 하는 방법엔 두 가지가 있다. '일과 내'와 '일과 외'. 경기이음온학교의 본래 설립 취지는 선택과목 수강 시 온라인학교라는 추가 선택지를 두어 학생의 자유로운 교과목 선택을 보장하는 데에 있다. 다시 말해, 대부분의 수업이 '일과 내'로 들어오는 것이 맞다. 하지만 올해는 대부분의 수업 신청이 '일과 외'로 신청되었다. 특히, 많은 학교에서 공강시간으로 두고 있는 월·수·금 7교시에 압도적으로 많았다. 가능한 한 모든 수업을 개설하고 싶었으나, 학교 규모와 물리적인 시간의 한계로 인해 304명의 신청 학생 중 196명만을 수용할 수 있었다.

더 많은 학교와 수업을 수용하기 위해서는 학교 자체의 확장도 중요하지만 수업의 분산도 그에 못지않게, 어쩌면 더욱 중요하다. 또한 일과 내 과목으로 편성되어야만 학생들의 과목 추가 수강에 대한 부담과, 교사들의 다과목 지도에 대한 부담을 실질적으로 덜어줄 수 있다.

내년에는 올해보다 훨씬 많은 학교에서 경기이음온학교의 수업을 '일과 내' 선택과목의 형태로 신청할 수 있도록 힘써주기를 기대하고 있다. 그러나 고교학점제의 그 방대한 교육과정을 조정하는 일이 얼마나 고된 것인지 알기에, 교육청 차원에서도 더욱 구체적인 가이드라인을 제시하고 정책적인 유연함을 발휘해줄 필요가 있다고 생각한다.

세상은 빠르게 변화한다. 모두가 같은 교실에서 같은 내용을 단방향으로 수용하는 형태의 교육은 더 이상 시대에 적합하지 않다. 새로운 시대의 수업은 학생과 교사 사이의 쌍방향 상호작용과 실시간 개별 맞춤형 코칭을 중심으로, 단

순히 지식을 습득하는 것이 아니라 함께 만들어나가야 한다. 또한 학교란 더 이상 교실이나 운동장이라는 물리적으로 제한된 공간이 아니라, 온라인 공간까지 아울러 서로 만나 배우는 모든 교육 경험의 총체이다. 우리는 '온라인 수업'이 학습의 보조적인 도구가 아닌 실제 교육과정의 일부분으로, 나아가 하나의 교육적 패러다임으로 자리매김하는 그 전환점에 서 있다. 시·공간의 한계를 넘어 학교와 지역과 온라인 시스템이 하나의 배움터로 연결되는 미래 교육의 새로운 모델로 자리 잡을 수 있도록 학교, 교사, 학부모 모두가 적극적으로 관심을 갖고 힘을 모아야 한다.

2026 대한민국 미래 교육 트렌드

3part

AI 시대,
교육의 방향을
바꾸다

강경욱	'SKY 캐슬'은 무너졌다 – AI가 다시 쓰는 엘리트의 조건
김용욱	AI 리터러시, 미래 항해의 돛
김원배	AI 시대 진로교육, 미래를 설계하다
강보람	기술의 시대, 감정의 언어를 배우다
조재범	AIDT, 실패를 딛고 차세대 교육 플랫폼으로
손민지	디지털 문해력을 넘어 AI 문해력으로
박한솔	AI의 시대, 우리 아이는 가짜와 진짜를 구별할 수 있을까?

'SKY 캐슬'은 무너졌다
- AI가 다시 쓰는 엘리트의 조건

1

강경욱
전북특별자치도교육청 소속 초등교사
(사)교사크리에이터협회 전북지회장
한국교원단체총연합회 교사권익위원
GEG 전북 리더

한때 대한민국 사회를 뜨겁게 달궜던 드라마 〈SKY 캐슬〉을 기억하는가? 그곳에는 대한민국의 부모와 아이들이 욕망하는 성공의 공식이 집약되어 있었다. 값비싼 사교육, 철저한 정보전, 그리고 'SKY'로 상징되는 명문대 입성을 향한 처절한 경쟁. 교단에 서서, SKY라는 성에 입성하기 위해 고군분투하는 수많은 아이들과 학부모들을 만나왔다. 아이의 재능이나 행복보다는 성적표의 숫자가 더 중요하고, 깊이 있는 탐구보다는 문제 풀이 기술이 우선시되는 교육의 현장을 매일같이 마주하며 늘 마음 한구석에는 풀리지 않는 질문이 있다. '이것이 과연 우리 아이들을 위한 최선일까? 이 SKY 캐슬 안에서 행복을 찾을 수 있을까?'

지금, 인공지능(AI)이라는 거대한 파도가 밀려오면서 그 견고했던 성에 균열이 가기 시작했다. 아니, 어쩌면 이미 무너져 내리고 있는지도 모른다. AI는 우리가 '엘리트'라고 믿어왔던 조건들을 뿌리부터 뒤흔들고, 성공의 규칙을 완전히 새로 쓰고 있다. 더 이상 과거의 성공 공식이 통하지 않는 시대, 우리 아이들이 진짜 '엘리트'로 성장하기 위해 무엇이 필요한가. 이제 낡은 지도를 버리고, AI가 안내하는 새로운 미래를 함께 탐색해볼 시간이다.

지식의 종말, 암기의 시대는 끝났다

오랫동안 '많이 아는 것'은 힘이었다. 더 많은 지식을 머릿속에 담고 있는 사람이 우수한 인재로 인정받았다. 대한민국 교육시스템의 정점에 있는 대학수학능력시험 수능 역시, 정해진 시간 안에 얼마나 많은 지식을 정확하게 인출해내는가를 측정하는 시험이다. 아이들은 12년간 이 단 하나의 시험을 위해 방대한 양의 지식을 암기하고 또 암기한다.

하지만 AI는 이 '지식의 가치'를 근본적으로 파괴한다. 이제 우리는 스마트폰을 꺼내 몇 초 만에 인류의 거의 모든 지식에 접근할 수 있다. 특히 ChatGPT

와 같은 생성형 AI의 등장은 결정적이다. AI는 인간보다 훨씬 더 빠르고, 정확하게, 방대한 양의 정보를 처리하고 요약해준다. 역사적 사실을 묻든, 복잡한 과학 이론을 설명해달라고 하든, AI는 막힘없이 답변을 내놓는다. 이미 법률 시장에서는 AI가 방대한 판례를 순식간에 분석해 변호사를 돕고, 의료계에서는 AI가 수백만 건의 논문과 진료 기록을 학습해 의사의 진단을 보조한다. 인간의 암기력과 정보처리 능력만으로는 도저히 따라갈 수 없는 시대가 도래한 것이다. 이러한 현실은 우리 교육에 매우 불편한 질문을 던진다.

"AI가 모든 것을 기억하는데, 인간은 무엇을 위해 암기해야 하는가?"

OpenAI의 CEO 샘 알트만은 "어떤 인간보다 AI가 항상 더 똑똑할 세상에서는 전통적인 지식 축적의 가치가 현저히 떨어질 것"이라고 예측한다. 그의 말처럼, AI 시대에 단순히 지식을 많이 암기하는 능력은 더는 핵심 경쟁력이 될 수 없다. 이는 마치 계산기가 등장한 이후, 복잡한 곱셈을 암산으로 빨리 해내는 능력이 더는 특별한 재능으로 여겨지지 않게 된 것과 같은 이치다.

이 지점에서 수능으로 대표되는 우리의 평가 시스템은 존재의 이유를 심각하게 위협받는다. 우리 아이들은 여전히 엄청난 시간과 노력을 들여 지식을 머릿속에 구겨넣는 훈련을 하고 있지만, 정작 세상은 그 지식을 '보유'하는 능력보다 '활용'하는 능력을 훨씬 더 중요하게 여기기 시작했다.

우리는 지금 거대한 모순의 한가운데에 서 있다. 우리 교육시스템이 측정하고 보상하는 능력(암기력)과, 미래사회가 진정으로 요구하는 능력(활용 능력) 사이에 건널 수 없는 강이 흐르고 있다. 이 강을 외면한 채 낡은 방식만을 고집한다면, 우리는 시험 점수는 높지만 정작 AI 시대에 필요한 문제 해결력은 없는 '속 빈 인재'만을 양산하게 될 위험이 크다.

학생 개개인의 학습데이터를 분석하여 문제 난이도를 자동으로 제공한 AI 코스웨어

학생	성취도별 유형 수						정답률	오답Ai클리닉	학습이력
	미흡	노력	보통	우수	완성	합계			
[초6] 학생화면	2	4	3	8	174	191	301/358 (84%)	57 숙제	08-16 16:42 학습이력
[초6] 학생화면	1	1	1	26	162	191	189/221 (85%)	32 숙제	08-05 21:24 학습이력
[초6] 학생화면	11	15	34	67	349	476	455/521 (87%)	66 숙제	08-18 12:29 학습이력
[초6] 학생화면	25	34	108	54	349	570	435/577 (75%)	142 숙제	08-18 21:00 학습이력
[초6] 학생화면	14	214	43	241	79	591	380/643 (59%)	263 숙제	08-17 14:59 학습이력

더욱 큰 문제는 이러한 암기 위주의 교육이 아이들에게서 '배움의 즐거움'을 앗아가고 있다는 점이다. 정답 찾기 경쟁에 내몰린 아이들은 질문하는 법을 잊고, 실패에 대한 두려움으로 새로운 도전을 기피하며, 지적 호기심을 잃어버리고 있다. 하지만 AI는 이러한 교육의 풍경을 바꿀 잠재력을 지니고 있다. AI 튜터는 본질적으로 모든 학생에게 각기 다른 학습경험을 제공하는 '적응형 학습시스템Adaptive Learning System'이다. 학생 개개인의 학습데이터를 실시간으로 분석하여 학습 결손을 진단하고, 이해도에 맞춰 문제의 난이도를 조절하며, 즉각적인 피드백을 제공한다. 이는 과거에는 불가능했던 '30명의 학생을 위한 30개의 맞춤 수업', 즉 '초개인화 학습'을 현실로 만든다.

새로운 권력의 탄생, '질문을 설계하는 자'가 지배한다

지식이 더 이상 힘이 아니라면, AI 시대의 새로운 권력은 어디에서 나올까? 정답은 역설적이게도 '질문'에 있다. AI는 스스로 생각하지 못한다. 인간이 던지는 질문, 즉 프롬프트Prompt에 따라 움직일 뿐이다. 따라서 AI의 잠재력을 얼마나 끌어내느냐는 전적으로 인간의 질문 설계 능력에 달려 있다.

AI에게 "대한민국에 대해 알려줘"라고 막연히 묻는 것과, "초등학생 눈높이에 맞춰, 대한민국의 역사, 문화, 경제적 특징을 세 가지 핵심 키워드를 중심으로 500자 이내의 친근한 글로 요약해줘. 각 키워드는 굵은 글씨로 표시하고, 관련된 이미지를 생성할 수 있는 아이디어도 제안해줘"라고 구체적으로 요청하는 것은 전혀 다른 결과물을 낳는다. 후자의 질문은 명확한 역할(초등학생 교사), 맥락(눈높이 교육), 형식(500자, 굵은 글씨), 그리고 목표(이미지 아이디어 제안)를 담고 있다.

이처럼 AI로부터 최상의 결과물을 이끌어내는 질문을 설계하는 능력, 이것을 '프롬프트 장인정신Prompt Craftsmanship'이라 부른다. 이는 AI 시대의 새로운 '글쓰기'이자, 가장 강력한 경쟁력이다. 미래의 엘리트는 정답을 많이 아는 사람이 아니라, 해결하고자 하는 문제의 본질을 꿰뚫고, AI가 최적의 답을 찾도록 안내하는 '질문을 설계하는 사람'이 될 것이다.

이러한 변화는 최근 주목받는 '바이브 코딩Vibe Coding' 개념에서도 명확히 드러난다. 바이브 코딩은 복잡한 코딩 문법Syntax을 몰라도, "초등학생들이 어려워하는 개념을 풀어서 설명해주는 초등영어웹사전을 만들어줘"와 같이 일상적인 언어로 원하는 '느낌(Vibe)'을 전달하면 AI가 코드를 생성해주는 방식이다. 여기서 중요한 것은 '어떻게How' 구현할지에 대한 기술적 지식이 아니라, '무엇What'을 만들고 싶은지에 대한 명확한 비전과 아이디어다.

이는 학생과 교사에게 엄청난 기회를 제공한다. 코딩을 한 번도 배워보지 않은 초등교사가 교실의 문제를 바로 해결할 수 있는 간단한 상담 기록 프로그램을 만들 수 있고, 환경 문제에 관심이 많은 학생이 자신의 동네 쓰레기 문제를 해결하기 위한 게임의 프로토타입을 직접 구상하고 만들어볼 수 있다. 기술적 장벽이 사라지면서, 이제 아이디어만 있다면 누구나 '창조자'가 될 수 있는 '창작의 민주화' 시대가 열린 것이다.

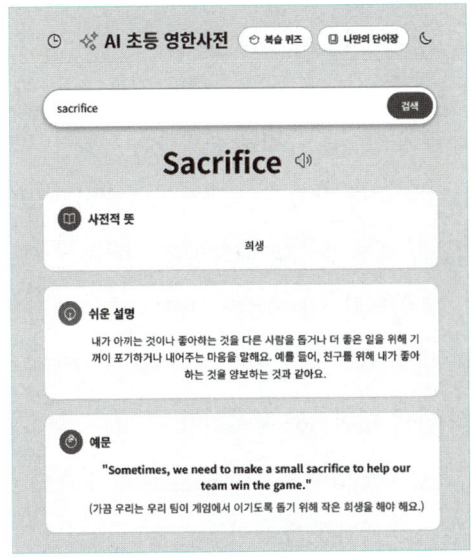

바이브 코딩으로 직접 만든 영한사전 앱

교실 수업 또한 근본적으로 바뀐다. 예를 들어, 역사 수업에서 학생들은 '조선시대 장영실의 입장에서, 현대 기술을 활용할 수 있다면 어떤 발명품을 만들고 싶은지 AI와 인터뷰하는 기사를 작성하라'는 과제를 수행할 수 있다. 이 과정에서 학생들은 역사적 사실을 탐색하고, 창의적 상상력을 발휘하며, AI에게 효과적으로 질문하여 원하는 답변을 얻어내는 능력을 통합적으로 기르게 된다. 이 시대의 진정한 엘리트는 단순히 코드를 잘 짜는 엔지니어가 아니라, AI라는 강력한 도구를 지휘하여 세상에 없던 가치를 만들어내는 기획자, 감독, 그리고 설계자가 될 것이다. 우리 교육은 이제 아이들에게 정답을 주입하는 대신, 자신만의 독창적인 질문을 던지고, AI와 협력하여 그 답을 만들어가는 방법을 가르쳐야 한다.

능력의 증명 방식—성적표에서 포트폴리오로

〈SKY 캐슬〉의 부모들이 그토록 집착했던 것은 결국 한 장의 '성적표'였다. 수능 점수와 내신 등급이 아이의 능력을 증명하는 유일한 척도였기 때문이다. 하지만 AI 시대에는 능력의 증명 방식 또한 극적으로 변하고 있다.

이제 글로벌 기업과 세계 유수의 대학들은 획일화된 시험 점수보다, 지원자가 실제로 무엇을 할 수 있는지를 보여주는 '프로젝트 포트폴리오'를 훨씬 더 중요하게 평가한다. '나는 미적분을 98점 맞았다'는 성적증명서보다, '나는 AI를 활용해 우리 학교의 급식 잔반 데이터를 분석하고, 잔반을 줄이기 위한 메뉴 개선안을 제시하는 프로젝트를 수행했다'는 경험이 훨씬 더 강력한 설득력을 갖는다.

포트폴리오는 단순히 결과물을 모아놓은 것이 아니다. 그것은 한 개인이 문제를 발견하고(문제 정의 능력), 해결책을 모색하며(창의적 사고), 다른 사람과 협력하고(소통 능력), 실패를 통해 배우며(회복탄력성), 결국 무언가를 만들어내는(실행력) 전 과정을 담은 성장의 서사(내러티브)다. 특히 포트폴리오에는 성공의 기록뿐만 아니라 '실패의 가치' 또한 담겨야 한다. 어떤 가설을 세웠다가 데이터 분석 결과로 기각되었는지, 프로토타입을 만들었지만 어떤 문제로 폐기하고 새로운 방향으로 전환했는지 등의 과정은, 정답만을 중시하는 기존 평가방식에서는 결코 드러낼 수 없는 중요한 역량의 증거가 된다.

과거에는 이러한 포트폴리오를 만드는 것이 소수의 특별한 학생들에게만 가능한 일이었다. 하지만 AI는 창작의 문턱을 극적으로 낮추었다. 이제 학생들은 코딩, 디자인, 데이터 분석 등 전문 기술이 없어도 AI의 도움을 받아 자신만의 앱, 영상, 분석 보고서, 예술 작품을 만들고 포트폴리오를 채워나갈 수 있다. 환경 문제에 관심 있는 학생이라면, AI로 우리 동네 미세먼지 데이터를 분석해 시각화 자료를 만들고, 챗봇을 활용해 환경 보호 캠페인 아이디어를 구체화하며, 이미지 생성 AI로 캠페인 포스터까지 제작하는 전 과정을 하나의 포트폴리오로 구성할 수 있다.

바로 이 지점에서 대한민국 교육의 근본적인 딜레마가 발생한다. 우리 교육 시스템은 여전히 아이들에게 '성적표'를 만들라고 요구하는데, 세상은 아이들에게 '포트폴리오'를 보여달라고 손짓하고 있다. 우리 아이들은 점점 그 효용 가치를 잃어가는 낡은 게임(입시 경쟁)에서 이기기 위해, 정작 미래에 필요한 진짜 게임(역량 경쟁)을 준비할 시간을 놓치고 있는 셈이다. 이는 마치 자동차 경주를 준비해야 할 선수에게 마차 모는 법만 가르치는 것과 같다.

만약 수능이 여전히 성공으로 가는 유일한 길로 남는다면, 이는 역설적으로 AI 시대에 가장 필요한 창의력과 협업 능력의 발달을 가로막는 족쇄가 될 것이다. 우리는 자녀의 성공에 대한 낡은 기준을 과감히 버려야 한다. 성적표의 숫자 너머에 있는 아이의 관심사와 재능, 그리고 무언가를 만들어내며 반짝이는 눈빛에 주목하고, 그 경험이 의미 있는 포트폴리오로 기록될 수 있도록 격려하고 지원해야 한다.

새로운 경쟁의 무대—교실에서 세계로

〈SKY 캐슬〉이 상징하는 경쟁은 철저히 내수용이었다. 대한민국이라는 닫힌 운동장 안에서, 정해진 수의 의자(명문대 정원)를 차지하기 위한 제로섬 게임이었다. 그러나 AI는 이 운동장의 벽을 허물고, 경쟁의 무대를 전 세계로 확장시켰다.

AI 기반의 글로벌 협업 플랫폼(슬랙, 미로 등)과 실시간 번역 기술은 지리적, 언어적 장벽을 무의미하게 만들었다. 이제 진주에 사는 우리 아이가 핀란드 헬싱키의 친구와 실시간으로 아이디어를 나누고, 인도 벵갈루루의 또래와 함께 코딩 프로젝트를 진행하는 것이 일상이 될 것이다. 이는 대학입시와 미래의 일자리를 둘러싼 경쟁이 더 이상 옆자리 짝꿍과의 싸움이 아니라, 전 세계 인재들과의 각

축전이 될 것임을 의미한다.

이러한 변화에 세계 각국은 AI 교육을 국가경쟁력의 핵심 의제로 삼고 사활을 건 투자에 나서고 있다. 이는 단순히 기술 패권 경쟁을 넘어, 미래사회를 이끌어갈 창의적인 인재를 누가 더 많이 길러내느냐의 싸움이기 때문이다.

이 거대한 흐름 속에서, 'SKY'라는 국내용 브랜드의 가치는 예전 같을 수 없다. 글로벌 기업들은 지원자의 출신 대학 이름보다, 그가 어떤 경험을 했고 어떤 역량을 가졌는지를 훨씬 더 중요하게 본다. 국내 대학 서열에만 매달리는 것은, 동네 축구 리그의 득점왕이 월드컵 무대에서도 통할 것이라고 믿는 것과 같다. 따라서 우리 교육의 목표는 이제 국내용 인재를 넘어, 세계무대에서 당당히 경쟁하고 협력하는 글로벌 리더를 길러내는 방향으로 전환되어야 한다. 단순히 경쟁에서 이기는 것을 넘어, 다양한 문화적 배경을 가진 사람들과 소통하며 기후위기, 팬데믹과 같은 인류 공통의 문제를 해결하는 '글로벌 시민성'을 함양하는 것을 포함한다. AI는 학생들이 국경을 넘어 함께 자료를 분석하고, 해결책을 토론하며, 공동의 결과물을 만들어내는 글로벌 프로젝트 학습을 위한 최고의 도구가 될 수 있다.

영어 능력의 중요성 또한 재정의된다. 완벽한 문법 구사 능력보다, AI 번역기의 도움을 받아 자신의 아이디어를 명확하게 전달하고 상대방과 적극적으로 소통하려는 태도가 더욱 중요해진다.

새로운 성을 쌓아올릴 시간

'SKY 캐슬'은 무너졌다. 그 자리에 우리는 무엇을 세워야 할까? 과거의 성공 공식이 더 이상 유효하지 않은 시대, 불안하고 혼란스러울 수 있다. 하지만 이 변화가 우리 교육에 주어진 엄청난 기회라고 믿는다.

더 이상 하나의 정답만을 강요하지 않아도 되는 시대, 모든 아이가 자신만의 고유한 재능과 관심사를 바탕으로 자신만의 포트폴리오를 만들어갈 수 있는 시대가 열리고 있다. AI라는 강력한 파트너의 도움으로, 교사는 지식 전달자라는 무거운 짐을 내려놓고 아이들의 잠재력을 깨우는 코치이자, 성장을 돕는 따뜻한 안내자라는 본질적인 역할에 더 집중할 수 있게 되었다. 교실은 더 이상 조용한 지식의 전수 공간이 아니라, 아이디어와 질문이 넘쳐나는 시끄러운 창작의 실험실이 될 것이다.

이 새로운 성을 쌓아올리는 일은 교육자 혼자만의 힘으로는 불가능하다. 정책 입안자들은 낡은 평가 시스템을 과감히 개혁해야 한다. 수능 중심의 대입 제도를 역량 중심, 포트폴리오 중심으로 전환하기 위한 사회적 논의를 시작하고, AI 시대에 필요한 역량을 제대로 평가하고 보상하는 틀을 만들어야 한다.

학부모들은 성적표의 숫자에서 눈을 돌려 자녀의 관심사와 성장 과정 그 자체에 주목해야 한다. 정답을 빨리 찾는 능력보다, 좋은 질문을 던질 수 있는 호기심과 실패를 딛고 일어서는 회복탄력성을 가정에서부터 길러주어야 한다. 그리고 우리 교사들은 기꺼이 '학습자'가 되어야 한다. AI라는 새로운 도구를 두려워하지 말고, 아이들과 함께 배우고 실험하며 새로운 교육의 가능성을 열어가야 한다.

무너진 성의 잔해 위에서 절망할 것이 아니라, 우리 모두가 힘을 합쳐 더 자유롭고, 더 창의적이며, 더 인간적인 새로운 교육의 성을 함께 쌓아올릴 때다. 그 성 안에서 우리 아이들은 순위표에 갇힌 부품이 아니라, 각자의 이름으로 빛나는 세상의 주인공으로 성장하게 될 것이다. 그 위대한 여정에 우리 모두가 함께해야 한다.

AI 리터러시,
미래 항해의 돛

김용욱
충청남도교육청 소속 초등교사
AI 기반 수업 혁신 연구가
충남초등영어교육연구회 사무국장

지금 우리가 서 있는 2026년은 디지털 리터러시보다 AI 리터러시가 더 강조되고 있는 시대이다. 디지털 리터러시와 AI 리터러시는 둘 다 정보를 찾고 이를 활용하는 능력이라는 점에서 같지만 디지털 리터러시는 검색된 정보를 검증하는 능력을 강조하고, AI 리터러시는 생성된 답변을 검증하는 능력을 강조한다는 점에서 다르다. 또, 전자는 저작권, 출처 표기 등의 정보 윤리를 강조했다면 후자는 데이터 편향, 투명성 등을 중요시한다. 둘 다 미래사회의 주체로 살아가기 위한 기본 소양으로 둘 중의 하나가 아니라 디지털 리터러시에 AI 리터러시가 더해진다는 개념이 더 맞겠다. 이전에는 찾기에만 급급했다면 이제는 찾기와 더불어 만들어내고 검증하는 능력이 중요해진 시대라고 말할 수 있겠다.

'읽고 쓰기에서 함께 생각하기로!'

'리터러시'라는 단어는 원래 라틴어 littera글자에서 탄생했다. 여기서 literature문학라는 단어로 확장되었으며, 1880년경 literacy라는 단어로 변모하게 되었다. 처음에는 단지 '읽고 쓸 줄 아는 능력'이라는 의미로 사용되었지만, 20세기 중반 이후 기술 사회 변화와 함께 리터러시 개념은 이제 '세상을 읽고 해석하는 힘'으로 확장되었다.

그렇다면 AI와 리터러시는 왜 합성어로 나란히 서게 되었을까? 그것은 바로 AI의 특성에 기인한다고 할 수 있다. AI의 특성은 생성Generative하며, 상호작용Interactive하지만, 불완전Non-perfect하다. 또한 사전 학습을 기반으로 확장성을 도모한다. 마치 살아 있는 존재저럼 기능하기 때문에 리터러시를 통해 소통해야 하는 것이다. 단순 검색이 아니라 없는 답을 만들어내고 질문에 따라 답이 달라지기도 하며 편향되거나 틀릴 수도 있다. 또한 미리 훈련된trained 학습에 따라 알고리즘이 작동하며, 교육·산업·문화 등 모든 영역에 침투할 수 있는 확장성을 가지고 있다.

디지털 리터러시는 검색을 잘하고, 바르게 사용만 하면 되었지만, AI 리터러시는 다른 차원의 능력을 필요로 한다. 단순히 도구를 다루는 능력뿐 아니라 AI와 함께 사고하고 판단하며 창조하는 능력이 필요한 것이다. 그렇기 때문에 AI 리터러시 역량을 기르는 것이 어렵다.

AI는 불완전하며 그럴듯한 거짓말을 잘 만들어낸다. 2023년 6월 한 신문기사에 따르면 미국 파산 전문 변호사 Thomas Nield가 ChatGPT가 만들어낸 가짜 자료를 법정에서 사용하였다가 5,000달러 벌금을 낸 적이 있다. AI는 때로는 편향되고, 틀린 정보를 자신감 있게 내놓는다. 그렇기 때문에 '맹신'이 아니라 '비판적 활용'이 필요한 것이다.

2026년 교실 풍경—AI는 수업의 파트너

2022년 11월 처음 ChatGPT를 초등 4학년 우리 반 아이들에게 보여줄 때가 생각난다. 아이들과 같이 AI에게 해본 질문은 "어떻게 하면 행복할 수 있어?"였다. 물론 '작은 것에 감사하고 순간을 충실히 사세요'와 같은 뻔한 답이 나왔지만 우리는 생성된 결과에 신기함과 놀라움을 감출 수가 없었다. 그로부터 4년이 지났다. 많은 초중고 교실에서 이미 각종 디지털 디바이스가 활발히 활용되고 있다. 2026년은 어떨까? 전통적인 교수학습법에서 얼마나 변화할지 교실 풍경을 상상해본다.

수업 시작

사회시간. 수업 주제는 '환경 문제의 원인과 해결책'이다. 학생들에게 AI에게 무엇을 물어볼지 생각해보게 한다. "AI야, 지구온난화가 왜 문제니?" AI는 기다렸다는 듯이 답을 내놓는다. 그러나 교사는 "AI가 내놓은 답이 다 맞을까? 어디가 이상한지 찾아보자"라고 말하고 수업의 주체Agency인 학생들에게 역할을 부여한다. 그 역할은 답변이 타당한지 조사하는 AI 검증자validator이다.

수업 중간

한 학생이 손을 번쩍 든다. "선생님! AI가 북극곰의 멸종 시기를 2100년에 멸종, 2050년경 지역 멸종 가능이라고 했는데, 그것은 틀린 것 같아요." "왜 그렇게 생각하니?" "그 이유는…" 교실은 순간 토론이 펼쳐진다. AI가 말한 게 '맞다' '틀리다' 하며 옥신각신한다. 사실 교사의 의도는 사실의 유무가 아닌 비판적으로 사고하는 태도를 기르는 훈련인 것이다. AI는 이제 수업에서 빠질 수 없는 요소가 되었으며 AI의 정보를 검증하고 비판하는 활동이 하나의 인기 있는 수업으로 자리 잡았다. 실제 그런지 다른 AI에게 같은 질문을 해보거나, 검색을 하거나, 책을 찾아보거나, 인터뷰를 하는 등 파생된 다른 활동들이 아주 활발하게 이어진다.

수업 마무리

결국 결론은 '북극곰의 멸종 시기를 아는 게 중요한 게 아니라 멸종되지 않게 보호하는 것이 중요하다'라고 마무리되었고, 다음 시간은 동물 멸종을 막는 캠페인 기획으로 이어진다. 또한 다른 지역 국립과학관에 계신 생물학 박사님과 화상 인터뷰를 통해 더욱 생생한 이야기를 듣기로 한다.

AI 시대에 희망하는 수업의 한 장면을 그려보았다. 학생이 주체가 되어 스스로 AI와 함께 공부하며 비판적으로 사고하는 능력을 키우는 수업. 이것이 AI 리터러시를 함양할 수 있는 방법이 아닐까.

AI 리터러시의 다섯 가지 핵심 요소

앞서 본 교실 풍경은 단순한 상상이 아니라 이미 진행 중인 변화이다. 비단 사실 검증뿐 아니라 우리가 실제로 기르고 가르쳐야 할 AI 리터러시의 핵심 요소는 무엇일까? 여러 국제기구와 학계의 논의를 바탕으로, 교육 현장에서 꼭 길러주어야 할 다섯 가지 역량을 정리해본다.

AI 리터러시 국제 프레임워크

구분	대상/목적	핵심 영역(요약)	대표 사이트 주소
UNESCO(교사)	교사 전문성 강화	① 인간 중심 사고 ② AI 윤리 ③ AI 기초·응용 ④ AI 교수법 ⑤ 교사 전문성 학습	QR
UNESCO(학생)	학생 역량 강화	① 인간 중심 사고 ② AI 윤리 ③ AI 기술·응용 ④ AI 시스템 설계	QR
OECD & EC	PISA 2029 대비, 교육정책	① 비판적 사고 ② 공동 창작 ③ 윤리적 활용 ④ 미디어·AI 리터러시 통합	QR
WEF(세계경제포럼)	미래 인재 역량, 직업 세계	① AI 참여·평가 ② AI와 창작 ③ AI 관리(감독) ④ AI 설계 이해	QR

첫째, 질문하는 능력 Prompting Skill**이다.** 좋은 질문이 좋은 답을 만든다. 같은 AI이지만 어떤 맥락을 주고 어떻게 질문하느냐에 따라 다른 답을 얻게 된다. 왜냐하면 질문의 구체성과 방향성이 AI의 사고의 깊이를 결정하기 때문이다. 예를 들어 "기후변화가 뭐예요?"보다 "기후변화가 해양 생태계에 미치는 영향에 대한 최신 연구를 알려줘"라는 질문이 훨씬 정교한 답을 이끌어낸다. 이것보다 더 좋은 프롬프트도 있는데 받고 싶은 포맷을 미리 지정해주는 것이다.

예를 들면 "기후변화가 해양 생태계에 미치는 영향에 대한 최신 연구를 단계별로 알려주고 이를 표로 제시해달라' 같은 식이다. 포맷을 모르겠다면 결과물이 왜 필요한지, 어디에 쓸 건지 맥락을 같이 요구하면 그 상황에 맞게 AI가 제시해줄 것이다.

AI 리터러시에서 말하는 질문하는 능력은 일반 리터러시에서 말하는 그것과 조금 성격이 다르다. 일반 리터러시는 텍스트와 정보를 비판적으로 읽고 해석하면서, 정답을 찾기보다 사고의 폭을 넓히는 과정에 가깝다. 반면, AI 리터러시는 프롬프팅 기술에 가깝다. 질문은 곧 설계Design이자 프로그래밍의 행위이며 생성된 답변은 단순 사실 확인이 아니라 창의적 협업의 결과물에 가깝다. 그래서 AI 리터러시에서는 질문이 곧 도구 사용법이 된다.

하지만 일반 리터러시가 탄탄하게 준비되어 있지 않다면 AI 리터러시 또한 부실하게 형성될 수밖에 없기 때문에 둘 다 기를 수 있도록 해야 한다. 다음은 일반 리터러시와 AI 리터러시를 통합적으로 기를 수 있는 훈련법이다.

일반 리터러시와 AI 리터러시 통합 훈련법

단계	활동 방법	학생 적용 예시	일반인(성인) 적용 예시
① 읽고 의심하기	텍스트·AI 답변에서 모순·빈틈 찾기	교과서 문단 + AI 답변을 나란히 두고 "어디가 다른가?" 토론	뉴스 기사 + AI 요약 비교, 사실 여부 확인
② 질문 구체화하기	모호한 질문 → 구체적 질문으로 개선	"환경문제 알려줘." → "플라스틱 쓰레기가 바다에 미치는 영향 사례"	"운동 방법 알려줘." → "50대 직장인을 위한 하루 20분 실내 운동 계획"
③ 포맷 지시하기	원하는 결과물 형태를 요구	"표로 정리해줘." "초등학생 눈높이에 맞춰 글 써줘."	"프레젠테이션 개요 형식으로" "회의용 보고서 요약으로"
④ 교차 검증하기	다른 자료·출처와 비교	AI 답변 vs. 백과사전 vs. 친구 토론	AI 답변 vs. 정부 통계 vs. 전문가 칼럼
⑤ 반성적 질문하기	"왜 이런 답을 냈을까?" 되묻기	"AI가 왜 이런 답을 냈을까?"를 수업 질문으로 활용	"이 답이 특정 관점에 편향된 건 아닐까?" 자기 성찰하기

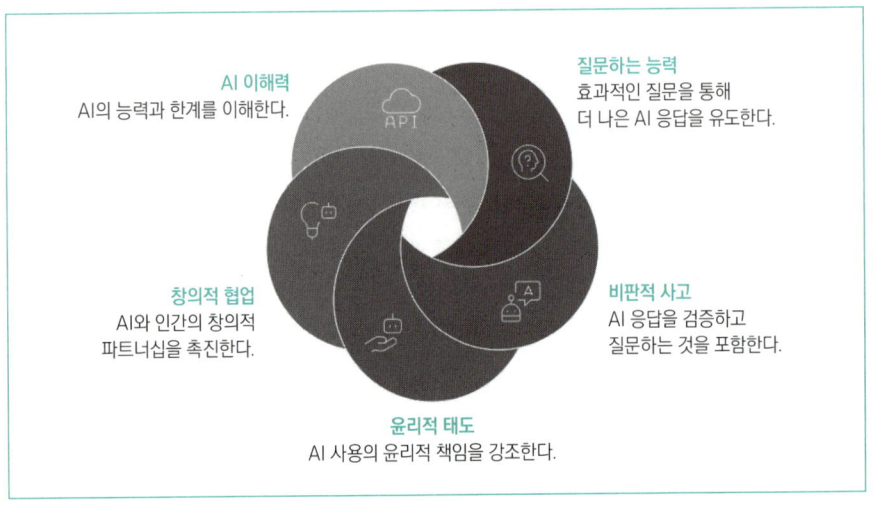

둘째, 비판적 사고Critical Thinking이다. 앞에서 이미 언급한 바와 같이 AI의 답변을 그대로 믿는 것이 아니라, 끊임없이 검증하고 따져 묻는 능력이다. 왜냐하면 AI의 답변에는 간혹 허위생성(AI 환각 혹은 할루시네이션, hallucination)이나 편향적인 내용이 들어 있기 때문이다. 허위생성은 많이 개선이 되었다고 하지만 여전히 문제가 되고 있다. 2025년 구글의 의료 AI인 Med-Gemini 모델이 있지도 않은 신체부위 'basilar ganglia'라는 표현을 진단에 사용해서 현장에 심각한 혼동을 초래한 적이 있다. 실제로는 'basal ganglia뇌의 기저핵'와 'basilar artery뇌의 기저동맥'가 혼동된 오류였고, 의학 현장에서 AI의 신뢰성에 심각한 우려를 불러왔다.

한편, 2025년 8월 출시된 ChatGPT-5는 GPT-4o 대비 허위생성을 약 26% 줄였으며, 'thinking' 모드 기반 모델의 경우 오리지널 o3보다 65%나 적은 오류 응답률을 기록했다. 이는 AI의 허위생성이 기술적 진보와 함께 빠르게 줄어들고 있음을 보여준다. 그럼에도 불구하고, 주의해야 하는 것은 genAI가 '생성 본능'을 가지고 있다는 것이다. AI 입장에선 요청을 받았을 때 무조건 응답을 해야 한다. 이 때문에 모르면서 아는 척하는 일이 발생하는 것인데, 이런 특성이 개선되지 않는 한 사용자들은 항상 답변의 사실 여부를 확인해야 한다.

편향적인 결과 또한 심심치 않게 이슈가 되고 있다. 2024년 9월 스탠포드 대학교의 HAI 연구소에 따르면 AI가 아프리카계 미국인 영어African American English, AAE를 사용하는 사람들에 대해, 경제 수준이 낮은 직업, 범죄 연루, 사형 선고 등과 같은 부정적인 이미지와 연관 짓는 경우가 종종 보고되었다고 발표하였다. 또한 AIMultiple.com에 따르면 Meta의 이미지 생성 AI는 '아시안 남성과 백인 여성의 부부' 이미지를 생성하는 데 실패하였다고 한다. 웃긴 사실은 Meta의 CEO 마크 저커버그의 아내는 중국계 미국인이라는 사실이다.(2025년 8월 현재, 대한민국은 Meta AI를 이용할 수 없다.)

다음은 AI 생성 결과물을 비판적으로 점검해볼 때 사용할 수 있는 질문들이다. 이런 도구들을 사용하여 크로스체크를 한다면 보다 확실하게 허위생성Hallucination과 편향Bias으로부터 보호받을 수 있다.

번호	체크 항목	점검 질문	예	아니요
1	출처 확인	"이 정보의 출처는 신뢰할 만한 기관이나 논문, 언론 기사인가?"	☐	☐
2	다중 교차 검증	"같은 질문을 다른 AI, 검색엔진, 사전, 논문 DB에서 확인했을 때도 같은 답이 나오는가?"	☐	☐
3	논리적 일관성	"이 답변은 앞뒤가 모순되지 않고, 맥락상 합리적인가?"	☐	☐
4	편향 여부 점검	"이 답변은 특정 인종, 성별, 직업군에 대해 고정관념이나 편견을 담고 있지 않은가?"	☐	☐
5	투명성 질문	"AI가 제시한 답이 틀렸을 가능성은 무엇이며, 반대되는 근거도 함께 제시할 수 있는가?"	☐	☐

셋째, 윤리적 태도 Ethical Awareness**이다.** 일론 머스크는 AI를 '인류 생존에 대한 가장 심각한 위협'[1]이자, '역사상 가장 파괴적인 힘'[2]이라고 경고했다. AI는

역사상 그 어떤 툴보다도 강력하기 때문에 그 사용에 대한 책임을 묻지 않을 수 없다. 이미 2024년 스페인에서는 동료 여학생들의 나체 이미지를 생성, 유포한 15명의 학생들이 1년간 보호관찰을 받은 바 있으며, 미국 펜실베이니아에서도 비슷한 사건으로 해당 학생이 스마트폰 압수 및 퇴학처분을 받은 적이 있다. 이런 개인적인 인권 침해뿐 아니라 국가적 차원의 문제도 심각하다.

2023년에는 미국 대선 캠페인 과정에서 AI가 생성한 딥페이크 영상이 실제 정치 광고에 사용되어 사회적 파장이 컸다. 특정 후보를 음해하거나 여론을 조작하는 데 활용되면서, 민주주의 자체가 위협받을 수 있다는 우려가 제기된 것이다. 유럽연합EU 역시 비슷한 우려 속에서 AI Act를 마련하며, 모든 생성형 AI는 '명확한 출처 표시와 투명성'을 의무화하도록 규정했다.

또한 국가 안보 측면에서도 AI의 위험성은 크다. 2024년 미 국방부 보고서에서는 AI를 활용한 사이버 공격과 자동화된 드론 전쟁 가능성을 경고하며, 이를 '핵무기 이후 가장 큰 전략적 위협'으로 규정했다. 만약 AI가 잘못된 판단을 내린다면 단순한 개인 피해를 넘어 국가 간 분쟁이나 전쟁으로 확대될 수 있음을 시사한 것이다.

즉, AI 윤리 문제는 단순히 학교 교실이나 개인의 일탈 차원이 아니라, 국가 정책·안보·민주주의의 근간과도 직결된다. 따라서 AI 리터러시는 기술을 '잘 다루는 능력'만이 아니라, 사회적 책임과 윤리적 감수성을 동시에 길러야 하는 영역이다.

넷째, 창의적 협업 Creative Collaboration **이다.** AI를 쓰는 이유이자 AI 리터러시의 가장 큰 강점이 바로 창의적 협업이 아닐까 싶다. 유튜브의 쇼츠나 인스타그램을 조금만 사용해보아도 눈에 띄는 피드가 있다. 바로 "인공지능을 사용해 만

---

1 2014년 MIT AeroAstro 심포지엄
2 UK 총리 리시 수낙(Rishi Sunak)과의 인터뷰

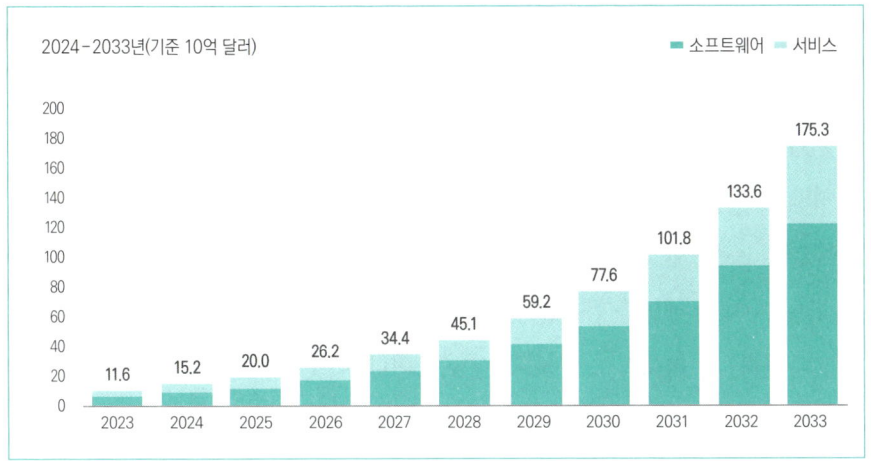

들었어요" 하는 식의 게시물이다. 뚝딱뚝딱 혼자서 이것도 만들고 저것도 만드는 등 AI와 함께 콘텐츠를 만드는 사람들이 늘고 있는 추세이다.

위의 표는 AI를 활용한 창의적 협업의 증가 추세를 시각적으로 보여주는 그래프이다. 글로벌 시장 규모가 2023년 약 116억 달러에서 2033년 약 1,753억 달러까지 급격히 성장할 것으로 전망된다고 한다. 이는 AI가 콘텐츠 제작과 협업의 핵심 동력으로 자리 잡아가고 있음을 시사한다.

창의적 협업의 핵심은 여기에 있다. AI는 초안을 빠르게 만들어주고, 인간은 맥락과 감성을 더해 완성도를 높인다. 텍스트, 이미지, 영상, 피지컬 AI까지 특성에 알맞은 프롬프팅만 잘하면 모두가 중급 수준의 결과물을 얻는 시대가 열린 것이다. 모두가 80점은 맞는 시대이지만 81점을 맞기는 힘들다. 1점을 더 올리기 위한 인간의 노력이 절실한 시대가 왔다.

바로 이 지점에서 '인간과 AI의 협업'이 빛을 발한다. AI가 기계적으로 만들어낸 초안은 빠르고 편리하지만, 그 안에는 현장의 맥락, 문화적 감수성, 그리고 사람을 울리는 감동은 없다. 교사의 수업안도 마찬가지다. 행정 문서나 기본 수업 자료는 AI가 초안을 내어줄 수 있다. 하지만 학생의 눈빛과 반응에 맞춰 수업을 변주하고, 그 순간에 필요한 비유와 질문을 던지는 일은 결국 교사만이 할 수 있다.

기업에서도 같은 현상이 나타난다. 1인 기업가가 AI를 활용해 상품 소개 영상이나 마케팅 문구를 단숨에 만들어낸다. 그러나 고객의 마음을 움직이고, 장기적으로 브랜드를 신뢰하게 만드는 스토리텔링은 결국 인간의 몫이다. 다시 말해, AI는 무대의 세팅을 돕지만, 무대를 빛나게 하는 배우는 여전히 인간이다.

다섯째, AI 이해력 Understanding of AI이다. 이것은 AI가 무엇을 할 수 있고, 무엇을 할 수 없는지 아는 능력이다. AI는 데이터와 알고리즘으로 학습한 '통계적 예측 기계'이지, 절대적 진리를 말해주는 존재가 아니다.

혹자는 AI가 감정을 가지고 있고 사람을 위로하며 모든 것을 아는 것으로 알고 있지만 사실은 거대한 데이터의 집합이고 확률적으로 답을 내는 멀티모달 주머니에 가깝다. 이것은 ChatGPT의 아버지 샘 알트만이나 SpaceX와 자율주행의 선구자 일론 머스크 등 AI 만능론자들이 이야기하는 것과는 조금 다르다. AI 만능론자들은 AI 기술이 좋아지면 좋아질수록 사회 문제들이 해결된다고 본다. 하지만 이들은 AI 작동의 한계를 부인하지는 않는다. 허위생성과 편향을 인정하고 이를 해결하려고 한다.

한편, AI 이해력은 복잡한 기술적 원리를 깊이 아는 것을 의미하지 않는다. 오히려 중요한 것은 AI의 한계를 인식하고, 그에 맞는 기대치를 설정하는 능력이다. 교실에서 학생이 AI가 내놓은 답을 그대로 받아쓰기보다 "이 답이 왜 이렇게 나왔을까?"라는 질문을 던지는 순간, 이미 AI 이해력이 발휘되고 있는 것이다. 즉, AI 이해력은 'AI가 무엇을 할 수 있고 무엇을 할 수 없는지'를 구별하는 감각이며, 이를 통해 인간과 AI가 각자의 장점을 살려 협력해나갈 수 있다.

교육정책은 리터러시 교육으로 이어져야!

최근 우리나라의 에듀테크 시장은 눈에 띄게 성장하고 있다. 2024년 기준 대한민국 에듀테크 시장 규모는 약 62억 달러였고, 2030년에는 약 104억 달러에 이를 것으로 전망된다.[3] 특히 고등교육 분야만 놓고 보면 그 성장률은 더욱 가파르다. 2023년 8억 9천만 달러 수준에서 2030년 52억 달러로, 연평균 28.8%의 성장세가 예상된다.[4]

교사에게 AI 리터러시란 단순히 기술을 활용하는 수준을 넘어 교육 현장에 '질문하고, 비판하고, 협업하는 힘'을 심는 일이다. 에듀테크 시장이 급성장하는 지금, 정책이 '기기 보급'이나 '플랫폼 확대'에 그쳐서는 안 된다. 교사들이 AI를 이해하고 그 한계를 설명할 수 있게 하고, 학생들이 AI를 '함께 생각하는 파트너'로 다룰 수 있게 돕는 교육정책이 필요하다. 그 출발은 결국 리터러시 교육의 강화이다.

우리가 지향해야 할 미래 학교는, AI가 답을 '만들어내는 곳'이 아니라 학생과 교사가 함께 '생각을 만들어내는 공간'이다. 에듀테크 산업의 성장과 정책의 흐름이 곧 리터러시 강화로 이어진다면, AI 시대에도 교실은 창의와 공감, 비판적 사고가 살아 숨 쉬는 공간으로 남을 수 있다. 디지털 시대의 꽃이었던 '리터러시'가, AI 시대에 접어들어 이제는 우리의 미래 교육을 꽃피우는 뿌리가 될 것이다.

---

[3] 한국 교육 기술(EdTech) 시장(2025-2030). www.marknteladvisors.com
[4] 한국 고등교육 기술 시장(2018-2030), www.grandviewresearch.com

AI 리터러시는 미래사회의 엔진

AI 리터러시는 단순한 기술 활용 능력이 아니다. 질문하는 힘, 비판적으로 따져보는 힘, 윤리적 감수성, 협업하는 능력, 그리고 AI가 할 수 있는 것과 할 수 없는 것을 구분하는 지혜까지 포함한다. 이것은 단지 새로운 교육 트렌드가 아니라, 디지털 시대를 넘어 AI 시대를 살아가는 시민의 기본 소양이다.

이미 전 세계 곳곳에서 AI 리터러시의 중요성을 강조하고 있다. 유네스코는 교사와 학생을 위한 AI 핵심 역량 프레임워크(frame work, 밑그림)를 제시했고, OECD는 PISA 2029 준비 과정에서 AI 리터러시를 평가요소로 포함하려 하고 있다. 세계경제포럼 또한 'AI 리터러시가 미래 인재 역량의 핵심이 될 것'이라 전망했다. 우리나라에서도 흐름은 같다. 삼성전자는 2024년부터 전 직원 대상 생성형 AI 리터러시 교육 프로그램을 운영하고 있으며, GS그룹 역시 그룹사 임직원 전체를 대상으로 'AI 활용·윤리·비판적 사용' 교육을 강화하고 있다. 이는 더 이상 AI 리터러시가 교육계만의 화두가 아니라 산업 현장의 생존 전략이 되었음을 보여주는 사례이다.

AI 리터러시는 마치 항해술과도 같다. 증기선과 나침반이 있던 시대에는 그것을 올바르게 다루는 사람만이 바다를 건널 수 있었다. 지금의 AI 역시 마찬가지다. 강력한 도구이지만, 그것을 어떻게 다루고 해석하느냐에 따라 사고의 배가 목적지에 닿기도 하고, 난파되기도 한다. AI 리터러시 교육은 단순히 학생들에게 배를 태워주는 것이 아니라, 그 배를 조종할 수 있는 항해술을 가르치는 일이다.

앞으로 AI 리터러시를 잘 기르는 나라가 세계의 대세를 주도할 것이다. 기술을 빨리 도입하는 것보다 중요한 것은 그것을 비판적으로 해석하고 창의적으로 활용할 수 있는 국민 역량이다. 대한민국이 교육 현장과 기업 현장에서 동시에 AI 리터러시를 강화해간다면, 'K-에듀테크'와 'K-러닝'은 반도체, K-팝, K-드라마에 이어 또 하나의 글로벌 브랜드가 될 수 있다. 결국, AI는 미래의 바람이지만, 그 바람을 돛으로 삼아 항해할 수 있는 힘은 교육과 사람에게서 나온다. 교육자의 한 사람으로서, 대한민국 K-Education이 세계의 항로를 이끄는 돛이 되기를 간절히 바란다.

AI 시대 진로교육,
미래를 설계하다

김원배
장충중학교 진로진학상담교사
가톨릭대학교 교육대학원 겸임교수
전국교사작가협회 '책쓰샘' 회원

AI 시대 진로교육이 왜 중요한가

인류가 살아오면서 직업은 기술과 사회구조의 변화에 따라 급격하게 변해왔다. 19세기 산업혁명 시기에는 블루칼라blue collar 노동자가 각광을 받았고, 20세기 정보산업 시대에는 자격증으로 승부하는 화이트칼라white collar 노동자가 각광을 받았다. 지금 우리가 살고 있는 21세기 지식창조 시대에는 아이디어로 승부하는 골드칼라gold collar 노동자가 인기를 끌고 있는 중이다. 이러한 흐름은 단순한 직업 유형의 변화가 아니라, 미래사회가 요구하는 핵심 역량의 전환을 의미한다.

시대별 노동자 특성

구분	시대	노동자 유형	핵심 역량	교육적 특성
19세기	산업혁명 시대	블루칼라	신체적 노동력	기계조작, 반복적 기술 교육
20세기	정보산업 시대	화이트칼라	지식, 자격증	암기, 이론 중심 교육
21세기	지식창조 시대	골드칼라	창의력, 문제 해결력, 자기주도성	융합, 협업, 아이디어 중심 교육

골드칼라란 금처럼 반짝이는 아이디어와 창의력을 갖춘 사람을 뜻한다. 즉, 두뇌와 정보로 새로운 가치를 창조해 이끌어가는 인재를 말한다. 아이디어를 기반으로 한 창조적 능력이 미래사회에서 중요한 계급적 기준이 될 가능성이 크며, 현재의 청소년들이 성장하여 사회인이 되었을 때는, 단순한 지식 습득보다 무엇을 새롭게 창조할 수 있는가가 훨씬 더 중요한 평가 기준이 될 것이다. 이러한 변화는 진로교육의 본질에 질문을 던지게 된다. 과연 현재의 진로교육은 이러한 시대 변화에 맞게 진행되고 있는가?

진로교육은 더 이상 어떤 직업을 선택하고, 어느 학교로 진학할 것인가를 묻는 것이 아니라, 오늘의 청소년들에게 '나는 어떤 가치를 만들어갈 것인가?' '나는 세상 속에서 어떤 영향을 미칠 것인가?'라는 질문을 던지고 있다. 이제 진로교육은 단순한 진로탐색이 아니라, 스스로 질문을 만들고, 답을 찾아가는 힘을 기르는 과정이 되어야 한다. 주어진 경로를 따라가는 것이 아니라, 자신만의 길을 개척할 수 있는 능력을 키워주는 교육이 필요하다. 이것이 바로 골드칼라형 인재로 키우는 진로교육의 본질이다. 그렇다면 왜 지금 이 시점에 진로교육의 재정의가 더욱더 절실해진 것일까?

인공지능(AI)의 등장이 거대한 변화를 이끌어가고 있기 때문이다. 과거에는 하나의 직업을 선택하면 그것을 오랫동안 유지하는 것이 일반적이었다. 하지만 AI와 같은 첨단기술이 빠르게 발전하면서 반복적인 인간의 업무를 빠르게 자동화하고 있다. 예를 들어 고객 응대, 자료 정리, 문서 작성 등 사무직의 주요 업무가 챗봇이나 자동화 시스템으로 대체되고 있으며, 동시에 데이터 분석가, 인공지능 윤리 컨설턴트, 메타버스 기획자와 같은 신직업이 새롭게 등장하고 있다. 이제 진로교육이 해야 할 일은 명확해졌다. 학생 개개인이 자신의 흥미와 강점을 발견하고, 이를 바탕으로 기술의 발전과 함께 급속히 변화하는 사회 속에서 나만의 길을 주도적으로 설계할 수 있도록 돕는 것이다.

2022 개정 교육과정과 진로교육의 변화

2022 개정 교육과정은 급변하는 미래사회와 예측 불가능한 환경 속에서 학생이 스스로 삶을 설계하고 주도적으로 살아갈 수 있는 힘을 기르는 것을 목표로 한다. 총론에서 주요 학습방향으로 제시된 학습자 주도성, 생태교육전환, 민주시민교육, AI 디지털 소양교육을 「진로와 직업」 교육과정의 각 요소에 반영했다. 2022 개정 「진로와 직업」 교육과정은 직업세계에 대한 단편적인 이해를 넘어 진로 경로career paths의 다양성과 이를 위한 유연한 태도, 진로 준비의 실천성을 더욱 강조하고 있다. 또한 진로개발 역량은 개인 차원에서 더 나아가 미래 환경

변화와 사회의 복합적인 도전에 대응하고 지속가능한 미래를 살아가는 데 요구되는 타인과의 관계성 및 사회적 기여를 강조한다.

2022 개정 「진로와 직업」 교육과정의 영역별 핵심 개정 사항

「진로와 직업」 교육과정의 내용 체계상 요소 간 연결성의 강화를 위해 교육과정 영역을 재구조화했다. 내용 체계는 3개 영역으로 재구성하고, 각 영역의 학습을 통해 학생의 주도적인 진로개발 역량을 함양할 수 있도록 했다.

2015, 2022 개정 「진로와 직업」 교육과정 영역 비교

2015 개정 교육과정(4개 영역)	2022 개정 교육과정(3개 영역)
Ⅰ. 자아 이해와 사회적 역량 개발 Ⅱ. 일과 직업 세계의 이해 Ⅲ. 진로탐색 Ⅳ. 진로디자인과 준비	Ⅰ. 진로와 나의 이해 Ⅱ. 직업 세계와 진로탐색 Ⅲ. 진로 설계와 실천

첫째, **진로와 나의 이해 영역**은 학생의 삶과 연결을 강조하고 진로개발 역량의 사회적 측면을 직업윤리와 직업가치로 초점화하여 제시했다. 기존 자아 이해 영역은 주로 심리검사와 개인 특성 파악에 집중했다면, 개정안은 직업인의 삶 속에서 드러나는 진로 특성을 먼저 탐색하고 이를 바탕으로 개인의 진로 특성을 이해할 수 있도록 했다. 또한, 바람직한 직업인의 자세, 건강하고 안전한 일터를 만드는 직업인의 사회적 책임의식 등을 통해 진로개발 역량의 공동체적이고 사회적인 특성이 드러나도록 구성했다.

둘째, **직업 세계와 진로탐색 영역**은 다양한 직업과 산업 변화에 대한 인식을 넘어 진로 경로의 다양성과 가변성을 이해하고 유연한 탐색 태도를 기르는 데

중점을 두고 있다. 중학교는 정보 탐색과 이해를, 고등학교의 경우 관심 직업에 대한 단순 정보 수집을 넘어, 학생 자신에게 필요한 내용을 선별하여 활용하는 능력을 강조하고 있다.

셋째, **진로 설계와 실천 영역**은 진로의 가변성·융통성을 반영한 진로 의사결정을 강조하고 진로개발 역량의 성취는 학생의 진로 준비 행동에 있음을 부각하고 있다. 중학교에서는 졸업 이후의 진로 계획 수립 및 실천을 강조했고, 고등학교는 진학, 취업 목표에 따른 학업 계획 수립 및 실행을 할 수 있도록 편성했다.

해외의 진로교육 사례 및 시사점

미국 진로교육
① 진로교육의 역사와 배경
- 19세기 말: 산업 인력 수요 충족을 위해 직업훈련 중심의 진로교육 시작
- 1950년대 이후: 특정 직업훈련을 넘어서 개인의 적성과 발달을 고려한 진로교육으로 전환, 진로 발달이론 등장
- 1970년대: 미국 교육부가 4가지 진로교육 모델을 제시하면서 본격적인 학교 기반 진로교육 확립

② 진로교육의 4가지 모델
- 학교 기반 또는 포괄적 진로교육 모델(school-based or comprehensive career education model)
- 가장 널리 활용되는 모델, 교육과정과 연계하여 모든 학생에게 진로교육 제공, 교과 학습과 직무 역량을 연결하여 진로 인식과 준비 능력 개발
- 현장 기반(경험 중심) 진로교육 모델(employer-based[work·experience-based] model)
- 실제 직업 현장에서 이루어지는 진로교육
- 가정과 지역사회 기반 진로교육 모델(home·community-based model)
- 지역사회 성인 인구 및 학습자 요구를 반영한 직업 진로교육
- 거주지 기반 진로교육 모델(the residential-facilities-based model)
- 농촌 등 취약 지역을 위한 직업 진로교육 모델

③ 진로교육의 특징
- 학교급별 발달적 연계성 강조: 초등학교~고등학교, 그리고 고등학교 졸업 이후까지 연계된 체계적 진로교육

- 교육과정 기반 접근: 정규 교육과정 속에서 진로교육 융합, 전 세계적으로도 확산되는 추세
- 역량 중심 교육: 지식 습득보다 역량 개발을 목표로 하여 실제 직업 생활에 필요한 핵심 능력을 배양

독일 진로교육
① 진로교육의 역사와 배경
- 독일의 체계적인 교육시스템은 바이마르 공화국 이래 축적된 역사와 경험, 그리고 교육에서의 기회균등 실현 의지가 반영
- 1969년 직업교육법 제정으로 약 330개의 공인 직업 분야에 대해 교육이 이루어짐

② 진로교육의 특징
- 이원화 직업교육제(Dual System): 직업학교에서 이론교육, 기업 현장에서 실무교육 동시 진행
- 중등 단계에서 직업교육과 현장 실습을 주당 2~3일 이상 병행 실시
- 진로 상담 체계: 조기 맞춤형 상담 실시, 담임교사·심리상담사·주정부 상담소가 역할 분담
- 조기 진로 설정, 실무 중심 도제교육, 법제적 뒷받침, 지속적인 진로 지원

영국 진로교육
① 진로교육의 역사와 배경
- 삼부시스템(Tripartite System, 1944~1970년 후반): 11세 이상 학생을 대상으로 11플러스 시험 성적에 따라 인문계, 전문실업계, 일반실업계로 진로를 구분하는 시스템으로 학생의 소질에 맞는 맞춤형 교육을 제공한다는 의도가 있었지만, 사회계층 간 차별과 상류층에게만 인문계 진학 기회가 편중된다는 비판에 따라 1976년 이후 대부분 지역에서 폐지
- 제도는 폐지되었지만, 학생 개개인의 적성과 흥미에 따라 인문교육과 직업교육을 동등하게 존중한다는 철학은 계속 유지
- 14세 이후 학생이 원하는 과목을 직접 선택할 수 있고, 직업교육 과정으로 정규교과를 대체할 수 있음

② 진로교육의 특징
- 학생 맞춤형 교육: 학생의 선택권 보장. 학문적·실용적 진로 모두 동등하게 가치 인정, 고학력 직종과 기술직 간 임금 격차가 크지 않아 사회적으로 다양한 진로 선택이 가능
- 정규 교육과정과 연계된 진로교육: 11~14세부터 진로교육 과목 포함, 14~16세 진로교육 직업 관련 학습·필수과목으로 지정
- 평생학습 및 유연한 경로: 고등학교 졸업한 다수 학생이 직업교육 후 취업, 취업 후에도 경력과 성적을 인정받아 대학에 진학할 수 있는 선취업-후진학 제도 마련
- 2018년 진로교육의 성취기준과 의무사항을 명확히 제시하고 국가 차원의 진로기관을 운영하여 학교-지역사회-산업체 연계를 지원. ICT교육, 진로 체험, 기업가정신 교육 등 다양한 교육과정을 통해 학생 참여 확대

호주 진로교육
① 진로교육의 역사와 배경
- 초기 단계(1960~1970년대): 학교 현장에서 대학 진학이나 직업 선택을 위한 진학 상담
- 제도화 단계(1990년 이후): 학교 교육과정 속 진로교육 강화, 학생 개인의 진로 발달을 국가 차원의 정책으로 지원, 진로 상담을 넘어 교과와 연계된 학습 활동 정착
- 현대적 전환(2000년 이후): 2003년 호주 교육훈련부는 Australian Blueprint for Career Development를 제시하여 초등학생부터 성인까지 진로개발 역량 체계 마련

② 진로교육의 특징
- 진로교육을 청소년기 활동으로 제한하지 않고, 아동기부터 성인까지 전 생애에 걸쳐 지원
- 자기이해, 진로 정보 탐색, 진로 계획 및 전환 등 진로개발을 위한 체계적 역량 제시
- 진로교육을 학교 정규 교육과정과 통합하여, 교과와 프로젝트 활동 속에서 학생들이 실제 직업 세계를 탐구할 수 있도록 설계 운영
- 학생들의 자기주도적 진로 설계를 강조하고 다양한 문화·지역 간 맞춤형 프로그램 운영
- 사회적·경제적 요구 반영: 노동시장의 변화와 직업 세계의 불확실성을 반영하여 학생들이 적응력과 평생학습 역량을 기를 수 있도록 교육 방향 설계

2026년 진로교육 방향 제안

미래사회는 인공지능과 디지털 기술이 생활 전반에 깊숙이 스며드는 시대다. 이러한 변화 속에서 진로교육은 단순히 직업 정보를 제공하는 것을 넘어, 학생들이 스스로 길을 찾고 역량을 키울 수 있는 종합적인 인생 설계 교육으로 진화해야 한다. 2026년 이후의 진로교육은 학교급별 특성과 학생 발달 수준을 고려하면서, 해외의 성공 사례를 참고하고, AI 시대에 필요한 역량을 체계적으로 반영하여 생애 전반을 아우르는 방향으로 이루어져야 한다.

한국직업능력연구원이 발간한 「한국의 진로교육 혁신방안 연구」(이지연 외 3인) 보고서는 초·중·고 시기에만 초점을 맞추는 기존의 진로교육 관점을 넘어, 전 생애를 아우르는 진로교육의 중요성을 강조한다. 이 보고서는 개인의 생애 전 주기에 걸쳐 체계적으로 진로를 설계하고 발전시킬 수 있도록, '진로 인식 - 진

로 탐색-진로 준비-합리적 의사 결정-교과적 구직활동-직장 적응 및 진로 전환-은퇴 준비'로서의 과업을 지원하는 진로교육의 목표를 보여준다. 이러한 과업을 중등 공교육과 고등 단계 교육, 공공 고용서비스, 직업훈련 등 모든 교육·훈련 체계 안에 진로교육으로서 통합시켜야 한다고 역설한다.

또한, 전 생애 진로교육을 통하여 개인의 경력 준비기-경력 형성기-경력 성장기-경력 유지기-경력 은퇴기를 보내면서 각 경력 단계별로 우선적으로 추구해야 하는 내용을 포함하여 생애진로개발 역량이 함양할 수 있는 체제의 모형을 제시했다.

생애진로개발 역량 모형

경력 단계	진로개발 과업
10~20대 경력 준비기	교육과 훈련을 통하여 성장을 지향한다.
20~30대 경력 형성기	구직과정과 가족을 이루기 위한 탐색을 지향한다.
30~40대 경력 성장기	직장에서의 적응과 도전으로 자신의 경력을 탄력성 있게 확립한다.
50~60대 경력 성숙기	안정과 주어진 생애 역할을 충실히 유지한다.
60~70대 경력 은퇴기	취미와 사회봉사에 주안점을 주되, 보수를 받으며 일하는 근로자로서의 역할은 쇠퇴하는 시기다.

현재 우리나라 진로교육은 학교마다 다양하게 운영되고 있지만, 여전히 입시 중심에서 벗어나지 못하고 있다. 초등학교에서는 진로 체험 기회가 부족하고, 중학교의 자유학기제는 활성화되었지만 체험 활동의 질과 다양성 면에서 한계가 있다. 고등학교에서는 대학 진학을 목표로 한 진로 지도에 치중하다 보니, 직업 세계에 대한 구체적이고 실질적인 준비가 부족한 실정이다. 이러한 현실을 개선하기 위해서는 학교급별 차별화된 목표와 연계성 있는 교육체계가 필요하다.

초등학교에서는 직업에 대한 긍정적인 인식을 형성하고, 놀이·체험 중심 활동을 통해 세상을 넓게 보는 시야를 키워나가야 한다. 특히, 체계화된 진로 독서 교육, 글쓰기 활동과 함께 디지털 도구를 활용하고 인공지능과 친숙해질 수 있는 기초 교육과정이 포함되어야 한다.

중학교에서는 자유학기제와 연계하여 진로탐색 활동을 심화해야 한다. 단순한 직업 소개를 넘어서 실제 직업인과의 만남, 현장 체험, 프로젝트 기반 학습 등을 통해 학생들이 자신의 흥미와 적성을 발견할 수 있도록 탐색 활동 기회를 많이 제공해야 한다.

고등학교에서는 마이스터고·특성화고의 장점을 살려 실무 중심 교육을 강화하고, 독일의 이원화 교육처럼 학교와 산업 현장을 오가며 배우는 체제를 도입할 필요가 있다. 또한 대학 진학에서 명문대만 보내려는 지도보다는 학생들의 삶의 목표와 연결할 수 있는 학과 선택이 중요함을 가르칠 필요가 있다.

대학과 그 이후 단계에서는 산업 연계형 프로젝트, 인턴십 등을 필수화하여 졸업 전에 충분한 실무 경험을 쌓도록 해야 한다.

진로교육이 학교급별로 체계적으로 이루어지며 평생교육까지 연결된다면, 학생들은 단순히 직업을 선택하는 것을 넘어, 평생에 걸쳐 성장하고 변화하는 미래형 인재가 될 수 있을 것이다. 그러기 위한 진로교육의 구체적인 방향은 이렇다.

첫째, 미래사회에서는 정해진 길을 따라가기보다 스스로 배움을 기획하고 지속하는 능력이 중요하다. 학생들이 자신의 진로와 학습을 주도적으로 설계하고 적절한 시기에 진로를 탐색할 수 있도록 학습자 맞춤형 교육이 학교와 가정에서 이루어져야 한다. 진로교육은 학생들이 스스로 목표를 설정하고 이를 달성하기 위한 구체적인 계획을 세울 수 있도록 지원하는 역할을 해야 한다.

둘째, 개별적인 성취뿐만 아니라 타인과 협력하고 배려하는 태도가 필수적인 역량이다. 진로교육을 통해 학생들은 자신의 진로뿐만 아니라 사회 속에서 어떻게 역할을 수행할 것인지 고민하게 되며, 이를 통해 공동체 의식을 함양할 수 있다. 예를 들어, 직업윤리 교육, 협업 프로젝트, 문제 해결 활동 등을 통해 학생들이 사회적 가치를 고려하는 태도를 기를 수 있다.

셋째, 기초 역량을 바탕으로 한 평생학습의 중요성을 인식시켜야 한다. 빠르게 변화하는 직업 세계에서 살아남기 위해서는 새로운 기술을 배우고, 필요에 따라 직무를 변경하는 능력이 필수적이다. 진로교육은 학생들이 평생학습의 중요성을 인식하고, 변화하는 환경에 맞춰 지속적으로 성장할 수 있도록 돕는 역할을 한다.

넷째, 학생들의 학습이 현실과 연결되도록 도와준다. 단순한 지식 습득이 아니라 실제 삶과 연결된 학습을 통해 학생들이 자신의 역량을 실질적으로 활용할 수 있도록 하는 것이 중요하다. 예를 들어, 특정 직업군과 연계된 심화 프로젝트, 인턴십, 체험 학습 등을 통해 학습의 의미를 더욱 깊이 이해하고 실생활에 적용할 수 있다.

다섯째, 진로 선택과 성장에는 학교, 학부모, 지역사회 등 다양한 주체들의 협력이 필요하다. 교육과정의 자율화·분권화를 바탕으로 학교와 교사뿐만 아니라 학부모, 지역사회, 기업 등이 함께 협력하는 체계적인 진로교육이 이루어져야 한다. 예를 들어, 지역 사회의 전문가가 학교에서 진로 강연을 하거나, 기업과 연계된 실습 프로그램이 확대된다면 학생들은 보다 실제적인 경험을 통해 자신의 미래를 구체적으로 설계할 수 있을 것이다.

학교 진로교육은 진로진학 상담교사 한 사람이 운영하는 교육이 아니라 전 교사가 진로교육의 전문가로서 역할을 해야 한다는 인식을 가져야 한다. 그러기 위해서는 전 교사의 진로 전담교사화를 위한 체계적인 연수 프로그램들이 지원되어야 한다. 가정에서는 자녀의 특성을 어려서부터 발견하고 그 기질대로 성장할 수 있도록 지원해야 한다.

우리나라의 진로교육이 현재의 상황을 과감하게 탈피하여 새로운 모습을 갖춘 생애 전과정에 걸친 진로교육 체제로 자리 잡길 바란다.

미래 진로교육 혁신을 위한 7대 지향 가치(철학)

1. 국가 책무성
   국가가 진로교육, 진로지도, 상담의 책임과 의무를 다하는 것.

2. 교육과정의 의무성
   학교 교육과정에 담당인력 및 내용 측면에서 전문성이 지속적으로 함양되어 우수한 수준을 유지하는 것.

3. 전문성(수월성)
   진로교육의 담당인력 및 내용 측면에서 전문성이 지속적으로 함양되어 우수한 수준을 유지하는 것.

4. 연계·협력성
   부처·기관들이 수직/수평적으로 상호 연계하여 정책과 실천을 함께 돕고 협력하는 것.

5. 사회 통합성
   한 사람도 소외됨 없이 모든 시민이 교육 훈련, 고용에 참여하는 것.

6. 접근성
   언제, 어디서나, 누구나 필요한 진로개발을 지원받을 수 있도록 진입로를 확대하는 것.

7. 진로교육 본위론적 교육/훈련
   모든 교육과 훈련 안에 진로교육, 진로지도(상담), 진로 정보가 핵심적 요소로 전제되는 것.

기술의 시대, 감정의 언어를 배우다

강보람
경기도교육청 소속 초등교사
IB 국제공인 전문강사
경기도교육청 평가 정책지원단
수업평가연구회
'함께성장 GET'(사회정서교육) 회원

4

"미래에 필요한 역량은 무엇인가?"

대학원생 수준의 AI가 전문지식을 제공하는 시대, 교육 현장은 근본적인 질문 앞에 서 있다. 학교는 어떤 역할을 하고 교사는 무엇을 가르쳐야 하는가? 그리고 학생들은 어떤 능력을 길러야 할까?

세계 주요 교육정책은 문제 해결력, 자기주도성, 창의적 사고, 공감과 협업 능력과 같은 '학습자 역량'을 중심에 두는 교육으로 전환하고 있다. OECD는 '교육과 기술의 미래 2030/2040' 프로젝트를 통해 미래사회가 요구하는 핵심 역량을 '주도성 agency'과 '웰빙 well-being'으로 제시하였다.[1] 이는 지식의 총량보다 관계 속에서 살아가는 힘, 그리고 자기와 타인의 행복을 동시에 고려하는 능력이 더욱 중요함을 시사한다. AI 시대 교육은 기술을 이해하는 능력을 길러주는 것과 더불어, 학생들의 사회정서교육 Social-Emotional Learning, SEL, 즉 '자신을 이해하고, 타인과 소통하며, 행복한 삶을 살아갈 수 있는 힘'을 기를 수 있도록 돕는 것이 그 어느 때보다 중요해졌다.

최근 심리학은 정신질환의 치유를 목표로 하던 전통적 접근에서 벗어나, 개인의 강점과 긍정적인 정서를 바탕으로 행복과 웰빙을 추구하는 '긍정심리학'에 주목하고 있다.[2] 이와 같은 흐름은 교육에서도 나타난다. 과거의 생활 지도가 주로 문제 행동을 수정하는 데 초점을 두었다면, 이제는 학생들이 긍정적인 정서를 경험하고, 자신의 강점을 발견하며, 공동체 속에서 의미 있는 관계를 형성할 수 있도록 돕는 방향으로 변화하고 있는 것이다.

---

[1] OECD 웹사이트
https://www.oecd.org/en/about/projects/future-of-education-and-skills-2030.html
[2] 펜실베이니아대학교 긍정심리학 센터는 인간의 회복탄력성, 주관적 웰빙, 몰입과 의미 등의 요소가 어떻게 삶을 더 충만하게 만드는지에 대해 연구를 이어가고 있다.

디지털 기술의 도움을 통한 연결

기술의 발전은 거스를 수 없는 흐름이기에, 이제 중요한 것은 그 기술을 어떤 목적으로, 어떻게, 누구를 위해 활용할 것인가에 대한 고민을 해야 한다. 2022 개정 교육과정에 반영된 한국형 사회정서교육의 실천 사례로, 최근 교실에서는 MS Reflect[3] 와 같은 다양한 디지털 도구들이 활용되고 있다. 이러한 도구들은 학생들의 감정이나 생각을 묻고 수집하며, 그 결과를 시각적으로 정리하여 보여준다.

학생들의 학업 결과나 문제 행동을 이해하기 위해서는 표면적 행동보다 그 이면에 있는 감정을 읽어내는 것이 필요한데, 어린 학생들은 자신의 감정을 정확한 언어로 표현하는 데 어려움이 있기 때문에, 교사는 다양한 신호를 종합해 학생의 정서를 파악해야 한다. 전통적인 교실에서 교사는 관찰을 통해 정보를 수집했지만, 모든 학생들에게 "오늘 기분이 어때? 왜 그런 기분이 들었어? 무슨 일이 있었니?"라고 묻고 소통하는 것은 분명한 한계가 있다. 반면 디지털 도구를 활용하면 교사는 짧은 시간 내에 학생들의 감정을 원인과 함께 파악할 수 있다.

또한, MS Reflect와 같은 감정 체크인 활동을 하다 보면, 부정적인 감정을 제출한 학생이 교사를 바라보는 눈빛이 달라지는 것을 종종 경험할 수 있다. 학생은 디지털 도구를 통해 자신의 감정을 교사에게 표현함으로써 교사가 자신의 마음을 알아줄 것이라 기대하기 때문이다. 교사의 입장에서도 유용하다. 학생의 감정이 구체적으로 드러난 데이터를 접하게 되면, 교사는 학생을 더 잘 이해하여 적절한 피드백이나 도움을 적시에 제공할 수 있다. 이처럼 디지털 기술은 교사와 학생을 연결하는 하나의 도구로 유용하게 활용된다.

---

3   연결·표현 및 학습을 지원하는 마이크로소프트의 웰빙 앱

감정의 언어를 배우는 수업

실제 교실에서 MS Reflect의 '감정 체크인' 활동을 매일 2회 실시하였다. 우선 학생들은 매일 아침 자신의 감정을 있는 그대로 바라보고 기록하며 성찰하였다. 이러한 과정은 자신의 감정, 생각, 강점, 가치관 등을 인지하고 그것이 행동에 미치는 영향을 이해하는 능력인 사회정서교육의 첫 번째 역량 '자기인식Self-awareness'과 연결된다.

'감정 체크인' 활동은 단순한 일회성 기록으로 끝나지 않는다. 학생들은 특정 활동 후의 감정을 한 번 더 체크인하여 자신의 정서가 어떻게 달라지는지 비교하였다. 이는 단순히 "기분이 어때?"라고 묻는 질문을 넘어, 어떤 경험이 긍정적 변화를 가져왔는지, 혹은 어떤 상황이 부정적 감정을 불러왔는지를 학생 스스로 돌아볼 수 있게 한다. 이것은 사회정서교육의 두번째 역량인 '자기관리Self-management'와 연결된다. 자기관리는 다양한 상황과 목적에 맞춰 감정과 생각, 가치관을 조절하여 목표를 설정·달성하는 능력을 의미한다.

예를 들어 한 학생은 "아침에는 친구와 다퉈서 슬펐는데, 쉬는 시간에 이야기를 하게 되어 기분이 나아졌어요"라고 말하였다. 또 다른 학생은 "수학이 너무 어려운데 수학 학원을 가야 하는 날이라 아침부터 슬펐어요, 하지만 선생님께서 자기 자신만의 속도가 중요하다고, 제가 잘하고 있다고 말씀해주셔서 안심되고 만족스러워졌어요"라고 표현하였다. 이러한 사례는 감정이 단순히 '느끼는 것'이 아니라, 학습과 생활 전반에 영향을 주는 중요한 요인임을 보여준다.

학생들은 이 과정에서 '나는 지금 어떤 감정일까?' '이 활동이 나를 어떻게 변화시켰을까?' 등의 질문에 답하며 자신만의 생각을 정리한다. 이러한 성찰을 통해 학생들은 자신의 감정을 주도적으로 인식하고 성공적으로 조절하는 경험을 쌓아간다.

또한, 학생들은 감정에 옳고 그름이 없고, 감정은 고정된 상태가 아니라 변화하고 흘러가는 것이며, 상황이나 마음가짐에 따라서 변할 수 있다는 사실을 자연스럽게 이해하게 된다. 이는 곧 긍정적 사고와 자기 대화를 형성하는 토대가 되어, 다른 사람의 마음을 이해할 수 있는 공감과 소통의 출발점이 된다.

MS Reflect에는 '감정 체크인' 외에도 다양한 마음챙김 프로그램이 포함되어 있다.[4] 알록달록한 색의 귀여운 캐릭터가 안내하는 호흡 명상, 스트레칭, 춤추기, 감정 추측 게임, 컬러링 활동 등을 통해 아이들은 감정을 조절할 수 있는 구체적인 방법을 배우고, 감정의 흐름과 변화를 체감한다.

사회정서교육 SEL 프로그램의 효과

Durlak의 연구에 따르면, 정서 조절 능력이 높은 학생일수록 학업성취도와 사회적 적응 수준이 높게 나타난다고 한다. 특히 긍정 정서를 경험한 학생은 학습 동기와 집중력이 향상되고, 부정적 정서를 잘 다루는 학생은 스트레스 상황에서도 문제 해결에 더 효과적으로 접근할 수 있다고 한다.

〈표1〉 사회정서교육 SEL 프로그램 메타분석 결과 (Durlak 등, 2011)

구분	사회정서 역량	태도	사회적 행동	문제행동 감소	정서적 고통 감소	학업 성취
교사 주도 SEL 수업(ES)*	0.62	0.26	0.24	0.22	0.24	0.33

* ES (효과 크기, Effect Size) 0.2는 작은 효과, 0.5는 중간 효과, 0.8은 큰 효과를 의미한다(Cohen, 1988).

〈표1〉은 27만여 명의 학생을 대상으로 Durlak 등이 연구한 국제 사회정서

---

[4] 마음챙김(mindfulness)은 '현재 순간에 주의를 기울이며 판단하지 않고 경험을 받아들이는 태도'로 정의된다(Kabat-Zinn, 2003). 또한 학교 기반 마음챙김 프로그램은 학생들의 집중력, 정서 조절, 사회성, 학업 성취를 향상시키는 효과가 있음이 체계적 검토를 통해 보고되었다(Phan et al., 2022).

교육 프로그램의 메타분석 결과를 보여준다. 특히 교사 주도 수업의 경우 사회정서 역량(ES=0.62)에서 중간 이상의 효과를, 학업 성취(ES=0.33)에선 실천적으로 주목할 만한 효과 크기를 보였으며, 문제행동 감소(ES=0.22)와 정서적 고통 감소(ES=0.24)에서도 긍정적 효과가 확인되었다. 이는 교실 속 교사가 직접 지도하는 사회정서교육 수업이 학생들의 사회정서 발달뿐만 아니라 학업 성취에도 의미 있는 영향을 준다는 점을 시사한다.

공감과 관심의 시작

감정 체크인을 통해 자기인식과 자기조절 역량을 기른 학생들은 이제 '학급 공동체 프로젝트'를 통해 사회정서교육의 세 번째 역량인 사회적 인식Social awareness을 배운다. 사회적 인식은 다양한 환경과 문화, 경험을 가진 타인의 감정과 관점을 이해하고 공감하는 능력을 의미한다.

교사는 MS Reflect의 대시보드를 활용하여 학생들의 시선을 '나'에서 '우리'로 전환할 수 있다. MS Reflect 속 캐릭터의 비중이 모두 시각적으로 같은 크기로 제시되기에, 학생들은 이를 보며 '교실 속 모두가 소중하다'는 메시지를 직관적으로 받아들일 수 있다. 동시에, 친구들의 감정을 존중해야 한다는 인식도 자연스럽게 형성된다.

그러나 MS Reflect의 대시보드가 익명으로 제시된다고 하더라도 이를 학생들에게 공유하는 것은 신중해야 한다. 감정 데이터는 어디까지나 학생들의 '내 마음의 기록'이며, 자칫 학생들이 추측하거나 비교하게 될 위험이 있기 때문이다. 따라서 교사는 특정한 날의 결과를 익명으로 공유하거나, 예시 화면을 활용해 결과가 어떻게 한 화면에 나타나는지 보여줄 수 있다. 이때, '감정에는 옳고 그름이 없으며, 감정은 변하는 것'임을 다시 한번 안내하는 것도 도움이 된다.

이 과정 속에서 학생들은 자기감정에서 머물던 시선에서 한 걸음 나아가, 교실 전체를 바라보며, 학급 친구들의 감정에 관심을 갖는 경험을 하게 된다. 〈그림 1〉은 수업 과정을 거치며 확장된 학생들의 사회정서 역량을 보여준다.

〈그림1〉 4학년 학생들의 발화에 나타난 사회정서 역량
(사회적 인식 → 관계 기술 → 책임 있는 의사결정)

| 긍정적인 생각을 하면 기분도 바뀔 수 있다. 감정은 소중하다. 감정을 속이지 않는다. | 우리 반 친구들을 공감하고 존중한다. 모두가 함께 행복하면 좋겠다. | 네잎클로버는 잎이 4개라서 외로울 것 같다. 소외되는 친구들이 있으면 대화를 할 것이다. | 친구들에게 다가가 인사를 한 다음 친구가 하고 싶은 것을 같이 할 것이다. 그러면 자연스럽게 친해질 것 같다. | 쉬는 시간에 우리 반을 한번 둘러본 뒤, 혼자 심심해 보이는 친구가 있으면 내가 먼저 다가가 같이 놀자고 할 것이다. |

학생과 학생의 연결

감정 체크인이 교사와 학생을 연결해주는 활동이었다면, '공동체 프로젝트'는 학생과 학생을 연결하는 활동이다. 이제 학생들은 자신과 다른 타인의 감정을 존중하고 이해하는 연습을 본격적으로 시작한다.

사회적 인식 역량을 길러주기 위한 활동으로, 감정카드를 활용한 수업을 예로 들 수 있다. 50여 종의 감정을 5가지 색으로 분류한 카드를 이용해, 학생들은 감정을 말로 설명하고 맞히거나 표정·몸짓으로 표현할 수 있다. 이후에는 감정 상황을 짧은 역할극으로 제작하여 학급 온라인 게시판에 공유하고, 친구들이 댓글로 감정을 맞히는 활동으로 연계할 수 있다. 활동 예시는 다음과 같다.

- 짝과 함께 감정카드를 말로 설명하고 맞히기
- 짝과 함께 감정카드를 몸짓이나 표정으로 설명하고 맞히기
- 3~4명이 함께 감정카드의 상황을 짧은 역할극 동영상으로 제작하기
- 온라인 게시판에 댓글 달며, 동영상 속 감정 맞히기

감정카드를 설명하고 맞히는 과정은 언뜻 놀이처럼 보이지만, 나와 다른 타인의 정서를 이해하고 공감할 수 있는 좋은 연습이 된다. 다만 이때 감정카드의 상황이나 표현은 학년에 따라 달라질 수 있다.

Denham 등(2018)은 사회정서교육을 발달적 관점에서 바라볼 필요성이 있다고 강조하며, 학습자의 발달 수준에 맞춰 감정을 다루는 수업 내용과 활동이 달라져야 한다고 하였다.[5] 〈표2〉는 학생들에게 감정을 지도할 때, 어떤 범위와 수준에서 접근하면 좋을지 참고할 수 있는 연구 결과이다.

〈표2〉 발달 단계에 따른 사회적 인식 역량 (Denham 등, 2018)

유아기	초등학교	중학교	고등학교
기본적인 감정(예: 행복, 슬픔, 분노, 두려움)의 표현과 상황을 이해한다.	• 생각을 활용하여 감정을 조절할 수 있다는 것을 이해한다. • 감정을 의도적으로 숨기거나 표현할 수 있다는 것을 이해한다.	동시에 '혼합된 감정'을 느낄 수 있다는 것을 이해한다.	경험이나 성격적 특성에 따라 느끼는 감정이 달라질 수 있다는 것을 이해한다.

예를 들어 초등학교 학생들에게는 활동을 할 때, 감정을 의도적으로 숨기거나, 같은 감정도 강도를 달리하여 표현하도록 안내하면 학생들은 감정이 숨겨질 수도 있고 여러 다양한 모습을 가진다는 사실을 배울 수 있다. 또한 역할극 동영상을 통해 감정을 숨길 때와 드러낼 때의 다양한 상황과 차이를 비교하게 하면 학생들은 관계 속에서 감정 표현의 중요성을 깨닫게 된다. 마지막으로 온라인 게시판에 활동 결과를 돌아보며 공감 댓글을 남기는 과정은 타인의 감정에 반응하고 존중하는 연습이 된다. 이 과정에서는 사회정서교육의 네 번째 역량인 관계 기술Relationship skills 또한 함께 길러진다. 관계 기술은 건강하고 지지적인 관계를 형성하고 유지하며 갈등을 건설적으로 해결하는 능력을 의미한다. 감정을 느

---

[5] Keeping SEL Developmental: The Importance of a Developmental Lens for Fostering and Assessing SEL Competencies. 사회·정서 역량을 길러내고 평가하기 위한 발달적 관점의 중요성, Denham 외 2018.

끼고 표현하는 다양한 상황을 친구들과 협업하여 동영상으로 만드는 과정에서 학생들은 서로 의견을 나누고, 차이를 조율하며, 서로의 표현 방식을 존중하는 경험을 쌓는다.

활동이 끝난 후, 교사는 학생들에게 ▲활동을 하며 좋았던 점이나 느낀 점 ▲감정을 표현할 때 걱정되는 점 ▲친구의 영상을 보며 느낀 점 등을 성찰하도록 하였고, 학생들은 다음과 같이 답했다.

> "친구의 영상을 보면서, 나도 친구의 누나와 비슷한 경험이 있어서 공감이 되었다."
> "연기였지만, 친구가 소외당할 때 나도 속상했다."
> "말을 하면 감정이 바뀔 것 같은 걱정이 든다."
> "내가 감정을 평소에 너무 약하게 표현하고, 어떨 때는 너무 크게 표현하는 것 같다."
> "감정을 숨기는 상황이 공감되어서 재미있었다."
> "친구가 내 아이디어를 칭찬해줘서 기분이 정말 좋았다."

이처럼 서로의 감정을 존중하고 공감하는 작은 경험들이 쌓이면서 학급 공동체는 이전보다 더 단단해졌고, 교실 속 갈등도 자연스럽게 줄어들었다.

공동체 프로젝트의 실천

아들러는 '인간은 사회적 존재이며, 개인의 행복과 성장은 공동체 속에서 이루어진다'는 공동체 감각Gemeinschaftsgefühl을 인간 성장의 핵심 개념으로 제시하였다. 공동체 의식은 단순한 집단 소속감이 아니라, 타인과의 상호 존중, 사회적 기여, 소속감을 포괄하는 개념을 뜻한다. 감정카드 활동을 한 후, 학급에서는 이와 같은 아들러의 공동체 감각을 적용한 활동인 '학급 공동체 프로젝트'를 실시하였다.

이 활동에서 학생들은 친구들에게 관심과 공감을 갖는 자신만의 프로젝트를 계획하고 실천한다. 소외되는 학생 없이 모두가 행복한 교실을 만들기 위해, 학생들은 스스로 실천할 행동을 선택하고 계획하며 사회정서교육의 다섯 번째 역량인 책임 있는 의사결정Responsible decision-making을 기르게 된다. 책임 있는 의사결정은 윤리적이며 건강한 선택을 내리고, 그에 따른 사회적 결과를 고려하는 능력을 뜻한다.

프로젝트 기간 동안, 학생들은 자연스럽게 "○○는 오늘 혼자 있네. 내가 먼저 말을 걸어볼까?"와 같은 생각을 지속적으로 실천에 옮겼다. 친구가 좋아하는 취미나 색깔을 조사하거나, 학급 공동체와 관련된 뉴스 영상을 제작하고, 역할극을 촬영하는 등 다양한 활동이 이루어졌다. 이 과정에서 학생들의 강점 역시 시각적으로 게시되었다.

이와 같이 학생들이 서로를 존중하며 관심을 갖고 연결되는 경험은, 그 자체로 교육의 본질이 된다. 학생들은 자신이 속한 학급 속에서 강점을 인정받고 발휘하며, 서로에게 기여하는 다양한 활동을 통해 안정감을 느끼고 성장할 수 있다.

해외의 사회정서교육 실천 사례

미국에서는 K-12 학교의 83%가 사회정서 교육과정을 운영하고 있으며, 거의 모든 주(워싱턴 D.C. 포함)가 이를 지원하는 정책과 제도를 갖추고 있다.[6] 사회정서교육이 교육과정에 포함된 학교에서는 교사와 학생 모두가 학교 분위기를

---

[6] 미국 비영리단체 CASEL의 2023년 전국 조사 결과
https://casel.org/links/social-and-emotional-learning-in-u-s-schools/

긍정적으로 평가하고 있으며, 학생들의 학습 몰입도와 교사 간 협업 인식 역시 향상되는 것으로 나타났다.

호주는 사회정서교육을 학생 웰빙의 핵심 요소로 보고, 학교 교육과정에 통합하고 있다. 특히 빅토리아주 교육부는 이를 실천하기 위한 가이드라인을 개발해 보급하고 있으며,[7] 유아기(5세 미만)를 대상으로 한 개입 프로그램의 실증 연구에서도 사회정서교육이 아동의 사회적 행동 향상과 정서 문제 감소에 효과가 있다는 결과가 나타났다.

인도는 2018년 델리주 정부가 교육과정에 학생들의 행복과 전인적 웰빙에 중점을 둔 '행복 교육과정'을 도입하면서 주목을 받았다.[8] 그 결과 1,000개 이상의 델리 공립학교에서 유치원부터 8학년 학생들을 대상으로 매일 40분가량의 감정 인식, 명상, 자아성찰 중심의 수업이 실시되었다. 2025년 9월에는 '행복 교육과정'에서 한 걸음 나아간 '삶의 과학 Science of Living' 교육과정을 새롭게 발표하였는데, 이는 디지털 시대를 살아가는 학생들에게 꼭 필요한 감정적·정신적·디지털 웰빙 역량을 기를 수 있도록 돕는 것을 목표로 한다.

핀란드는 사회정서교육을 교육철학 속에 통합한 사례이다. OECD 사회정서 역량 조사 SSES[9]에 따르면 헬싱키는 학생들의 사회정서 역량을 중요하게 여기며, 이러한 역량은 2016년에 도입된 국가 교육과정과 초등 및 중등 교육과정에 깊이 통합되어 있다. 또한, 사회정서교육을 지속가능 발전교육 및 시민성 교육의 기반으로 삼고 있으며, 사회정서 역량을 학생의 행동 평가 항목에도 반영하고 있다.

---

7 빅토리아주 교육과정
https://f10.vcaa.vic.edu.au/

8 OECD OPSI 혁신 사례
https://oecd-opsi.org/innovations/the-happiness-curriculum-inculcating-mindfulness-and-social-and-emotional-learning-amongst-students-every-day/

9 OECD 사회정서 역량 조사(SSES): Helsinki
https://www.oecd.org/content/dam/oecd/en/about/programmes/edu/survey-on-social-and-emotional-skills/site-reports-20218/sses-helsinki-report.pdf?utm_source

미래교육을 위한 시사점

감정은 학습과 분리된 영역이 아니다. 학습 동기, 집중력, 문제 해결 과정은 모두 학생의 정서 상태와 밀접하게 관련되어 있다. 불안이 높은 학생은 문제를 회피하거나 쉽게 포기하지만, 안정감과 긍정적 기대를 가진 학생은 같은 난이도의 과제도 도전 과제로 받아들이며 깊이 탐구한다.

교사의 역할은 더 중요해졌다. 기술이 데이터를 제공하더라도, 이를 해석하고 교육적 의미로 전환하는 주체는 교사다. 무엇보다 학생에게 공감하는 법을 가르치기 위해서는 교사 역시 공감으로 학생과 연결되는 역량이 필요하다.

기술은 이제 단순한 학습도구가 아니다. 학생의 감정과 관계, 배움의 태도까지 함께 들여다보게 해준다. 그러나 아무리 정교한 기술도, 그것을 사람을 위한 도구로 만드는 철학과 실천이 없다면 방향을 잃기 쉽다. 기술은 사람을 중심에 놓고 설계되어야 하며, 교육의 본질은 여전히 '사람'이다. 사회정서교육은 그런 점에서, 기술 중심 미래 교육이 결코 잃지 말아야 할 교육의 중심을 잡아준다.

AI 시대, 교실을 따뜻하게 만드는 것은 작은 관심과 공감이며, 기술과 감정이 함께 자라는 교실은 대한민국 미래 교육의 가장 따뜻하고 강력한 혁신이 될 것이다.

AIDT, 실패를 딛고 차세대 교육 플랫폼으로

조재범

경기도교육청 소속 초등교사
(사)교사크리에이터협회 이사
한국교원단체총연합회 교사권익위원회 위원장
(前)교육부 정책자문위원

세계 최초 AIDT, 그러나 차가운 현장

21세기 디지털 혁신은 교육 현장에도 큰 변화를 가져오고 있다. 인공지능(AI)과 빅데이터, 클라우드 등 신기술은 학습방식과 교육체계를 재구성하며, 전통적인 교과서 개념을 넘어선 새로운 학습도구의 등장을 촉진했다. 대한민국 교육부는 이러한 흐름에 맞춰 AI디지털교과서AIDT를 도입하여 교육 혁신을 이루고자 하였다. AIDT는 기존의 종이교과서나 단순 전자책(PDF) 형태의 디지털교과서와 달리 학습자 개개인의 수준, 속도, 관심사, 학습 경로 등의 데이터를 실시간 분석하여 맞춤형 콘텐츠와 피드백을 제공하는 지능형 학습 시스템을 목표로 한다. 이를 통해 초개인화hyper-personalization된 학습 환경을 구현하고, 학습 격차 해소와 미래 역량 함양을 도모하겠다는 비전을 갖고 있다. 2025년, 대한민국은 세계 최초로 AI디지털교과서(후에 AIDT로 통일)를 현장에 도입했다. 정부는 학생 맞춤형 교육과 사교육비 절감이라는 야심찬 목표를 내세웠지만 현실은 달랐다. AIDT의 성급한 전면 도입은 교육 현장에 큰 혼란과 논란을 불러일으켰다. 교원과 학부모들은 준비 부족, 인프라 격차, 학생들의 디지털 과몰입 부작용 등에 대해 우려를 나타냈고, 실제로 2025년 학교 자율채택으로 전환한 결과, 채택률이 30%대에 그쳤다. 86% 이상의 현장교사가 정책에 부정적 평가를 내렸다.

이 글에서는 국내 AIDT 도입의 배경과 추진 과정을 정리하고 AIDT 혹은 AI 교육자료를 넘어 공공 주도의 AI 교육포털로 발전시키기 위한 정책 방향과 생태계 구축 방안을 제안하고, 해외 사례를 통해 시사점을 도출, 정책적 대안 또한 제시하고자 한다.

AIDT 추진 과정, 그 험난했던 여정

교육부는 2023년 'AI디지털교과서 추진방안'을 발표하며, 2025학년도부터 일부 학년에 AIDT를 도입하기 위한 준비를 본격화했다. 2023년 6월에는 시범 서비스 및 콘텐츠 개발 계획이 공개되었고, 2024년에 교과서 검정 심사와 교원 연수 등이 진행되었다. 2025년 3월 신학기부터 초등 3~4학년 및 중1, 고1 학생들을 대상으로 수학, 영어, 정보 교과의 AIDT를 학교 현장에 배포했다. 2025년 3월 새 학기에 맞추어 개발된 AIDT 콘텐츠가 일부 학교에 공급되기 시작하였고, 교육박람회 등을 통해 민간 에듀테크 기업들도 자사 AI교과서 제품을 선보이는 등 야심차게 진행되었다.

하지만 AIDT를 공식 교과용 도서(교과서)로 인정하여 전국적으로 일괄 도입하려는 정부 계획에 대해 교육계와 국회에서 우려와 논란을 제기하였다. 2024년 국회 교육위원회를 중심으로 'AI디지털교과서의 법적 지위와 입법 과제'에 대한 검토가 이뤄졌고, 2024년 12월, 국회는 AIDT의 법적 지위를 '교과서'가 아닌 '교육자료'로 규정하는 초·중등교육법 개정안을 통과시켰다. 이 개정안은 AI디지털교과서를 교과용 도서가 아닌 지능정보기술 활용 학습지원 소프트웨어로 정의하고, 학교에 도입할 경우 학교장이 학교운영위원회 심의를 거쳐 사용 여부를 결정하도록 절차를 명시하였다. 해당 법안이 국회를 통과하였으나, 2025년 1월 정부(대통령권한대행)가 재의요구권(거부권)을 행사하여 법안 시행이 한 차례 무산되기도 했다. 정부 측은 법안에 반대하며 '학생들이 AI 기반 맞춤형 학습 교과서를 사용할 기회 자체를 박탈당할 수 있다'는 점과, 교육자료로 분류될 경우 무상교육 대상에서 제외되어 예산 미편성시 학부모 부담이 될 우려가 있음을 제기하였다. 또한 이미 검정을 통과한 AIDT에 소급 적용하면 신뢰보호 원칙의 침해 소지가 있다는 반론도 있었다.

이러한 갈등 속에 교육부는 AIDT 도입 로드맵을 일부 조정하며 속도 조절을 시사했고, 법 개정 여부와 무관하게 2025년에는 희망하는 학교에 한해 AIDT를 보급하겠다는 입장을 밝혔다. 이후 법안은 2025년 재추진되어, 2025년 6월 말 국회 교육위 소위원회를 다시 통과함으로써 AIDT를 교육자료로 분류하는 입법 절차가 진행되었다. 2025년 8월 AIDT는 학교장의 자율적 선택에 따라 교과서가 아닌 교육자료로 활용될 수 있는 단계로 접어들었다.

AIDT의 교육자료 전환은 현장 의견을 수렴하지 않은 성급한 정책은 좋은 성과를 낼 수 없다는 사실을 다시 한번 깨닫게 했다. 하지만 이를 '실패'라고 보면 안 된다. 오히려 이제야 AIDT가 진정한 혁신의 길을 갈 수 있는 기회가 열렸다고 봐야 한다. 우리는 AIDT를 단순한 교육자료가 아닌, 모두를 위한 AI 교육 플랫폼으로 성장시킬 비전을 모색해야 한다.

NEXT AIDT—'AI 교육포털'로의 진화

AIDT의 현장 안착 실패를 바라만 보고 있으면 안 된다. 개발 기간에 들어간 기회비용을 포기해서는 안 된다. 그러기 위해 장기적으로 AI 교육포털로 발전시킬 공공 플랫폼 전략이 요구된다. AI 교육포털이란 학생 개개인에게 맞춤 학습을 지원하고, 교사에게 교수 지원 도구를 제공하며, 다양한 교육 콘텐츠와 데이터를 한데 모은 통합 플랫폼을 의미한다. 이는 단순히 과목별 디지털교과서를 모아놓는 것을 넘어, 학습관리시스템(LMS), 평가도구, 진로 지도, AI 튜터링 및 상담, 학부모 소통 창구까지 포괄하는 AI 학습생태계로 확장될 수 있다. 정부는 공공성을 바탕으로 이러한 플랫폼을 구축하여 민간 주도의 파편화된 에듀테크 환경을 조율하고, 모든 학생에게 질 높은 AI 기반 학습 기회를 제공할 수 있다. 이를 위한 전략과 방안을 몇 가지 제안하면 다음과 같다.

국가 주도의 AI 교육 플랫폼 구축

싱가포르 등의 사례에서 볼 수 있듯이, 정부 주도 플랫폼은 보편적 접근과 지속적인 업그레이드를 가능하게 한다. 싱가포르는 2018년부터 전 학생·교사를 대상으로 한 학습포털(Student Learning Space, SLS)을 운영하며, 최근 AI 기능(Adaptive Learning System, ALS 등)을 통합하여 발전시키고 있다. 이 플랫폼은 초등학교부터 고등학교까지 모든 주요 과목의 고품질 디지털 콘텐츠를 제공하고, AI를 활용한 개별화 학습 경로 추천, 학습 분석 대시보드, 교사용 수업 저작도구 등을 포함하고 있다.

우리나라도 EBS 온라인 클래스 등의 기존 자원을 토대로, 국가 교육 플랫폼을 구축한 후 AIDT를 그 핵심 모듈로 탑재하는 방안을 고려할 수 있다. 이렇게 하면 AIDT가 개별 교과 앱이 아니라 통합 시스템의 한 요소로서 작동하게 되어, 학생 학습이력 데이터의 연계, 과목에 걸친 종합적 맞춤형 교육이 가능해진다. 또한 국가 플랫폼은 지역 간 격차 없이 모든 학생이 동일한 품질의 AI 학습 서비스를 누릴 수 있게 해주며, 오픈 소스나 오픈 콘텐츠 정책을 통해 민간의 혁신적인 자료도 흡수할 수 있다.

공공-민간 협력 생태계 조성

플랫폼 구축은 정부가 주도하되 에듀테크 기업, 콘텐츠 개발자, 연구기관 등이 참여하는 생태계 조성이 중요하다. 공공 API와 표준 규격을 만들어 민간 교육기업들이 자신들의 AI 학습도구나 콘텐츠를 국가 AI 교육포털에 연동할 수 있게 지원해야 한다. 예를 들어, 수학 분야 스타트업의 AI 튜터링 솔루션이나, 영어 회화 훈련 AI 등이 인증 절차를 거쳐 포털에 플러그인 형태로 제공되도록 할 수 있다. 이는 민간의 창의성과 시장 경쟁을 활용하면서도, 정부가 품질 관리와 데이터 통합을 주관한다는 점에서 균형 잡힌 접근이다.

에스토니아의 경우 전 국민이 사용하는 디지털 교육 플랫폼을 운영하면서, 교사들이나 민간기업이 제작한 다양한 콘텐츠를 공유하도록 장려하고 있다. 그 결과 모든 학교에서 디지털교과서를 활용하는 환경이 되었고, 에스토니아는 PISA 등 국제평가에서 유럽 1위를 차지하는 신흥 교육강국으로 떠올랐다. 비록 2018년 대비 2022년에 성취도 점수가 약간 하락하기는 했으나 여전히 세계 최상위권을 유지하고 있어, 체계적인 플랫폼 구축과 민관 협력을 통해 성과를 내고 있는 사례로 주목된다. 우리도 교육부-과기정통부-민간기업 간 거버넌스를 구성하고, 정기적인 해커톤(기술 개발 공모전)이나 공동 연구개발(R&D) 등을 통해 AI 교육포털에 탑재할 혁신기능을 함께 개발하는 노력이 필요하다.

교사 역량 강화 및 참여

어떠한 첨단 플랫폼도 교사의 활용 역량 없이는 현장에서 빛을 발하기 어렵다. 따라서 AI 교육포털 전략의 일환으로 교사 연수 체계의 혁신이 요구된다. 온라인 연수포털을 통해 교사들이 언제든 AI 활용 교수법을 학습하고, 동료 교사들과 우수 사례를 공유할 수 있게 해야 한다. 예를 들어, AI 활용 수업자료 공모전이나 우수 수업 사례를 포털 내 공유, 교사 전문가 커뮤니티 운영 등을 통해 교사 참여형 플랫폼 문화를 조성한다. 싱가포르는 SLS 플랫폼 개발 단계부터 교사들의 의견을 수렴하고, Authoring Copilot(교사용 AI 레슨 생성도구) 등을 제공하여 교사들이 능률적으로 수업 설계를 하도록 돕고 있다. 우리나라에서도 교사들의 피드백을 모아 포털 기능에 반영하고, 교사들이 직접 콘텐츠를 수정·보완할 수 있는 권한을 부여하면 현장적합성이 높아질 것이다. 더불어 교원 양성과정에도 AI 리터러시 교육을 포함시켜, 미래 교사들이 자연스럽게 AI 교육포털을 활용할 수 있도록 준비해야 한다. 교사의 지속적 전문성 개발 지원은 AIDT 정책의 성패를 가르는 가장 중요한 핵심 요소 중 하나이며, 공공 플랫폼 전략과 맞물려 추진되어야 한다.

윤리적 알고리즘과 데이터 거버넌스

AI 교육포털이 신뢰받기 위해서는 알고리즘의 투명성과 공정성, 데이터 안전성을 보장해야 한다. 공공 플랫폼 하에서 운영되는 AI 추천 알고리즘은 사회적 검증과 전문가 검증 절차를 거쳐 편향성 여부, 적합성 등을 평가받아야 한다. 오픈 소스 알고리즘을 활용하거나, 알고리즘 설명서를 공개하여 책임 있는 AI를 실현하는 노력이 필요하다. 또한 데이터 거버넌스 체계를 수립해, 학생 데이터는 엄격히 익명 처리하여 연구·서비스에 활용하되 사생활 침해가 발생하지 않도록 해야 한다. 데이터 활용에 대한 학부모 동의 절차를 투명하게 운영하고, 독립적인 교육 데이터 감독 기구를 두어 오남용을 감시하는 것도 한 방안이다.

AI 교육포털을 운영하면서 지속적으로 학습 효과와 부작용 데이터를 모니터링하여, 알고리즘과 정책을 피드백 루프를 통해 개선해나가야 한다. 윤리적 AI 원칙(예: 인간 존엄성, 공정성, 투명성, 책무성)을 교육 분야에 구체화한 지침을 마련하고, 이를 플랫폼 설계와 운영 전반에 반영함으로써, 신뢰 기반의 AI 학습 생태계를 구축해야 할 것이다.

해외 사례 비교 및 시사점

AIDT와 AI 교육포털 논의를 구체화하기 위해, 해외 주요국의 디지털교과서 및 AI 교육정책 사례를 살펴볼 필요가 있다. 핀란드, 에스토니아, 싱가포르, 영국, 미국 등은 각기 다른 접근으로 디지털 기술을 교육에 접목해왔으며, 성공과 시행착오의 교훈을 제공한다. 이들 사례를 간략히 비교하면 다음과 같다.

- **핀란드**: 교육 선진국인 핀란드는 한때 교육자료의 80% 이상을 디지털화하여 학교에서 활용하도록 장려하였으며, 지방자치단체 차원에서 많은 학교들이

종이교과서를 대체하여 태블릿 기반 수업을 진행했다. 그러나 최근 학생들의 학업 성취 저하와 문해력 하락 문제가 제기되면서, 2024년 가을학기부터 디지털 기기 중심 교육에서 벗어나 다시 종이와 펜을 활용한 전통적인 수업으로 복귀하려는 시도가 시작되었다. 핀란드 정부는 수업 중 스마트폰 및 개인 디지털 기기 사용 금지 법안을 추진하는 등 디지털 사용을 줄여 학습 몰입도를 높이려 하고 있다. 이 사례는 과도한 디지털화의 역효과를 보여주며, 균형 잡힌 접근의 중요성을 시사한다. AIDT 도입 시 아날로그식 학습의 강점(깊이 있는 읽기, 쓰기 등)을 함께 살릴 수 있는 방안을 병행해야 한다는 교훈을 준다.

- **에스토니아**: 에스토니아는 1990년대 후반부터 국가적 디지털 교육 프로그램을 추진해왔고, 2018년부터는 전면적으로 디지털교과서를 도입하여 모든 학교에서 디지털 교재 사용을 정착시킨 거의 유일한 국가이다. 그 결과 2018년 PISA에서 유럽 1위에 오르는 등 ICT 강국의 위상을 교육 분야에서도 보여주었다. 다만 2022년 PISA에서 점수가 약간 하락하면서 일각에서는 지나친 디지털 학습에 대한 우려도 나온다. 에스토니아의 성공 요인으로는 일찍부터 정보교육을 강조하고 교원 ICT 역량을 체계적으로 강화한 점, e-학교(eKool)라는 종합 교육 플랫폼을 통해 학습자료, 성적, 출결 등을 관리한 점이 꼽힌다. 또한 OECD 평균 이상의 교육투자로 농어촌 지역까지 인프라를 확충하여 디지털 교육격차를 최소화했다. 에스토니아 사례는 정부의 일관된 디지털 교육철학과 인프라 투자가 뒷받침된다면, 전면적인 디지털교과서 활용도 가능함을 보여준다. 그러나 동시에, 단기간에 성과를 장담할 수 없으며 지속적인 모니터링과 보완이 필요하다는 점도 시사한다. 우리나라도 에스토니아의 플랫폼 운영 노하우, 교원 연수 방식 등을 참고하여 AIDT 생태계 구축에 활용할 수 있다.

- **싱가포르**: 싱가포르는 정부가 주도하여 교육에서의 기술 활용을 극대화

하는 전략을 취하고 있다. EdTech 마스터플랜 2030을 수립하고 "기술로 변혁된 학습Technology-transformed learning"을 표방하면서, 학생 학습공간(SLS)이라는 국가 학습포털을 운영 중이다. 최근 이 포털에 AI 기능을 도입하여, 수학과 지리 등 일부 과목에서 AI 기반 적응형 학습(ALS)을 구현하고 있다. 학생들은 SLS 플랫폼을 통해 자신의 수준에 맞는 콘텐츠 추천과 문제풀이를 받고, 교사는 대시보드로 학습데이터를 확인하여 개별 지도를 한다. 또한 Authoring Copilot(ACP) 교사용 AI 도구를 제공하여 수업 준비 시간을 줄여주고 있다. 싱가포르는 정부-기술기업GovTech 협업으로 이 시스템을 개발했고, 교육 데이터 통합 관리에도 적극적이다. 이처럼 싱가포르는 공교육 내 AI 활용을 선제적으로 추진하면서도, 학생들의 ICT 활용 역량과 기초학력을 함께 신경 쓰고 있다. 싱가포르 사례는 우리에게 공공 플랫폼의 효용과 정부의 강력한 추진 의지가 가져오는 혁신을 보여주며, AIDT를 국가 플랫폼화하는 전략의 유효성을 증명한다. 다만 싱가포르의 중앙집권적 시스템은 우리나라와 교육 행정구조가 달라 직접 비교에 한계도 있으므로, 우리의 분권적 교육 자치 환경에 맞게 구현하는 지혜가 필요하다.

• 영국: 영국은 전국 단위의 통일된 디지털교과서 정책은 없으나, AI 및 디지털 기술의 교육 활용에 관한 지침과 연구가 활발하다. 학교별로 자율성이 크기 때문에 어떤 학교는 태블릿과 전자교재를 많이 활용하고, 다른 학교는 전통적 방식에 머무르는 등 다양하다. 최근 영국 정부는 생성형 AI에 대한 가이드라인을 발표하여, 학교가 AI를 활용할 때 데이터 보호, 아동 안전, 윤리를 준수하도록 안내하고 있다(예: Education Hub의 AI 활용 안내서 등). 또한 코로나19를 계기로 설립된 Oak National Academy를 지속 운영하여, 온라인 무료 수업자료를 교사들에게 제공하고 있다. 영국의 특징적인 정책 중 하나는 기초 문해력과 교사의 역할을 중시한다는 것이다. 영국 사례는 디지털과 아날로그 균형의 중요성을 보여준다. 우리는 영국처럼 AI 활용을 장려하되 부작용을 관리하는 다각도의 접근

(예: 기술 사용 시간 가이드, 디지털 리터러시 교육)을 함께 고려해야 한다.

• **미국**: 미국은 연방 차원의 통일된 교육정책보다는 주州정부와 학군 중심으로 다양한 시도가 이루어지고 있다. 일부 학군은 크롬북과 온라인 교재로 전환하여 종이교과서를 없앤 사례도 있고, 다른 곳은 전통 방식을 유지하는 등 편차가 크다. 다만, 미 연방교육부는 AI를 활용한 교육 혁신 보고서(예: 2023년 Artificial Intelligence and the Future of Teaching and Learning 보고서) 등을 통해 원칙적 가이드를 제시하고 있다. 미국에서 특히 주목받았던 사례는 AltSchool과 같은 에듀테크 기반 학교들이었는데, 실리콘밸리의 지원을 받아 맞춤형 디지털 학습을 시행했던 AltSchool 등 일부 학교들은 운영난과 학습 효과 부진으로 폐교하였다. 한편, 미국의 일반 공교육 현장에서는 AI 기반 개별화 학습 소프트웨어들이 교육자료로 활용되고 있지만, 이것을 교과서로 간주하지는 않는다. 즉, 디지털 학습도구들은 보충자료로 취급되어 교사가 필요에 따라 사용한다. 미국 사례는 민간 혁신의 활발함과 함께, 기술의 교육적 효과에 대한 회의도 공존함을 보여준다. 우리는 미국의 성공적 도구(ALEKS 등) 활용법을 벤치마킹하면서, 실패 사례를 통해 성급한 기술 도입의 위험을 경계해야 한다.

이상의 해외 사례 비교를 통해 얻을 수 있는 시사점은 분명하다.

첫째, 디지털교과서의 효과에 대해서는 신중한 검증이 필요하며, 기술 도입이 곧바로 학습 향상을 의미하지는 않는다. 기초학습 능력의 저하 가능성에 대비해야 한다는 점이 여러 나라에서 공통적으로 제기되었다.

둘째, 정부의 역할이 중요하다. 방치를 하면 지역·학교 간 격차가 벌어지고 상업적 기술 남용이 발생하지만, 정부가 적극 개입하여 플랫폼을 만들고 가이드라인을 제시하면 교육 혁신을 이루어갈 수 있다.

셋째, 교사와 학생 등 인간 요소를 중심에 두어야 한다. 기술은 도구일 뿐이며, 최종적으로 학습을 심화시키는 것은 교사의 지도와 학생의 노력이라는 교육의 본질을 간과해서는 안 된다.

넷째, 균형 잡힌 속도 조절이 필요하다. 일괄 강행보다는 단계적 도입이 바람직하며, 필요시 중간에 정책 방향을 수정하는 유연성도 가져야 한다.

다섯째, 데이터와 알고리즘에 관한 사회적 논의를 수반해야 한다. 개인정보 보호, 알고리즘 규제 등에 대해 교육계를 넘어 사회 전반의 합의를 이루는 것이 미래 AI 교육정책의 안정성을 담보할 것이다.

맺으며

AIDT의 현장 안착 실패는 뼈아프다. 하지만 이러한 실패를 딛고 일어나 AIDT를 단순한 디지털교과서가 아닌 모두를 위한 AI 교육 플랫폼으로 진화시킬 때다.

다시 한번 강조하고 싶은 것은, 교육의 본질은 결국 사람이라는 점이다. 아무리 화려한 AI 기술도 학생의 성장을 돕는 도구여야지 그 자체가 목적이 될 순 없다. 비판적 사고, 창의성, 협업, 공감, 윤리의식 등 인간 고유의 역량을 길러내는 것이 교육의 궁극적 목표이며, AI디지털교과서는 그 목표를 실현하기 위한 새로운 수단일 뿐이다.

정부는 플랫폼을 만들고, 민간은 혁신을 더하며, 교사는 활용하고 학생은 성장하는 모델을 만들어야 한다. 이러한 건전한 교육생태계가 만들어진다면 실패를 경험했던 AIDT가 대한민국 미래 교육의 든든한 동반자가 될 것이라고 믿는다.

디지털 문해력을 넘어 AI 문해력으로

손민지
경기도교육청 소속 초등교사
고려대학교 컴퓨터공학과 박사과정
저서 『혼자 해도 프로 선생님처럼
잘 만드는 학교 수업 자료 with 캔바』

오늘날 인공지능(AI)은 단순한 기술적 진보를 넘어, 인간의 삶과 사회 전반에 깊이 관여해 대변혁을 일으키고 있다. 특히 교육 분야는 AI 기술이 빠르게 도입되면서, 학교 수업은 물론 학습도구와 평가방식에 이르기까지 다양한 변화가 이루어지고 있다. 이러한 흐름 속에서 주목받고 있는 개념이 바로 'AI 문해력AI Literacy'이다. 이는 단순히 AI를 활용하는 기술적 능력을 의미하는 것이 아니라, AI의 작동원리를 이해하고, 사회적 영향과 윤리적 함의를 비판적으로 사고하며, 공동체 속에서 책임 있게 기술을 활용할 수 있는 통합적 역량을 말한다. 다시 말해, AI 문해력은 미래사회의 시민이 갖추어야 할 새로운 교양이자 필수 자질이라 할 수 있다.

이에 따라 세계 각국은 자국의 교육제도와 문화적 배경에 맞게 AI 문해력 교육을 실시하고 있다. 핀란드는 전 국민을 대상으로 한 AI 교양강좌인 'Elements of AI'를 운영하여 누구나 AI를 쉽게 이해하고 접근할 수 있도록 지원하고 있다. 캐나다는 고등학교 교육과정에서 윤리와 사회적 책임을 중심으로 한 프로젝트 기반 AI 교육을 실시하고 있으며, 싱가포르는 AI4E(AI for Everyone) 프로그램을 운영하며 공무원부터 일반 직장인, 학생에 이르기까지 전 세대를 아우르는 평생학습 기반의 AI 교육체계를 구축하고 있다. 한편, 우리나라는 정규 교육과정 안에 AI 기초 소양을 다루는 과목을 포함하고, AI 기반 학습도구를 학교 현장에 도입하는 등 제도적 정비와 현장 적용을 병행하고 있다.

AI 문해력은 단순한 기술 습득을 넘어서 사회를 이해하고 참여하는 방식 자체를 변화시키고 있으며, 교육은 이러한 전환에 적극적으로 대응해야 한다. 특히 청소년 세대에게 학교 교육에서의 AI 문해력 함양은 더 이상 선택이 아닌 필수이다.

이제 우리나라를 포함한 네 국가의 사례를 중심으로 AI 문해력 교육의 현황과 특징을 살펴보고자 한다. 각국의 사례를 보면 AI 문해력을 바라보는 시각과 교육방식에는 그 사회의 철학과 가치관이 고스란히 반영되어 있음을 알 수 있다.

각국이 AI 교육을 어떤 방식으로 실행하고 있는지를 분석함으로써, 단순한 기술 전달을 넘어 AI 교육이 시민의 사고방식과 사회적 책임에 어떤 영향을 미치고 있는지를 고찰하고, 향후 우리가 지향해야 할 AI 교육의 방향을 모색하고자 한다.

우리나라의 사례 살펴보기
—정규 교육과정에 도입되는 AI 문해력

우리나라는 디지털 기반 교육정책을 비교적 이른 시기부터 추진해온 국가로, 2015 개정 교육과정을 통해 초등학교 소프트웨어 교육을 필수화하며 정보 역량 강화를 위한 기반을 마련해왔다. 이후 인공지능(AI)의 기술적·사회적 영향이 커짐에 따라 디지털 교육의 패러다임도 변화하였고 그에 맞춰 'AI 문해력 함양'이라는 새로운 교육 목표를 세웠다.

2022 개정 교육과정에서는 고등학교 선택과목으로 「AI 기초」 및 「AI와 사회」가 신설되었다. 「AI 기초」 과목은 알고리즘, 머신러닝, 데이터 기반 의사결정 등의 기술적 개념을 다루며, 「AI와 사회」는 AI 기술이 인간의 삶과 사회에 미치는 영향, 윤리적 고려사항 등을 중심으로 구성되어 있다. 이는 단순한 기술 습득을 넘어, 학생들이 AI 기술을 이해하고 사회적 맥락 속에서 비판적으로 사고할 수 있도록 하기 위함이다.

초·중학교 교육에서도 점진적으로 AI 문해력을 다루는 방향으로 전환이 이루어지고 있다. 초등학교에서는 알고리즘 사고력, 문제 해결 기반 코딩, 데이터의 개념 등을 중심으로 AI와 관련된 기초 소양 교육이 이루어지고 있고, 중학교 단계에서는 인공지능(AI)의 개념과 활용 사례를 접하며 기술과 사회의 관계를 사고해보는 활동이 포함되어 있다. 더불어 AI 기반 학습도구의 도입으로 AI 문해력 함양의 실질적 환경이 마련되었다. 경기도교육청은 AI 기반 교수학습 플랫폼인

하이러닝을 2023년 9월부터 경기도 내 초·중·고에 도입하였다. 특히 AI 진단, AI 리포트 및 학생 개인별 AI 기반 맞춤형 콘텐츠 추천 기능 등을 적극 활용한 플랫폼이다. 최근에는 국어, 수학, 사회, 과학의 교과목에 활용할 수 있는 AI 서·논술형 평가 시스템이 도입되어 AI 기반 평가를 지원하고 있다.

이와 더불어 서울시교육청이 주관하여 전국의 11개 시도 교육청이 공동 개발한 인공지능(AI) 맞춤형 교수학습 플랫폼을 올해 하반기부터 점진적으로 교육 현장에 도입한다. 교사에게는 스마트 조교 역할을 수행하고, 학생에게는 학습 비서 역할을 제공할 예정이다. 학생들은 이와 같은 AI 기반 교수학습 시스템을 활용해 수업에 참여하면서 디지털 필기, AI 추천 기능 등을 활용하며 자연스럽게 AI 문해력을 증진할 수 있다. 이러한 시스템은 학생들이 AI의 작동방식을 직접 체험하면서, 기술의 한계와 가능성을 경험적으로 이해하는 기회를 제공한다. 학생들은 AI 추천 기능을 통해 학습 성취도에 맞는 문제를 개별적으로 제공받기도 하고 궁금한 것에 대해 질문하며 AI 문해력을 자연스럽게 익힐 수 있다.

교육청 단위의 정책과 지원도 확대되고 있다. 경기도교육청은 「AI 리터러시 기반 디지털 시민교육 실행 가이드」를 발간하여, AI와 함께 살아갈 미래 세대를 위한 디지털 시민성 교육을 강조하고 있다. 여기에는 데이터 윤리, 알고리즘의 편향성, 기술 오용에 대한 주의도 포함되어 있으며, AI 기술을 맹목적으로 수용하지 않고 비판적으로 이해할 수 있는 시민 양성을 목표로 한다. 다만 현실적으로는 몇 가지 한계점도 존재한다. 현재 AI 문해력 교육은 디지털 선도학교와 연구학교 중심으로 집중 운영되고 있으며, 전국적 확산이 이루어지기에는 교육 환경적 인프라와 교원의 디지털 역량 차이가 큰 상황이다. 이러한 상황을 해결하기 위해서는 지속적으로 전체 교원의 디지털 역량 향상을 위한 연수뿐 아니라 AI 문해력 향상을 위한 실질적 디지털 수업이 가능하도록 모든 학교에서 디지털 튜터 채용을 위한 예산을 지원해야 한다. 채용된 디지털 튜터는 전반적 기기 관리와 함께 수업 중 보조교사로 활동하며 체계적인 디지털 기반 교육 환경을 지원할 수 있다.

우리나라는 AI 문해력의 중요성을 정책적으로 인식하고 빠르게 반영하고 있는 국가 중 하나이다. 그러나 AI 문해력은 단기간에 성취 가능한 기술교육이 아니라, 시민적 소양과 사고능력을 아우르는 복합적 개념인 만큼, 단순한 도구 제공을 넘어 비판적 이해, 윤리적 판단, 책임 있는 활용까지 아우르는 교육의 내실화가 지속적으로 필요하다.

핀란드의 사례 살펴보기
― AI는 모두의 교양 'Elements of AI'

핀란드는 AI 문해력을 전 국민의 기본교양으로 간주하고, 이를 누구나 접근 가능하도록 교육해오고 있다. 대표적인 사례는 2018년 헬싱키대학교와 기술기업 Reaktor가 공동으로 개발한 온라인 강좌 'Elements of AI'이다. 이 강좌는 수학이나 프로그래밍 지식이 없어도 AI의 기본 원리, 알고리즘, 머신러닝 개념, 윤리적 이슈 등을 이해할 수 있도록 구성되어 있으며, 현재 전 세계 170여 개국에서 100만 명 이상이 수강하고 있다.

핀란드 정부는 이 강좌를 디지털 시민교육의 일환으로 적극 지원하며, "국민의 1%는 AI를 배우자"는 목표 아래 공공기관, 민간기업, 군 복무자 교육 등 다양한 영역으로 학습대상을 확대하였다. 수료자들은 SNS를 통해 인증서를 공유하며 학습문화를 확산시켰고, 이는 단순한 교육 콘텐츠를 넘어 전국적 AI 학습 캠페인으로 확장되었다. 이러한 노력은 시민 개개인이 AI를 '먼 기술'이 아닌 '생활 속 개념'으로 인식하게 만드는 데 중요한 역할을 했다. 실제로 핀란드는 AI에 대한 두려움이나 기술 소외감을 줄이기 위해 '누구나 AI를 이해할 수 있다'는 메시지를 지속적으로 강조해왔다.

또한 핀란드의 공교육 과정에서는 중등 단계부터 AI 관련 윤리, 알고리즘 사고, 데이터 이해 등을 포함한 교육이 통합적으로 운영되고 있다. 과학·사회·수학 등 교과와 연계된 형태로 AI 문해력을 교육하며, 학생들은 실제 데이터를 기반으로 문제를 해결하고, AI 모델을 평가하거나 윤리적 쟁점에 대해 토의하는 수업에 참여하고 있다. 이는 기술 자체에 대한 이해를 넘어 시민으로서 책임 있는 기술 활용 능력을 강조하는 정책적 철학을 반영한 것이다. 나아가 교원 양성과정에서도 AI 관련 내용이 강화되고 있어, 교사가 학생들에게 AI 문해력을 효과적으로 전달할 수 있는 기반이 마련되고 있다. 핀란드는 국가 차원의 정책과 교육시스템이 유기적으로 연결되어 AI 문해력을 사회 전반으로 확산시키는 데 성공한 대표적 사례로 평가된다.

캐나다의 사례 살펴보기
―비판적 사고와 윤리를 중심에 둔 AI 교육

캐나다는 AI 문해력 교육에서 윤리와 비판적 사고력 함양에 초점을 맞추고 있다. 연방정부 차원의 통합된 교육체계는 아니지만 각 주州정부, 특히 브리티시 컬럼비아주와 온타리오주를 중심으로 AI와 사회적 이슈를 융합한 교육이 확산되고 있다. 한 예로, 온타리오주의 일부 고등학교에서는 학생들이 AI 기술을 활용해 사회 문제를 분석하는 프로젝트 수업을 진행하고 있다. "AI가 동물 학대를 자동 판별할 수 있을까?"와 같은 질문을 가지고 학생들은 머신러닝 기법을 활용한 실습과 함께 데이터 윤리, 편향성, 기술 오용 가능성 등을 토론한다. 이와 같은 교육방식은 AI 기술에 대한 무조건적 수용이 아닌, 비판적 이해와 윤리적 판단력을 기반으로 한 시민 역량을 키우는 데 큰 효과가 있다.

더 나아가 일부 학교에서는 AI 챗봇을 활용하여 디지털 커뮤니케이션의 윤리성, 알고리즘 편향성, AI의 책임 주체에 대한 문제를 시뮬레이션 기반으로 탐구하고 있다. 학생들은 AI가 생성하는 결과물에 대해 스스로 질문을 던지며, "이 판단은 누구의 책임인가?" "이 알고리즘은 누구에게 유리한가?"와 같은 문제의식을 갖고 토론에 참여한다. 이 과정에서 학생들은 단순한 기술 소비자가 아닌, 능동적인 해석자이자 비판적으로 성찰하는 주체가 된다. 또한, 캐나다의 AI 교육은 토착민 공동체, 성별 다양성, 장애인 접근성 등 사회적 소수자 관점에서 AI 활용이 미칠 수 있는 영향을 함께 다루며, 기술을 둘러싼 다양한 맥락을 종합적으로 사고하는 능력을 기르도록 유도한다. 특히 윤리적 토론 중심의 수업은 학생들이 AI를 둘러싼 사회적 불평등과 정보 권력의 문제에 대해 인식하고, 포용적 기술 설계의 필요성을 이해하는 데 기여하고 있다. 이처럼 캐나다는 AI 문해력을 '기술적 이해'에 한정하지 않고, 시민성과 사회정의의 관점에서 교육을 설계하고 있다.

싱가포르의 사례 살펴보기
—세대와 직업을 아우르는 국가 차원의 AI 교육

싱가포르는 국가 AI 전략의 핵심 요소로 'AI 문해력 향상'을 명시하고 있으며, 이를 실현하기 위한 대표적 프로그램으로 'AI for Everyone(AI4E)'을 운영하고 있다. 이 프로그램은 국가 인공지능 전략을 실행하는 핵심적인 기관인 AI Singapore가 프로그램 설계 및 실행을 맡고 있으며 청소년, 직장인, 공무원, 중장년층 등 다양한 계층을 대상으로 맞춤형 AI 기초교육을 제공하고 있다. AI4E는 이론보다 실생활 중심의 사례를 활용하여 AI의 작동방식, 사회적 영향, 일상 속 활용 가능성 등을 쉽게 직관적으로 전달하는 데 초점을 맞추고 있다. 참가자들은 실습 기반 워크숍, 온라인 모듈, 대화형 퀴즈 등을 통해 AI를 부담 없이 접하고, 기술에 대한 거부감 없이 이해력을 높이게 된다.

학교 교육 측면에서도 AI는 미래사회를 대비한 핵심 역량으로 간주되고 있으며, 중·고등학교 과정에서는 수학·과학 과목과 AI를 연계한 통합 수업이 시범 운영되고 있다. 예컨대, 중학교에서는 데이터 분포와 알고리즘 구조를 수학적으로 분석하는 활동을, 고등학교에서는 머신러닝 알고리즘을 활용한 프로젝트형 수업을 통해 AI의 원리를 체험적으로 학습하도록 구성하고 있다. 일부 학교에서는 지역 대학 및 산업체와 협업하여 멘토링과 문제 해결 중심 수업을 진행하고 있으며, 이는 학생들의 실무 감각과 사회 문제에 대한 기술 기반 접근 능력을 함께 함양하는 데 기여하고 있다. 싱가포르는 AI 교육을 단순한 기술훈련으로 보지 않고, 시민 전반의 이해 수준을 끌어올리는 디지털 포용성 증진의 전략으로 접근하고 있다. 이러한 다층적 접근은 디지털 격차 해소, 고령층의 기술 수용력 향상, 산업 전환기에 필요한 인재 재교육 측면에서도 효과를 발휘하고 있다.

통찰과 책임을 키우는 AI 시대의 교육 방향

현재 우리나라의 AI 리터러시 교육은 정규 교육과정 내 제도화를 통해 점진적인 진전을 보이고 있다. 나아가 기존 정보 교과의 일부 단원으로 편성되는 것이 아닌 인공지능(AI)을 별도의 독립 교과로 편성하는 방안까지 논의되는 등 교육과정의 근본적인 혁신이 일어나고 있다. 이와 함께 디지털 역량을 갖춘 교원을 양성하는 등 변화하는 AI 시대에 맞는 인재 육성을 위한 다각적인 노력이 진행 중이다. 그러나 아직까지는 교육 내용의 대부분이 AI에 대한 기술적 개념이나 교과와 연계된 일부 에듀테크 도구 활용에 치중되어 있어 새롭게 변화되는 교육과정에는 AI가 인간과 사회에 미치는 영향, 윤리적 판단, 데이터 활용의 책임성과 같은 본질적 성찰을 이끌어내는 내용을 더욱 강화할 필요가 있다.

이러한 상황에서 세계 각국의 선도적인 AI 문해력의 교육 사례는 우리나라 교육에 중요한 시사점을 제공하고 있다. 기술 중심을 넘어 윤리적·사회적 관점을 포함하는 세계의 AI 교육 모델은, 대한민국의 현재 교육체계가 한 단계 도약하기 위한 중요한 방향성을 제시하고 있다.

앞으로 우리나라의 교육은 단순히 AI를 '가르치는 방법'을 넘어서 AI를 바라보는 시민적 관점과 철학을 어떻게 교육에 담아낼 것인가에 대한 고민을 시작해야 한다. 이를 위해서는 전국 단위의 AI 기반 교수학습 시스템 개선, 교사 연수의 질적 전환, 지역 간 인프라 불균형 해소뿐만 아니라 윤리와 기술을 통합적으로 다루는 교육과정 개발이 필요하다. 특히 핀란드처럼 학습자의 진입 장벽을 낮춘 시민교양 강좌, 싱가포르처럼 전 계층을 아우르는 AI 문해력 교육 연계 시스템은 우리나라에서도 충분히 벤치마킹이 가능하다. AI 시대의 교육은 기술을 '잘 다루는' 수준을 넘어서 기술이 인간의 삶에 미치는 영향과 그 책임의 본질을 이해하고, 이를 바탕으로 스스로 판단하고 행동할 수 있는 통찰력을 길러줘야 할 것이다.

AI 문해력은 인간으로서 주체적으로 사고하고 행동할 수 있는 시민적 자질이며, 공동체 안에서 책임 있게 기술을 활용하는 태도이기도 하다. 교육은 이와 같은 역량을 학생 개개인 안에 심어줄 수 있어야 하며, 이를 위해 교사는 기술 해설자가 아니라 수업 설계자이자 사고 촉진자의 역할을 수행해야 한다. 나아가 교육정책은 일회성 기획이 아닌, 세대를 넘나드는 구조적 설계로 이어져야 하며, AI 문해력을 모든 국민의 삶 속에 녹여낼 수 있는 방식으로 확장되어야 한다. 지금 이 순간이야말로 대한민국 교육이 AI 시대에 걸맞은 역량을 갖춘 시민을 길러내는 전환점이 되어야 한다.

AI의 시대, 우리 아이는 가짜와 진짜를 구별할 수 있을까?

7

박한솔

영화감독 겸 광주광역시교육청 소속 초등교사
다큐멘터리 〈최강티볼〉 연출 및 제작
AI융합교육 석사

초등학교 2학년 시원이의 현실이 왜곡되는 데 걸리는 시간, 단 30초

시원이는 학교에서 돌아오자마자 엄마에게 "엄마, 우리 학교에 BTS가 왔던 거 알아요? 교실에서 노래도 불렀어요!"라고 신나게 말했다. 갑작스러운 이야기에 엄마는 깜짝 놀랐지만, 이내 큰 행사가 있었다면 학교에서 미리 공지했을 텐데 하는 의문이 들었다. 함께 영상을 확인해보니, 그 영상은 BTS의 얼굴과 목소리를 흉내 낸 AI 합성 딥페이크였다. 시원이는 화면 속 모습이 너무 진짜 같아서 가짜라고는 꿈에도 생각하지 못했다. AI와 유튜브로 넘쳐나는 세상, 과연 우리 아이들은 진짜 정보와 가짜 정보를 제대로 구별할 수 있을까?

디지털에 익숙한 아이들, 진짜와 가짜는 헷갈려

요즘 아이들은 어려서부터 스마트폰과 영상 콘텐츠에 익숙한 소위 디지털 네이티브다. 실제로 한국청소년정책연구원(2021)의 조사에 따르면 초등학생 10명 중 9명 가까이가 스마트폰을 가지고 있을 정도로 보급률이 높고, 상당수 아이들이 하루에도 몇 시간씩 스마트폰 화면을 접하고 있다. 초등학교 1학년생도 하루 평균 2시간 이상 스마트폰을 보는데 그중 40% 이상은 유튜브 시청이다. 학년이 올라갈수록 사용 시간이 늘어나 초등학교 4학년쯤 되면 하루 3시간 이상을 스마트폰에 할애하는 것으로 나타났다.

이처럼 아이들은 방대한 양의 온라인 영상과 정보를 접하지만, 그 내용의 진위를 분별하는 능력은 아직 충분히 발달하지 못했다. 겉보기에는 스마트폰과 태블릿을 능숙하게 다루는 아이들도 정작 필요한 정보를 찾고 비판적으로 평가하는 기초 역량은 부족하다는 것이 교사들의 공통된 지적이다. 인간의 두뇌에는 빠르고 직관적으로 판단하는 '시스템1'과 신중하고 논리적으로 사고하는 '시스템2'가 있다. 어린 아이일수록 직관에 의존하는 '시스템1'의 영향이 커서, 눈앞의 영상을 깊이 의심하기보다는 있는 그대로 받아들이기 쉽다. 좋아하는 것이 나오면 사실 여부를 따지기보다 믿으려 드는 확증 편향도 강하게 작용한다. 시원이가 BTS 영상에 속은 것도 바로 이러한 이유에서였다.

디지털 환경에 오래 노출된다고 해서 저절로 분별력이 자라는 것 또한 아니다. 영국 케임브리지대학교에서 개발한 MIST Misinformation Susceptibility Test, 허위정보 취약성 테스트 결과를 보면, 하루 9시간 이상 인터넷을 사용하는 집단 중 정보 진위 판단 테스트에 높은 점수로 통과한 비율이 15%에 불과한 반면, 인터넷을 하루 2시간 이하로 사용하는 집단에서는 그 비율이 약 30%로 높았다. 인터넷에 익숙한 Z세대가 오히려 허위정보를 잘 믿는 경향을 보인다는 분석으로, 사용 시간과 비판적 분별력은 비례하지 않았다. 한국청소년정책연구원의 연구보고서에 따르면 "비판적 사고 역량이 부족한 청소년은 정보를 제대로 검증하거나 확인하지 않고 수용할 확률이 높다"고 한다. 결국 어릴 때부터 올바로 의심하고 확인하는 습관을 가르치지 않으면, 디지털 노출이 길어져도 아이들은 가짜 정보를 그대로 받아들일 위험이 크다는 이야기다. AI 기술이 발전할수록, 인간의 비판적 사고와 문제 해결력이 더 중요해지는 이유이다.

왜 어려서부터 비판적 사고를 길러주는 것이 중요할까?

세계경제포럼WEF은 미래 인재에게 필요한 핵심 역량으로 비판적 사고력을 지속적으로 강조하고 있다. 세계경제포럼의 미래 직업 기술보고서에 따르면 2025년까지 가장 수요 높은 10대 역량 중 하나로 비판적 사고와 분석력이 꼽힌다. 또한 OECD 교육 2030 프로젝트에서도 디지털 정보 활용과 비판적 분석력을 미래 학습자의 최우선 역량으로 제시하고 있다. 이는 전통적으로 교육계에서 중시되어온 창의성이나 문제 해결력을 앞서는 순위로, 디지털 사회에서 정보를 해석·활용하는 능력이 얼마나 중요한지 보여준다.

한편 국내에도 초등학교 때부터 이러한 능력을 충분히 길러주지 않으면 학년이 올라갈수록 역량의 격차가 벌어질 수 있음을 시사하는 자료가 있다. 한국교육학술정보원KERIS이 실시한 2024년 국가수준 디지털 리터러시 조사 결과를 보면, 초등학생들은 대부분 중상 수준 이상의 성취를 보이는 반면, 중학생 집단에서는 최저 수준(1수준) 학생의 비율이 초등학생 때보다 오히려 증가하는 양상이 나타났다. 초등학교 단계에서 디지털 이해력과 비판적 사고력을 충분히 키우지 못한 일부 학생들이 상급학교로 진학하면서 디지털 정보를 분석하는 데 더 큰 어려움을 겪고 있다는 의미이다. 결국 초등 저학년 시기의 비판적 사고 교육은 아이들의 평생학습능력을 좌우할 중요한 밑거름이 된다는 것이다.

교실에서 — 교과 수업 속 비판적 사고 키우기

가짜와 진짜를 분별하는 힘은 교실 수업 속에서 자연스럽게 길러질 수 있다. 국어, 수학, 그리고 AI 활용 교육 등 다양한 교과와 연계하여 비판적 사고능력을 키우는 활동을 구체적으로 설계해볼 수 있다. 아래에 교실에서 적용해볼 만한 수업 아이디어와 절차를 제안한다.

국어 수업 : 허구와 사실을 구별하는 질문이 살아 있는 수업

이야기 글과 정보 글의 비교 독해를 통해 글을 비판적으로 살펴보게 한다. 동일한 소재를 놓고 동화 같은 이야기 글과 사실을 담은 정보 글을 잇달아 읽은 뒤, 이야기 속 내용 중 무엇이 사실이고 무엇이 상상이나 과장인지 토론을 하는 것이다. 교사는 표나 벤다이어그램을 활용해 두 글의 공통점과 차이점을 정리하도록 유도한다.

이러한 비교 읽기 활동은 아이들에게 한쪽 글의 내용을 다른 자료에 비추어 다시 생각해보는 힘(인지적 전이)을 길러준다. 동화 속에서는 사실과 다른 설정이나 과장이 있음을 깨닫고, 왜 그런 표현을 썼을지 생각해보며 비판적 사고력을 발휘하게 된다. 예컨대 동화에서는 씨앗에 마법이 있어 하룻밤 사이에 나무가 자라났다고 묘사되었더라도, 과학 정보 글을 통해 실제 식물은 오랜 시간에 걸쳐 자란다는 사실을 배우는 식이다. 아이들은 "왜 이야기와 현실이 다를까?"를 자연스럽게 자문하며 다양하게 보는 법을 익힌다. 이 수업은 2022 개정 교육과정에서 강조하는 디지털 문해력 강화 취지와도 맞닿아 있으며, 결과적으로 아이들의 문해력과 비판적 이해 능력을 높여준다. 흥미로운 이야기와 지식을 연계하여 읽음으로써 학습 재미와 이해도도 함께 향상되는 부수적인 효과가 있다.

수학 수업 : 반례 찾기를 통한 논리 훈련 활동

반례 찾기를 통한 논리 훈련에서는 일부러 틀릴 수 있는 명제를 제시하고 아이들이 직접 예외 사례를 찾아보게 한다. 예를 들어 교사가 "어떤 수에 어떤 수를 곱하면 결과는 항상 더 큰 수가 된다"고 말하면 아이들은 처음에는 곱셈을 하면 숫자가 커진다고 여기기 쉽다. 하지만 곧바로 이 명제가 항상 옳지 않음을 보여주는 반례 counterexample 찾기에 도전한다. 예를 들어 아이들은 $2 \times 0 = 0$ (0을 곱하면 더 커지지 않음)이나 $5 \times 1 = 5$(1을 곱해도 변화 없음) 같은 간단한 반례들을 발견해낸다. 한두 개의 반례가 나오면 금세 모두가 깨닫게 된다. 처음에는 당연해 보였던 일반명제가 단 하나의 예외로 인해 무너지는 경험을 통해, 아이들은 수학 개념의 조건과 한계를 자연스럽게 배우게 된다.

이러한 반례 찾기 활동은 아이들의 논리적 사고력을 자극하고 비판적 분석 습관을 길러준다. "왜 모든 경우에 성립하지 않았을까?"를 함께 고민하면서, 아이들은 자신이 간과한 조건(예를 들면 0이나 1과 같은 특수한 경우)이 무엇인지 토의한다. 잘못 알고 있던 개념을 스스로 수정하는 인지적 갈등과 조정 과정을 거치며 수학 개념을 더 정확히 이해하게 된다. 이는 교육과정에서 강조하는 문제 해결력 및 추론 능력과도 맞물리며, 오류를 활용한 학습 productive failure 활동이 된다. 아이들은 스스로 발견한 오류를 통해 배움으로써, 앞으로도 어떤 주장이나 규칙을 접할 때 곧이곧대로 믿기 전에 반드시 검토해보는 태도를 갖추게 된다. 교사가 의도적으로 만든 작은 함정에 아이들이 도전하고 깨치는 이 과정은, 실패를 두려워하지 않고 배우는 긍정적인 교실 문화를 형성하는 데도 도움이 된다.

AI 활용 수업 : '진짜인가요?' 게임과 디지털 콘텐츠 분석

AI 기술을 직접 다뤄보는 활동을 통해, 아이들은 가짜 정보를 식별하는 눈을 키울 수 있다. 한 가지 예로 교실에서 간단한 '진짜 vs. 가짜 맞히기 게임'을 해볼 수 있다. 선생님이 미리 실제 사진과 AI로 합성된 사진 한 쌍을 준비하여 번갈아 보여주고, 어떤 사진이 진짜인지 아이들이 토론하게 한다. 아이들은 놀이를 통해 무엇이 사실이고 무엇이 조작되었는지 자연스럽게 관찰하고 추론해볼 수 있다. 이때 사진이나 영상 속 단서들을 찾는 체크리스트를 함께 활용하면 좋다. 예를 들면, '이미지 속 글씨나 그림자가 부자연스럽지는 않은가?' '출처가 불분명한 콘텐츠는 아닌가?' 등 항목별로 점검해보게 한다. 최근에는 무료로 사용할 수 있는 간단한 딥페이크 체험 앱이나 AI 그림 그리기 도구도 많으니 수업에서 적절히 활용해, 아이들에게 직접 AI를 통해 가짜 콘텐츠를 만들어보고 그 한계를 깨닫게 할 수도 있다. 예를 들어 아이들이 한두 문장의 프롬프트를 입력해 AI 그림이나 글을 만들어본 뒤, 결과물이 어디까지 사실과 유사하게 보이는지, 어디에서 어색함이 드러나는지 함께 분석한다. 이런 활동은 아이들에게 AI 생성 콘텐츠를 무조건 두려워하기보다 원리를 이해하고 비판적으로 수용하는 법을 가르쳐준다.

이처럼 교실 수업에서 각 교과의 특성에 맞게 비판적 사고 요소를 접목하면 재미와 학습을 동시에 잡을 수 있다. 중요한 것은 교사가 정답을 알려주는 전통적 방식에서 벗어나, 학생들이 스스로 질문을 던지고 오류를 통해 배울 수 있는 기회를 마련해주는 것이다. 작은 실패를 경험하고 스스로 고쳐나가는 과정에서 아이들의 비판적 사고력은 한층 견고해질 것이다.

가정에서—질문과 대화로 기르는 디지털 면역력

아이의 비판적 분별력은 가정에서의 일상적인 대화와 습관 속에서 더욱 자라날 수 있다. 부모가 관심을 갖고 몇 가지 원칙을 실천한다면, 아이 스스로 '정보를 의심하고 확인하는 힘'을 기를 수 있도록 도울 수 있다. 다음은 가정에서 활용할 수 있는 구체적인 실천 방안들이다.

함께 묻고 답하는 유튜브 대화법

아이가 유튜브 영상이나 TV 프로그램을 볼 때 가능하면 부모가 함께 시청하고 이야기 나누기를 제안한다. 영상 속 내용을 아이가 그대로 받아들이는지 살펴보고, 자연스럽게 "이 사람은 왜 이런 말을 했을까?" "이 영상은 우리에게 무엇을 알려주고 싶을까?" 같은 질문을 던져본다. 예를 들어 아이가 어떤 유튜버가 "이 장난감을 사면 너도 인기인이 될 수 있어!"라고 한 말을 믿는다면, 부모는 "왜 저 사람이 그런 얘기를 했을까? 혹시 그 장난감을 만들거나 파는 사람들이 일부러 그런 영상을 올렸을까?"라고 물으며 아이 스스로 생각해보게 한다. 아이가 영상을 잘못 이해한 부분이 있다면 바로잡아주되, 정답을 즉시 말해주기보다는 함께 근거를 찾아보고 판단하도록 대화를 이끌어가는 것이 좋다. 부모가 판단을 강요하기보다 질문을 통해 깨닫게 해줄 때, 아이는 스스로 생각하는 힘을 기르게 된다.

AI와 함께하는 질문 놀이 실험

집에서 가족이 함께 AI에게 묻고 답하면서 배우는 작은 실험이다. 방법은 호기심 많은 아이와 부모가 한 가지 주제를 정해 챗봇에게 여러 번 질문을 던져보는 것이다. 먼저 아이가 평소 궁금해하는 것을 하나 골라보자. 이를테면 "코끼리는 하루에 물을 얼마나 마실까?" 같은 과학 질문을 할 수도 있고, "세계에서 가장 큰 건물은 뭐야?"처럼 상식을 물을 수도 있다. 처음에는 아이가 생각나는 대로 자연스럽게 한 번 물어보고, 챗봇의 답변을 함께 읽어본다. 그다음에는 질문을 살짝 바꾸어 두세 차례 더 물어보는 것이 핵심이다. 표현을 더 구체적으로 바꾸거나 조건을 추가해보는 식이다. 예를 들어 처음에는 "코끼리는 하루에 물을 얼마나 마셔?"라고 물었다가, 다음에는 "아프리카 코끼리와 아시아 코끼리는 하루에 물 마시는 양이 어떻게 다를까?"처럼 좀 더 구체적으로 물어본다. 혹은 "초등학생도 이해할 수 있게 코끼리가 물을 얼마나 마시는지 설명해줘"처럼 요청의 어조나 대상을 지정해볼 수도 있다. 이렇게 프롬프트를 달리하며 질문할 때마다 AI의 답변이 어떻게 달라지는지 아이와 함께 관찰한다. 어떤 때는 새로운 정보가 추가로 나오기도 하고, 설명의 길이나 깊이가 달라지기도 할 것이다.

부모와 아이는 이렇게 얻은 여러 답변들을 비교하며 이야기해본다. "처음엔 대충 알려주더니, 두 번째 질문에는 숫자까지 자세히 나왔네?" "말을 바꾸니까 설명이 더 친절해졌어!" 등 답변의 변화를 짚어보는 것이다. 아이는 질문 방식에 따라 정보 내용과 표현이 달라질 수 있다는 사실을 자연스럽게 체득한다. 이를 계기로 부모는 아이와 더 깊은 대화를 나눈다. "왜 처음엔 이걸 안 알려줬을까? 우리가 요구하니까 말해주는 걸 보면, 다른 사람은 다르게 물어서 다른 답을 얻었을 수도 있겠지?"와 같이 정보가 만들어지는 과정에 대해 생각해보도록 유도하는 것이다. 나아가 일부러 편향된 질문을 던졌을 때 AI 답변이 어떻게 치우치는지 실험해봐도 좋다.

이 실험에서 부모는 안내자이자 안전망 역할을 해야 한다. 아이가 잘못된 정보에 노출될 수 있으므로 옆에서 내용을 함께 검토하며 사실 여부를 확인해 주어야 한다. 또한 아이가 질문을 다양하게 바꾸기 어려워하면 힌트를 주거나 한 두 가지 예시를 먼저 보여줄 수 있다. 중요한 것은 결과를 아이 스스로 발견하게 하는 것이다. 그러면 아이는 마치 과학자처럼 호기심을 가지고 이 작은 실험에 몰입하게 된다. 놀이를 통해 자연스럽게 프롬프트 사용법과 비판적 평가 능력을 익히는 것이다.

'프롬프트 재구성' 활동을 거치면 아이는 질문의 힘을 깨닫게 된다. 똑같은 내용도 어떻게 묻느냐에 따라 답이 달라질 수 있음을 알게 되면, 세상의 정보를 접할 때 한 발짝 떨어져 비판적으로 바라보는 눈이 자란다. 또한 AI를 두려워하거나 맹신하는 대신, 대화를 통해 활용하는 법을 터득함으로써 디지털 도구를 능동적으로 다룰 수 있는 자신감도 얻는다. 작은 실험이지만 아이의 정보 탐구력과 성찰력을 키우는 큰 밑거름이 될 수 있다.

가짜를 잡아내는 꼬마 탐정 수업

호기심 많은 아이들과는 가짜 뉴스 찾기 게임을 해보는 것도 좋다. 부모와 아이가 한 팀이 되어 인터넷 기사나 사진을 보고 "이게 진짜일까 가짜일까?" 맞혀보는 것이다. 요즘에는 합성 사진이나 거짓 정보가 많기 때문에, 뉴스를 볼 때에도 "이건 사실일까?" "출처가 어디지?" 하고 서로 이야기해볼 수 있다. 예를 들어 SNS에 떠도는 믿기 힘든 소문을 함께 찾아보고, 그것이 팩트 체크 기사에서 어떻게 다뤄졌는지 확인해본다. 또는 재미로, 부모가 AI로 생성한 사진 몇 장을 진짜 사진과 섞어서 아이에게 보여주고 찾기 게임을 해봐도 좋다. 아이들은 놀이터에서 노는 기분으로 가짜 사진을 구별하며 비판적 관찰력을 키울 수 있다. 이 과정에서 자연스럽게 "어떻게 알았어?" "어디가 이상했니?" 등을 묻고 답하면서, 가짜 콘텐츠의 흔적을 포착하는 방법도 익히게 된다. 이러한 놀이를 통해 디지털 콘텐츠를 의심하고 스스로 탐정처럼 사실을 찾아보는 태도를 가지게 된다.

위험한 질문에 대한 현명한 피드백

아이가 인터넷에서 본 자극적인 내용이나 검증되지 않은 건강 정보 등에 대해 물어볼 때, 부모는 당황하거나 무조건 혼내기보다는 차분하고 논리적으로 대응해야 한다. 가이드라인은 다음과 같다.

- **일단 들어주기**: 아이가 놀랄 만한 질문이나 위험한 제안을 이야기하면 먼저 끝까지 경청한다. "그 정보를 어디서 봤는지 말해줄래?" 하고 침착하게 물어본다. 아이가 말문을 열었을 때 바로 "그거 거짓말이야!"라며 단정 짓지 않는 것이 중요하다. 아이는 자신이 찾은 정보를 진지하게 받아들여주는 태도에서 심리적 안정감을 느낀다.

- **함께 사실 확인하기**: 그다음에는 아이와 검증 과정을 같이 한다. "우리가 한번 알아보자. 사실이라면 이런 뉴스가 여기저기 있지 않을까?" 하며 공식 자료나 전문가 의견을 찾아본다. 이때 아이에게도 "이 정보는 어디서 왔을까?" "누가 이런 말을 퍼뜨렸을까?" 묻고 스스로 출처를 생각하게 한다.

- **이해하기 쉽게 설명하기**: 확인 결과를 아이 수준에 맞게 설명해준다. "아까 그 영상에서 그런 약을 먹으면 슈퍼맨이 된다고 했는데, 사실은 사람 몸이 그렇지 않다는 걸 의사 선생님들이 연구로 밝혀냈대. 괜히 그 약을 팔려고 거짓말한 거래"처럼 왜 그 정보가 가짜인지 논리적으로 알려준다. 만약 위험한 행동과 관련된 내용이라면, 단순히 '하면 안 돼'가 아니라 '왜 위험한지' 사례를 들어 설명해준다. 그래야 아이도 납득하고 따라가기 쉽다.

- **질문한 것을 칭찬하기**: 마지막으로, 아이가 그런 의문을 가지고 부모에게 물어본 용기를 충분히 인정해준다. "아무도 안 물어봤으면 잘못 믿을 뻔했는데,

물어봐줘서 고마워. 정말 잘했어"라고 말해준다. 그러면 아이는 모르는 것이나 궁금한 것이 있을 때 어른에게 물어보는 행위를 긍정적으로 여기게 된다. 이것이 쌓이면, 위험한 정보를 가지고 혼자 고민하는 대신 주변에 공유하고 확인하는 습관으로 이어진다.

안전한 온라인 이용 기본원칙 세우기

가정에서는 아이와 함께 디지털 기초규칙을 만들어 실천하는 것도 중요하다. 초등 저학년 아이 혼자 인터넷을 무분별하게 사용하지 않도록, 몇 가지 약속 사항을 정해야 한다. 예를 들어 다음과 같은 안전 규칙 체크리스트를 만들어보는 것을 제안한다.

> 1. 모르는 사람이 보내온 링크는 절대 클릭하지 않기
> 2. 사실인지 확신이 안 드는 정보는 꼭 부모님이나 선생님과 함께 확인하기

단순히 '보지 마'라고 금지하는 것에서 나아가 '왜 이런 규칙이 필요한지' 아이 수준에 맞춰 사례를 들어 설명하면, 아이도 그 이유를 이해하고 약속을 잘 지키게 된다. 예컨대 "가짜 링크를 클릭하면 우리 컴퓨터가 병에 걸릴 수도 있어서 그래" "잘못된 정보가 사실인 줄 알고 따라 하면 크게 다칠 수도 있거든" 등 구체적인 예를 들면 효과적이다. 아이와 함께 이러한 원칙들을 종이에 써서 책상 앞에 붙여놓거나, 스티커 카드처럼 만들어 실천할 때마다 칭찬해주면 생활 속 디지털 습관으로 자리 잡을 것이다.

정책과 사회의 역할—디지털 리터러시 교육의 토대 마련

가정과 학교의 노력만큼이나 중요한 것이 사회·정책의 지원이다. 우리 교육 정책도 급속한 디지털 변화에 맞추어 빠르게 진화하고 있다. 실제로 2022 개정 교육과정에서는 초등학교에서도 인공지능(AI) 기초 소양과 디지털 리터러시 교육이 대폭 강화되었다. 미국, 핀란드 등 교육 선진국들은 이미 AI가 생산한 허위정보를 판별하는 미디어 교육을 체계적으로 시행하고 있는데, 특히 핀란드는 관련 지표에서 최근 6년 연속 유럽 1위를 기록할 정도로 적극적인 교육정책을 펴고 있다. 우리나라도 초등 저학년부터 비판적 미디어 이해 교육을 정규 교과와 연계하여 내실 있게 진행할 수 있도록 더욱 적극적으로 지원해야 한다. 이를 위해 교사를 대상으로 한 연수 프로그램 개발, 초등학생 눈높이에 맞는 교육자료와 활동 꾸러미 제공 등이 뒷받침되어야 할 것이다. 또한 디지털 교육격차가 발생하지 않도록 지역사회와 협력하여 취약계층 아이들을 위한 지원 방안도 마련해야 한다.

가정에서의 노력과 학교 수업의 변화에 더해 정책적인 뒷받침이 갖춰질 때, 비로소 AI 시대를 살아갈 우리 아이들에게 튼튼한 디지털 리터러시를 길러줄 수 있다. AI와 유튜브의 홍수 속에서도 스스로 질문하고 진위를 가려낼 줄 아는 아이로 키우는 일, 이는 부모와 교사, 그리고 사회가 함께 이루어가야 할 미래 교육의 중요한 과제이다. 아이들이 앞으로 어떤 기술과 정보를 마주하든 흔들리지 않고 올바르게 판단할 수 있도록, 지금 우리 어른들이 지혜를 모아야 할 때이다.

»» 2026 대한민국 미래 교육 트렌드

4부

미래 교육의 실험실, 새로운 패러다임을 설계하다

서지예	정답 교육의 종말, 주도성과 도전지능을 살리는 미래의 교육
국승옥	1~2학년군 체육(신체활동 중심) 교과 신설과 나아가야 할 방향
유일환	에듀테크 수업을 더 가치 있게 만드는 방법, TPACK
서은철	놀이로 키우는 미래 핵심 역량
김성문	워크맨에서 Suno까지, 수학으로 노래하는 아이들
권기정	해외 교육 교류 기회! 아는 만큼 가까워집니다
우스이 유타(薄井 祐太), 이경배	일본이 그리는 미래 교육, 자유진도 학습과 교사 업무개혁

정답 교육의 종말, 주도성과 도전지능을 살리는 미래의 교육

1

서지예
부산광역시교육청 소속 중등교사
'아침쌤의 에듀체리' 블로그, 유튜브 채널 운영
저서 『AI시대, 10대를 위한 디지털 트렌드 영단어 교양』
학교상담, 미래 교육, 영어교육 혁신을 주제로 학술/실천 연구조기교육과 사교육의 최전선, '초등 의대반'을 신봉하는 엄마들 사이에 떠도는 무시무시한 이야기가 있다. '아이의 자의식이 자라지 않게 하라, 그래야 엄마 말을 잘 듣는다.' 이 엄청난 말을 쉽게 풀이하자면 아이가 스스로 원하는 것을 깨닫기 전에 부모가 방향을 정해줘야 하고, 아이가 자신만의 생각을 갖기 전에 어른의 말을 정답으로 받아들이도록 길들여야 한다는 뜻이다. 일부 사교육 과열 지역에서 은밀하게 퍼지기 시작한 이 위험한 말이 평범한 교사인 내 귀에까지 들려오는 걸 보면 결코 웃어넘길 일은 아니다. '자의식 없는 아이가 이상적인 학습 태도를 가진다'라는 괴상한 전제가 교육의 명분을 빌려 당당히 유통되는 현실은, 그 자체로 깊은 성찰이 필요하다.

아이의 주체성을 억누르고 부모의 뜻에 종속시키는 것을 교육의 미덕으로 착각하는 풍조가, 지금 우리 사회의 엄마들 사이에서 당연하게 여겨지고 있는 것일까, 아니면 다들 잘못되었다는 것을 알면서도 어쩔 수 없는 현실에 무기력하게 순응하는 것인가. 이제는 그 경계를 분간하기조차 어려운 지경이다.

대입에 성공하기 위해서는 교과목별 기본지식을 빈틈없이 암기하고 문제풀이와 응용연습을 통해 시험지가 요구하는 정답을 잘 찾아내야 한다. 아이들은 생각을 삭제당하고 기계적인 암기와 문제풀이 능력만을 요구받는다. 이것은 과거의 낡은 교육 담론이 아니다. 안타깝게도 지금, 대한민국의 교실과 가정에서 벌어지고 있는 일이다.

자율은 여전히 위험한 것으로 간주되고, 복종은 착한 아이의 덕목으로 포장된다. 시대에 맞지 않는 구시대적 통제 모델이 '교육'이라는 이름을 달고 매년 새롭게 리뉴얼되어 아이의 내면을 잠식한다.

아이들은 '성장'의 주체다. 그러나 뿌리 없이 흔들리는 대한민국 현 교육시스템 안에서 아이들은 정책의 희생양이 되어 성장보다는 '순응'을 생존의 유일한 수단이자 방법으로 학습한다. 주도성은 대입의 방해 요소로 간주된다. 아이들은 원하는 진로를 스스로 선택하고 실수하며 배울 수 있는 기회를 박탈당한 채 '잘 키워진 수동형 인재'로 자란다. 이것이 교육의 탈을 쓴 사육이 아니고 무엇이겠는가.

정답 교육의 종착지―청소년 정신건강의 붕괴

끊임없는 정답 맞히기 훈련은 분명 단기적인 학업 성과를 만들어낸다. 아이들은 주어진 문제 유형에 익숙해지고, 빠르게 답을 찾아내는 능력을 키운다. 그러나 그 이면에는 겉으로 드러나지 않은 깊은 부작용이 도사리고 있다. 오직 정해진 답 찾기를 요구받는 환경에서 아이들은 점차 다양한 가능성을 두려워하게 되고 스스로 질문하거나 탐색하는 기회를 잃는다. 틀린 답은 실패로 여기고 모르는 것은 감춘다. 이는 자율적 학습태도를 형성하는 데 큰 걸림돌이 된다. 특히 실수에 대한 경험이 꾸중이나 벌점 등 부정적 강화로 이어지는 학습 환경에서 아이들은 도전을 회피하고 질문을 참는다. 이는 스스로 문제를 해결할 수 있다는 믿음, 즉 자기효능감을 약화하고 학습에 대한 내재적 동기를 무너뜨린다. 이것은 학업 성취도 저하에 국한되지 않고, 아이의 자아 형성과 정체성 발달에 치명적인 영향을 미치는 중대한 교육적 문제다.

주도성의 상실과 정서적 위기

'2024년 제20차 청소년 건강행태조사'에 따르면, 중학생의 약 37.5%가 최근 12개월 동안 '스트레스를 많이 느꼈다'라고 응답했다. 학년이 올라갈수록 스트레스 인지율이 다소 증가하는 경향을 보였으며, 여학생의 스트레스 인지율(46.8%)은 남학생(28.5%)보다 약 18%p 높게 나타났다. 이는 여학생이 학업 압박과 정서적 부담에 더 취약함을 보여준다.

또한 우울감 경험률(최근 12개월간 연속 2주 이상 슬픔·절망감 경험)을 살펴보면 역시 학년이 올라갈수록 증가하는 경향을 보였다. 중학교 전체 학생 중 약 26.5%가 우울감을 경험했으며, 학년이 높아질수록 비율이 상승했다. 특히 여학생은 34.5%가 우울감을 경험해, 여학생 3명 중 1명 이상이 정서적 어려움을 겪고 있는 것으로 드러났다.

더욱 심각한 문제는 자살 시도율이다. 전체 중학생의 자살 시도율은 약 2.6%로 나타났으며, 여학생(3.5%)이 남학생(1.7%)보다 두 배 이상 높았다. 특히 중3 여학생의 자살 시도율은 4.0%에 달해, 여학생 25명 중 1명 이상이 자살 시도를 해봤다는 충격적인 수치가 보고되었다. 사회적으로도 매우 민감하게 다뤄야 할 수준의 결과이다.

정답 중심의 교육은 아이들을 자율적 학습자가 아닌 통제 가능한 기계적 학습자로 만들며, 사고력과 내면의 동기를 약화한다. 아이들의 누적된 학업 스트레스는 우울, 무기력, 자살 충동 등 정신건강의 위기로 이어진다. 자기효능감은 낮아지고, 회복탄력성은 무너진다. 열심히 공부해서 좋은 성적을 낼 수 있을지언정, 정서적 안정감을 만드는 마음 근력은 약해진다.

질병관리청 2024년 청소년 건강행태조사(중학생) 결과 요약

구분	중학생 전체(%)	남학생 (%)	여학생 (%)	중3 여학생 (%)
스트레스 인지율	37.5	28.5	46.8	-
우울감 경험률	26.5	18.5	34.5	-
자살 시도율	2.6	1.7	3.5	4.0

하나의 꿈을 꾸는 대한민국의 인재들

최근 방영된 KBS 다큐멘터리에서 공개된 통계에 따르면, 2023년부터 2025년까지 3년간 자연계 수능성적 최상위 학과는 1위부터 20위까지 모두 의대였다.[1] 이는 대한민국 사회에서 안정적이고 확실한 생존 전략은 '의사 되기'이며, 그 외의 직업은 사실상 성공의 길목에서 배제된다는 암묵적 메시지를 드러낸다. 다양한 진로탐색과 도전의 기회는 사라지고, 오직 '의대 진학'이라는 한 가지 목표만이 대한민국 입시의 정답으로 자리 잡은 것이다. 특정 직업군을 선호하는 것은 비단 우리만의 문제는 아니다. OECD 국제학업성취도평가PISA(2025)에 따르면, OECD 국가 청소년들의 장래 희망이 상위 10개 직업에 집중된 비율이 남학생 47%, 여학생 53%였다. 그러나 한국처럼 의대 진학에 전방위적인 관심이 집중되는 사례는 매우 이례적이다.[2]

여러 학술 연구 결과에 따르면, 학생의 개별 진로와 적성에 따른 과목 선택권을 확대하고 다양한 학습 환경을 제공하면, 자기효능감과 학습 몰입도 향상에 실질적으로 긍정적인 영향을 준다. 반대로 선택권이 제한된 집단일수록 자기효능감이 낮고 학습 몰입도도 저조하다. 이는 의대 쏠림 현상이 청소년의 심리적 성장과 학습태도에까지 심각하게 부정적인 영향을 미칠 수 있음을 시사한다.

교육의 나침반을 점검할 시기

다양성을 잃은 교육은 미래를 버텨낼 힘을 길러주지 못한다. 지금 세계는 거

---

1 「다큐 인사이트-인재전쟁」, KBS, 2025. 7. 24
2 「The State of Global Teenage Career Preparation : Full Report」, OECD Publishing, 2025

대한 AI 대전환의 문턱에 서 있다. AI와 빅데이터, 로봇 기술은 직업 구조를 송두리째 바꾸고 있다. 산업과 직업의 판도가 시시각각 바뀌는 가운데, 오직 고소득과 고용 안정성만을 좇아 한 가지 진로에 쏠리는 우리 입시의 현실은 시대의 변화와 정면으로 배치된다.

세계경제포럼WEF이 2025년 5월 25일 공식 발표한 「Future of Jobs Report 2025」에 따르면, 2030년까지 글로벌 일자리 지형은 AI, 자동화, 환경 관련 기술 혁신과 사회 변화에 힘입어 근본적으로 재편될 것이라 전망된다. 약 22%의 직군은 향후 몇 년 안에 기존 직업이 사라지거나 새로운 직업이 생겨날 것으로 예상되며, AI와 소프트웨어, 자율주행차, 환경·에너지 관련 신新 직업군의 등장 속도가 특히 두드러질 것이라 분석했다. 미래의 일자리는 기존과 전혀 다른 형태로 재편되거나 소멸·창출될 것이다.

변화하는 시대에 필요한 힘은 순응과 모방이 아니라 적응력과 창의성, 그리고 주도성이다. 지금 대한민국 교육에 필요한 것은 아이들이 저마다의 관심과 재능을 탐색하며 다양한 진로를 실험할 수 있는 생태계다. 이를 위해 교육시스템의 방향을 재설정하고, 진로 다양성을 위한 제도적 개선과 혁신적인 정책 마련이 절실하다. 이제 교육의 나침반을 다시 쥐고, 혁신적인 미래를 살아갈 인재를 양성할 수 있도록 교육체계 전반에 걸친 근본적인 변화가 필요하다.

기술 인프라가 부족한 AI 시대의 한국

의대 쏠림 현상은 결국 대한민국 사회의 구조적 문제에서 기인했다고 해도 과언이 아니다. 대표적인 사례가 바로 공학·기술 인력의 해외 유출이다. OECD 보고서에 따르면, 대한민국은 AI 인재 유출 규모에서 세계 4위권에 이른다. 이유는 뚜렷한 임금격차 때문이다. 젊은 공학 연구자들에게 대한민국은 미래를 걸

만한 기술의 선구자적 무대가 되지 못한다. 고급 기술 인력의 상당수가 미국으로 향하고 있으며, 그중 70% 이상이 장기 체류를 계획한다는 조사 결과도 있다.[3]

국내에도 삼성전자, 현대자동차, SK하이닉스, LG에너지솔루션 등 세계적으로 인정받는 대기업들이 있다. 이들 기업이 반도체, 자동차, 배터리, 에너지, IT 등 여러 첨단 산업을 선도하고 있음에도 불구하고, 국내에서 창출하는 관련 일자리의 규모는 미국과 중국의 빅테크 기업에 비해 현저히 작다. 기술 산업 전반의 수요는 빠르게 늘고 있지만 국내 공학계열 졸업생이 도전할 만한 고급 일자리는 턱없이 부족한 실정이다. R&D 투자와 연구 인프라, 창업 지원의 측면에서도 글로벌 선도기업과의 격차가 극명하다.

국내 산업의 구조적 한계는 공학 인재의 해외 유출을 가속화하고 결과적으로 대한민국이 AI 시대 기술 패권 경쟁에서 밀려날 수 있다는 우려로 이어진다. 이는 곧 국가경쟁력의 기반이 흔들릴 위기라는 뜻이다. 교육은 사회의 거울이자 토대다. 그러므로 교육을 고치려면, 사회 구조적 불균형을 함께 성찰하지 않으면 안 된다.

미래 교육을 위한 세계의 움직임

미국의 경제학자 타일러 코웬Tyler Cowen은 대학교육의 상당 부분을 AI 활용 교육으로 전환해야 한다고 주장한다. 그는 AI와 상호작용하고 판단하는 능력을 기르는 것이 미래 시대의 핵심 역량이라고 말하며, 전통적인 대학교육은 지식 중심의 정형화된 내용에 지나치게 의존한다는 점을 지적한다. 지식 중심 교육은 AI가 인간보다 훨씬 뛰어나서 쉽게 대체할 수 있다. 따라서 AI를 이기는 비판적

---

[3] "S. Korea suffers OECD's 4th-biggest AI brain drain", 〈코리아헤럴드〉, 2025. 6. 19

사고력과 주도성을 키우는 교육 구조로의 재편이 필요하다고 강조한다.

한편 일론 머스크는 2014년, 기존 교육방식에서 벗어난 실험적 학교 '애드 아스트라Ad Astra'를 설립했는데, 이 학교는 학년 구분 없이 7세부터 14세까지의 학생들이 함께 프로젝트 기반 학습을 수행하며 기초 원리 사고와 협업, 의사결정 능력을 키우도록 도왔다. 이후 온라인 비영리 단체로 발전하여 윤리적 사고와 복합적 문제 해결력, 탐구적 학습을 지원하는 커리큘럼으로 운영되고 있으며, 현재 전 세계 학생들이 참여할 수 있는 형태로 확장 중이다. 또 최근에는 미국 텍사스에 몬테소리와 STEM 중심의 체험형 교육을 제공하는 유치원급 학교를 열어 AI와 로보틱스 학습 중심의 교육과정을 통해 창의성과 비판적 사고, 문제 해결력을 함양하는 데 목표를 두고 있다. 또한 마크 저커버그는 10억 달러 규모의 '서밋 러닝Summit Learning'이라는 온라인 기반 개인 맞춤형 학습 플랫폼을 개발하여 기술 기반의 교육 혁신을 시도하고 있다.

핀란드는 오래전부터 실패를 '학습의 과정'으로 받아들이는 교육기조를 세웠다. 핀란드 교사는 학생이 틀리거나 실패한 경험을 감점 요인으로 보지 않는다. 핀란드 학생들은 실패를 학습과정의 한 단계로 받아들이며, 지식 암기보다 탐구와 창의적 문제 해결을 중시한다. 교과 간 경계를 허물고 프로젝트 기반 학습을 강화한 덕분이다. 과학, 역사, 언어 등 여러 교과를 통합하여 실제 사회 문제를 다루는 프로젝트로 운영하는데, 예를 들어 '기후변화'를 주제로 수학시간에는 탄소 배출 통계 분석을, 영어시간에는 관련 뉴스 기사 읽기를, 과학시간에는 기후 실험을 연결해 배운다. 핀란드에는 전국 단위의 표준화된 시험이 없으며, 교사가 관찰한 학생의 태도, 참여도, 탐구 과정의 기록이 평가의 핵심 지표로 사용된다. 핀란드는 국제학업성취도평가에서 학업 성취도뿐만 아니라 학습 동기와 만족도 부문에서도 꾸준히 상위권을 차지하고 있다.

호주와 뉴질랜드는 교육에서 아이들의 '웰빙Well-being'을 최우선 가치로 삼는다. 단순히 성적 향상만을 목표로 하는 것이 아니라, 정서적 안정과 사회적 관계 형성이 학습의 기초라는 점을 강조한다. 이를 위해 두 나라는 교과과정 속에 정신건강, 회복탄력성, 사회·정서적 기술을 체계적으로 다루는 프로그램을 도입했다. 뉴질랜드의 경우에는 대규모 예산 투자로 학생의 심리적 안전과 웰빙에 대한 국가적 지원을 강화하고 학교 내 'Wellbeing@School' 등 다양한 프로그램과 자원을 복합적으로 마련하여 학생들이 안전하고 건강한 환경에서 성장할 수 있도록 적극적으로 뒷받침한다.

미국은 최근 학생들의 사회정서교육을 핵심 가치로 강조하고 있다. 이는 공감 능력, 자기조절, 회복탄력성을 교육 목표로 내세우는 흐름이다. 일부 학교에서는 정규 수업시간에 명상, 감정일기 쓰기, 공동체 봉사활동 등을 포함하여 학생들이 정서적 안정감을 갖도록 다양한 활동들을 지원한다. 뉴욕시 공립학교의 경우, 모든 학년에 단계별 사회정서교육 프로그램을 의무적으로 적용하고 있다. 연구기관의 메타분석에 따르면 사회정서교육 프로그램을 이수한 학생들은 그렇지 않은 학생들보다 학업 성취도가 평균 11% 향상되고, 정서·행동 문제는 10% 감소했다. 또한 장기적으로는 학교생활 만족도와 사회적 관계 기술도 크게 개선된 것으로 보고되었다.

도전지능과 주도성을 살리는 미래 교육의 방향

미래 교육의 목표는 정해진 답을 찾는 것이 아니라 새로운 질문을 던지게 하는 데에 있다. 아이들은 탐구와 협업을 통해 기존의 '정답지'가 아닌 창의적인 해결 방안을 만들어가야 한다. 또한 교육은 학생 한 명 한 명의 고유한 특성과 관심사를 존중하여 진로를 탐색할 수 있도록 돕고, 동시에 학업 과정에서 정서적 안정과 심리적 회복력을 키워주는 방향으로 나아가야 한다. 대한민국 미래 교육의 다음 과제는 분명하다. 아이들이 실패를 두려워하지 않고, 자기주도적으로 탐구하고 성장할 수 있는 환경을 마련하는 일이다. 그렇다면 구체적으로 어떤 변화가 필요할지 하나씩 짚어보자.

첫째, 정답보다 질문을 중시하는 수업 설계가 필요하다. 지금까지의 교실은 교사가 던지는 문제에 '정답'을 맞히는 데 초점이 맞춰져 있었다. 그러나 미래의 교실은 달라야 한다. 아이가 스스로 탐구 주제를 정하고, 친구와 토론하며, 정해진 답이 없는 문제를 다양한 관점에서 바라보는 경험을 쌓을 수 있어야 한다. 질문을 만들어내고 호기심을 끝까지 밀고 나가며 탐구하는 과정에서 사고력을 신장할 수 있다. 좋은 답을 찾는 능력보다 '더 나은 질문'을 던질 줄 아는 힘이 미래 사회를 살아갈 핵심 역량이 된다.

둘째, 실수와 실패를 장려하는 학습 문화가 필요하다. 지금까지 학교 현장에서는 정답을 맞히는 것, 실수를 줄이는 것이 우수한 학생의 기준처럼 여겨졌다. 하지만 미래사회에서 중요한 것은 넘어지고 다시 일어서는 힘, 다시 말해 '도전지능'을 기르는 것이다. 교실 안에서 모르는 것을 당당히 밝히고 기꺼이 틀려도 괜찮다는 안전감을 느낄 때 아이들은 더 과감하게 도전하고 더 깊이 탐구할 수 있다. 예컨대 아이가 도전적인 프로젝트를 시도하다가 잘 안 되더라도 과정 자체를 성취로 인정하고 격려하는 평가 체계가 마련되어야 한다. 아이들은 실패를 감수하며 한 걸음 더 나아가는 용기를 얻고, 그 과정에서 실패하더라도 그것을 곧 성장의 발판으로 삼는 것이다.

셋째, 자기효능감과 내적 동기를 살리는 피드백 구조가 필요하다. 학교 현장에서는 절대평가를 도입했지만 대입 전형에서는 여전히 상대적 서열이 중요한 기준으로 작용한다. 결국 아이들은 성취의 과정을 돌아보기보다 수치로 증명되는 결과에 매달릴 수밖에 없고, 이는 배움의 본질을 가린다. 따라서 미래 교육은 결과 중심의 성적표 대신, '성장 기록 평가'로 나아가야 한다. 아이가 한 학기 동안 쓴 글, 수행평가 과정, 토론 참여, 협업 태도 등을 교사가 세심하게 관찰한 기록이어야 하고 그 기록은 학생이 어떤 시도를 했고 어떻게 성장했는지를 드러내는 학습의 이력서가 되어야 한다.

물론 교육 현장에는 이미 과정 중심 평가와 수행평가가 도입된 지 오래다. 그러나 여전히 대학입시라는 결과지향적 틀 안에서 운영되다 보니, 수행평가는 사실상 '점수 주기'에 그치고 있다. 과정 중심의 수행평가는 다시 점수화되고, 정작 중요한 피드백과 성찰은 힘을 잃는다. 그 결과 아이들은 '내가 무엇을 배우고 어떻게 성장했는가'에 초점을 두기보다, '몇 점을 받았는가'에만 매달리게 된다.

이제는 아이의 제대로 된 발전 과정을 보여주는 종합 기록물이 성적이 되어야 한다. 평가가 단순히 결과를 판정하는 도구가 아니라, 학습의 여정을 지원하는 피드백 구조로 작동해야 한다. 현행 수행평가 제도의 본질을 되살리고, 이를 뒷받침할 제도적 장치가 마련될 때, 비로소 평가는 학생의 성장을 돕는 진정한 교육의 과정으로 자리 잡을 수 있다.

넷째, 미래 교육은 아이들에게 다양한 진로탐색의 기회를 제공해야 한다. 지금까지의 학교는 대학입시에 필요한 몇몇 과목에 집중해 아이들의 역량을 단순화시켜왔다. 그러나 AI 시대는 여러 영역의 지식을 연결하고 새롭게 융합할 수 있는 인재를 요구한다. 뉴럴 네트워크Neural Network는 인공지능이 인간의 뇌 구조를 모방해, 여러 층의 노드node를 연결하면서 방대한 데이터를 학습하고 새로운 패턴을 창출하는 알고리즘을 말한다. 이처럼 학습 역시 수학·과학·기술·예술·인문 등 단일 학문의 경계를 넘어 창의적으로 확장되어야 한다. 이를 위해서는 STEM 교육을 기반으로, 프로젝트형 학습을 통해 다양한 진로를 탐색하고 자기 역량을 시험할 수 있는 교육 환경이 마련되어야 한다. 미래사회는 폭넓은 지식을 촘촘하게 연결할 수 있는 사람에게 더 큰 기회를 열어줄 것이다.

마지막으로, 대한민국 미래 교육은 정서적 안녕과 회복탄력성을 기르는 학교의 역할을 더욱 분명히 해야 한다. 기후위기, 디지털 시대로의 대전환, 사회적 불평등 등 불확실성과 변동성이 일상이 된 현시대에 지식만으로는 아이들이 스스로를 지켜낼 수 없다. 단순히 지식을 더 많이 아는 것만으로는 불안을 해소하거나 삶을 지탱하기 어렵다. 따라서 학교는 지적 성취만을 강조하는 공간이 아니라, 아이들이 마음을 돌보고 감정을 조절하는 방법을 배우는 심리적 안전지대가 되어야 한다. 예컨대 명상을 통한 자기성찰, 감정일기를 통한 정서 인식 훈련, 공동체 봉사활동을 통한 사회적 연대 등으로 아이들은 위기 상황에서도 무너지지 않고 다시 일어서는 회복탄력성을 기르게 된다. 이는 미래사회를 살아갈 우리 아이들에게 필수적인 마음 동력이다.

역사상 위대한 교육사상가들의 말을 빌려보자. 루소는 『에밀』에서 "교육의 목적은 어린이로 하여금 자신이 될 수 있도록 돕는 것이다"라고 했다. 존 듀이는 "교육은 삶을 위한 준비가 아니라, 곧 삶 그 자체"라고 강조했다. 에리히 프롬 역시 "창조성은 실패할 용기를 필요로 한다"고 말했다. 이들의 말은 시대와 공간을 넘어 하나의 진실을 가리킨다. 교육은 정답을 주입하는 과정이 아니라, 스스로 생각하고 도전하며 삶 속에서 배우도록 돕는 여정이어야 한다는 것이다.

AI 시대에 가장 필요한 힘은 지식이 아니라 도전지능과 주도성이다. 이것은 인공지능이 결코 대체할 수 없는 인간 고유의 능력이 될 것이다. 정답 맞히기에 갇힌 교육은 아이들의 잠재력을 가두고 대한민국 사회의 성장 동력을 무너뜨린다. 이제 교육은 완전히 새롭게 탈바꿈해야 한다. 아이들이 다양한 꿈을 탐색하고, 스스로 길을 선택하며, 실패를 두려워하지 않는 환경 속에서 자랄 때, 비로소 대한민국 교육은 AI 시대의 거대한 변화를 성장의 기회로 전환할 수 있을 것이다. 정답의 시대는 끝났다. 바야흐로 주도성과 도전의 시대다.

1~2학년군 체육 (신체활동 중심) 교과 신설과 나아가야 할 방향

국승옥
인천광역시교육청 소속 초등교사
(사)교사크리에이터협회 놀이개발팀

1~2학년군 체육(신체활동 중심) 교과 신설 결정과 그 이유

우리나라 초등학교 1~2학년군 교육과정은 '통합 교과' 체제로 운영되고 있다. 이 구조는 생활, 슬기, 즐거움을 중심으로 미술, 음악, 체육 등의 내용을 학생의 삶과 연계하여 통합적으로 구성하는 형태다. 그러나 이러한 접근은 교과 간 경계를 유연하게 하여 통합적 사고를 촉진한다는 긍정적인 측면이 있는 동시에, 개별 교과의 전문성과 지속성을 희생시키는 단점도 함께 지닌다. 특히 체육은 반복하여 누적되는 신체 경험을 통해 움직임 능력을 형성하는 교과이기 때문에 통합안에서 효과적으로 기능하기 어렵다.

현재 통합 교과 내 체육활동은 대부분 교사의 창의적 재량에 의존하고 있으며, 주제 중심 수업에 따라 신체활동이 수업의 '도구'로 사용되는 경우가 많다. 예를 들어, 동물의 움직임을 흉내내는 신체활동은 창의성과 표현력을 기를 수 있지만, 근본적인 움직임 기술 형성에는 한계가 있다. 또한 신체활동을 제시하는 방법에 있어서 놀이가 '도구'가 아닌 활동 자체의 '목적'으로 변질되는 경우를 심심찮게 볼 수 있다. 자신의 신체를 인식하고 움직임을 탐색하는 사고 과정이 신체활동의 목적이 되어야 하는데 2022 개정 교육과정엔 구체적인 움직임 기술에 대한 성취기준 및 지도방법 제시가 부족하거나 전무하다. 이는 담임교사가 신체활동 교육에 대한 기본 방향을 뚜렷하게 제시받지 못하는 상황으로 이어지며 교사에게 자신감 부족, 준비의 어려움이라는 문제가 복합적으로 작용하여 결과적으로 체계적 신체활동 수업 운영을 제대로 하지 못하게 한다.

이러한 배경 속에서 최근 교육부는 초등 저학년 체육(신체활동 중심) 교과 분리를 추진했으며, 그 노력의 결과로 국가교육위원회는 2024년 4월 26일 초등학교 1~2학년군 학생의 교육과정 중 체육(신체활동 중심) 교과를 신설하기로 결정했다. 참고로 체육이 통합 교과에서 분리된 것은 제5차 교육과정이 적용된 1989년 이후 35년 만이다. 이는 별도 고시를 거쳐 국가 수준 교육과정이 마련된

후 2028학년도부터 학교 현장에 적용될 예정이다. 물론 교육부의 요구와 국가교육위원회의 결정이 실제 학교 현장에서 발로 뛰고 있는 교육주체와 논의 및 합의를 충분히 거치지 않고 매스컴을 통해 통보식으로 전달된 점은 매우 아쉬운 부분이다. 실제 수업을 진행하는 교사와 교육수요자(학생, 학부모)의 요구를 확인한 후 1~2학년군 체육(신체활동 중심) 교과의 필요성에 대한 공감대를 형성하고 진행했으면 얼마나 좋았을까 하는 생각이 들기도 한다. 그럼에도 불구하고 1~2학년군 체육(신체활동 중심) 교과 분리는 학생들의 건강한 신체 발달을 위해 두 팔 벌려 환영할 일이므로 앞으로 어떻게 준비하고 어떤 방향으로 나아가느냐가 중요할 것이다.

FMS(기본 움직임 기술)와 1~2학년군 체육(신체활동 중심) 교과

현재 2022 개정 초등 체육 교과 교육과정(3~6학년)에서 학년군 간 계열성의 중심을 잡아주는 이론적 배경은 FMS이다. FMS는 Fundamental Movement Skills의 약자로, 아동이 성장 과정에서 반드시 익혀야 하는 기초적인 움직임 기술을 의미한다. 여기에는 이동 움직임(달리기, 점프, 홉, 스킵, 갤럽 등 공간을 이동하는 능력), 비이동 움직임(한 발로 서기, 회전, 안정된 자세 유지 등 몸의 중심을 조절하는 능력), 조작 움직임(공 던지기, 받기, 차기, 치기 등 물체를 다루는 능력)이 포함된다. FMS는 문자 해독력이 읽기, 쓰기에 필수적인 것처럼 운동 문해력 Physical Literacy의 기초에 해당되며 FMS 발달의 골든타임은 만 5세에서 8세 사이로 알려져 있다. 이 시기를 놓치면 기술 습득이 늦어지고, 이를 보완하는 데 훨씬 많은 시간과 노력이 필요하다. 호주 '스포츠커넥트(2017)' 연구에서는 FMS 발달이 미흡한 아동의 경우, 4학년 이후 체육활동 참여율이 40% 이상 낮아지는 것으로 나타나기도 했다. 따라서 신체활동의 기초가 되는 움직임 기술인 FMS는 이 시기에 형성되지 않으면 이후 체육수업 참여에 어려움을 겪게 된다. 이를 기반으로 찾아본 현재 1~2학년군 신체활동 교육의 문제점은 FMS 발달의 골든타임을 효과적으로 활용하고 있지 못하다는 점이다. 통합교과 체계에서는 신체활동 중심 수업이 부족하며 이마저도 놀이가 '수단'이 아닌 그 자체의 '목적'으로 여겨지는 경향이 있어 결과적으로 FMS 기반의 체육 문해력이 충분히 형성되지 못한 채 고학년으로 진급하게 되는 것이다. 따라서 체육(신체활동 중심) 교과의 분리는 단순히 수업 한 과목을 늘리는 문제가 아니라, 아동의 전인적 성장과 평생 건강을 위한 교육의 기초를 다지는 문제로 접근해야 한다. 그 방향성에서의 핵심은 현재 2022 개정 초등 체육교과 교육과정(3~6학년)에서 학년군 간 계열성의 중심을 잡아주고 있는 FMS의 효과적 적용이다.

FMS(기본 움직임 기술)와 세계 체육교육의 흐름

해외 체육교육 사례를 통해 1~2학년군에서의 체육(신체활동 중심) 교과 독립의 필요성과 체육 교과가 나아가야 할 방향을 살펴보자. 호주는 유아기부터 'Health and Physical Education' 교과를 통해 FMS 중심의 움직임 탐색 교육을 실천하고 있으며, 'Move and Learn' 프로그램을 통해 놀이 기반 활동과 체계적인 신체 기술 습득을 유기적으로 연계하고 있다. 예를 들어 1, 2학년 학생에게는 '공을 정확하게 던지고 받기' '연속된 점프와 방향 전환 수행'과 같은 명확한 목표를 제시한다. 핀란드는 1학년부터 주당 2시간 이상의 정규 체육수업을 편성하고, 창의적인 놀이와 움직임 중심 활동을 통해 학생들의 자율성과 표현력을 키우고 있다. 미국은 '움직임 교육Movement Education'이라는 개념을 도입하여, 아동기 움직임 경험의 다양성과 질을 강조하고 있으며, 일본 역시 1학년부터 정규 체육 교과 활동인 체조, 기초 운동, 협동 놀이 등을 통해 체력과 사회성 발달을 도모하고 있다. 특히 '체육 놀이' 단원을 통해 기술을 놀이 속에서 자연스럽게 습득하게 한다. 이러한 해외 사례는 한 가지 공통점을 보이고 있는데 그것은 바로 저학년에서부터 체육 교과를 독립 운영하고 FMS를 핵심 요소로 삼고 있다는 점이다.

'Top Down?' 'Bottom Up?'

2024년 4월 26일 1~2학년군 체육(신체활동 중심) 교과 신설이라는 결정이 내려진 이후 체육교육을 연구하는 여러 연구회, 학회에서는 그 방향성에 대해 깊은 고민을 하고 있을 것이다. 나아갈 방향의 선택지는 간단하게 두 가지로 정리할 수 있을 텐데 그 두 가지 선택지는, 2022 개정 초등 체육 교육과정에서 제시하고 있는 이론적 배경인 FMS를 기반으로 1~2학년군 체육(신체활동 중심) 교과의 성취기준을 신설하여 3~6학년 교육과정과의 계열성을 맞추는 'Top Down' 방식과, 다음 개정 교육과정에서의 체육교육 방향은 미래의 상황과 요구에 따라 변할 것이므로 1~2학년군에서 새로운 방향을 잡아 3~6학년을 그에 맞게 수정하여 계열성 확보를 도모하는 'Bottom Up' 방식이다. 둘 중 어떤 쪽으로 방향을 잡든 이론상으로는 허점 없이 개발될 것이다.

하지만 여기서 중요한 것은 현재 2022 개정 교육과정이 안고 있는 문제점을 해결하는 것인데, 문제점을 세 가지로 정리하면 첫째, 2022 개정 교육과정에 따른 교과서 분석 결과 1~2학년군 교과서 후반부에는 신체활동이 '놀이'라는 범주로 수록되어 있으나, 이는 교과서의 주제 및 생활 영역과 유기적 연계가 부족하여 단순히 나열된 수준이라는 점. 둘째, 유치원 누리과정(3~5세)과의 연계성은 물론, 초등학교 3~4학년군 체육과 교육과정과의 수직적 연계성 또한 낮은 수준이라는 점. 셋째, 1~2학년군 통합교과 교과서는 놀이와 표현 중심의 활동으로 구성되어 있으나 내용과 방법이 구체적으로 제시되어 있지 않으며, 신체활동의 교육적 의미가 명확하지 않다는 점이다. 교육과정 내에서 해결해야 할 문제를 'Top Down'과 'Bottom Up' 중 어떤 방식으로든 선택 및 해결하여 기준을 마련해준다면 현장에서 교육하는 교사들이 신체활동 교육을 실행함에 있어 좋은 길잡이가 될 것이다.

또한 기준 개발에 있어서 체육(신체활동 중심) 교과임은 분명하지만 1~2학년군 학생들의 특징을 정확하게 이해하는 것이 출발점이 되어야 한다. 이 시기 아동의 신체적·인지적 발달 특성을 고려하여, 추상적인 개념 전달보다는 경험 중심의 반복적 활동을 통해 신체 인식, 기본 체력, 감정 표현, 협동 능력 등을 자연스럽게 익힐 수 있도록 해야 하며, 학생들이 놀이 속에서 신체활동의 즐거움을 유지하면서도 규칙 이해, 간단한 역할 수행, 기본 움직임 기술 습득과 같은 3~4학년군 체육학습의 기초 역량을 준비할 수 있도록 하는 점진적 구조화가 필요하며, 신체활동을 통해 형성되는 안전의식, 건강 습관, 사회적 상호작용 능력이 생활 속에서 실천되도록 하는 통합적 접근 역시 필수적이다. 결과적으로 허울뿐인 교과 분리가 아닌, 신체활동 관련 독립 교과로 교육과정 내 공식화와 3~4학년군 체육과 성취기준과의 연결고리 설정, 신체활동 시간의 확보 및 연간 계획화가 기준 마련에 있어서 나아가야 할 방향이다.

놀이 중심? 체계적인 체육 중심?

나아갈 방향을 결정한 후 어떤 방법을 따라야 할지 결정하는 것은 또 다른 문제이다. 초등학교 저학년 체육(신체활동 중심) 교과 신설 결정 후 이에 따른 양질의 체육교육을 제공하기 위해 어떤 방법으로 접근할 것인가에 대한 논의는 여전히 남아 있다. 놀이 중심으로 접근할 것인가, 보다 체계적인 체육 중심으로 설계할 것인가 하는 문제는 교수·학습 방법은 물론, 교과의 성격과 교육철학을 결정짓는 중요한 관점이다. 놀이와 체육이 대립하는 것이 아니라, 아동 발달과 교육 목표를 중심에 두고 두 개의 장점을 융합하는 한국형 체육교육 모델을 정립해나가는 것이 앞으로의 중요 과제가 될 것이다. 서두에 언급했던 것처럼 놀이가 신체활동 학습에 '수단'이 아닌 '목적'으로 작용하는 것만 경계한다면 체육교육의 방향을 정립하는 데에 있어서 건강한 논의가 계속될 수 있을 것이다.

교과 도입 전 교육 현장에 필요한 지원

앞으로 마련될 1~2학년군 체육(신체활동 중심) 교과가 현장에서 의미 있게 적용되려면 어떤 점을 생각하고 고려하며 준비해야 할지 살펴보도록 하겠다.

첫째, 교사 지원 측면에서의 과제

- 1, 2학년 담당교사 대상 체육 교수 역량 강화 연수 제공
유아기 놀이와 초등 체육 간의 차이를 이해하고, 발달에 적합한 신체활동을 설계할 수 있도록 유아 신체활동 및 체육교육 연계 연수를 정기적으로 제공해야 한다. 특히, 신체활동 경험 중심의 교과 수업 설계, 동작 관찰 및 피드백 기법, 감정 표현 활동 지도방법 등을 포함해야 한다.

- 체육 전담교사 마련 및 협업 체제 마련
1, 2학년 교사와 체육 전담교사가 학년군 단위 공동 수업을 기획하거나, 전담교사가 기초 체육활동 자료를 지원하는 협력체제를 마련해야 한다. 이를 통해 3, 4학년으로 진급하는 학생의 활동 이력 공유와 맞춤형 지도가 가능하게 해야 한다.

- 활동자료와 수업 모형 제공
교사들이 손쉽게 사용할 수 있는 1, 2학년 수준의 신체활동 예시 자료집, 수업 지도안, 영상 자료

등의 보급이 필요하며, 특히 교사들의 창의적 해석을 유도할 수 있는 유연한 활동 구성안이 제공되어야 한다.

둘째, 학교 교구 및 환경 지원 측면의 과제

• 저학년 맞춤형 신체활동 교구 확보 및 보급
1, 2학년 학생의 발달 수준에 적합한 소형·다감각 자극 교구를 보급하여 안전하고 즐거운 활동이 가능하게 해야 한다. 이는 교육 현장에서 교사들이 수업을 설계할 때 반드시 필요한 부분이며 다채로운 교구는 책임 있는 교육의 출발점이다.

• 다목적 활동 공간의 확보
날씨나 환경에 따라 유연하게 활동할 수 있도록 교실 내 간이 체육공간, 체육관 또는 실내 놀이공간 등을 확보하고 유휴 공간을 신체활동 중심 환경으로 재구성해야 한다. 이는 지속적으로 문제가 되어왔던 부분이며 대부분의 일선 학교에서는 1~2학년의 운동장 및 체육관 사용이 적었기에 부족하나마 3~6학년 학생들의 활동 공간을 확보할 수 있었을 것이다. 1~2학년군에 체육(신체활동 중심) 교과가 분리되어 도입된다면 다목적 활동 공간의 확보는 주요 과제가 될 것이다.

• 놀이형 체육시설의 보급 및 배치
1, 2학년 학생들이 자유롭게 신체활동을 할 수 있도록, 운동장 및 활동 공간에 단차가 낮은 구조물, 균형 놀이기구, 협동활동용 도구 등을 구비하여 자발적인 신체활동이 가능하도록 환경을 갖춰야 한다.

위에서 제시한 내용 중 많은 부분이 현재 체육 교과 수업에서 교사들이 느끼는 고충과 맞닿아 있다. 그럼에도 불구하고 굳이 내용을 수록한 이유는 미래 교육을 준비하는 우리가 현재의 문제점을 해결하지 못하고 새로운 교육의 흐름을 받아들이는 것 자체가 모순적인 상황이기 때문이다. 앞으로의 체육교육을 생각하며 아쉬운 점은, 교사에 대한 지원과 교구 보급은 지원 의사와 사업에 따라 얼마든지 해결할 수 있지만 시설적인 면은 단기간에 해결하기 힘들다는 점이다. 30년 전에 지어진 학교의 운동장·강당의 면적과 현재 짓고 있는 학교의 시설을 비교해보면 안타깝기만 하다. 차선책으로라도 실내 체육공간 마련 및 유휴 공간의 효율적 활용이 답이 되어줄 수는 있을 것 같다.

교과 형평성을 저해하는
1~2학년군 체육(신체활동 중심) 교과 신설?

　1~2학년군 체육(신체활동 중심) 교과 신설이 결정된 이후 아직은 수면 위로 확실하게 올라오지 않았지만 예상되는 진통 또한 존재한다. 대표적인 것이 통합교과에서 다루고 있는 음악, 미술 교과와의 형평성이다. 체육(신체활동 중심) 교과가 분리될 경우, 음악이나 미술 등 예술 교과 역시 독립된 교과로 신설해야 한다는 형평성 문제가 제기될 수 있다. 실제로 예술 분야 학회에서도 저학년 발달에 맞는 정규교육의 필요성을 지속적으로 요구하고 있으며, 전인적 성장의 관점에서 이들 교과 역시 중요한 역할을 수행하고 있음은 말할 필요도 없다. 하지만 중요한 것은 단순히 교과 수를 늘리는 문제가 아니라, 발달 단계에 따른 각 교과의 목표를 교육과정 안에서 제대로 구현해나가려는 과정으로 이해해야 한다는 점이다. 체육의 교과 분리에 따른 필연적인 결과로 미술, 음악 교과를 분리한다면 과목별 밥그릇 찾기 경쟁만 될 뿐이다. 그것이 아니라 각 교과가 정체성을 뚜렷이 하며 1~2학년군 학생들의 발달 단계에서 필요로 하는 양질의 공교육을 제공하기 위해 교과 분리가 이루어져야 한다. 이런 진통은 대한민국 교육이 양적 팽창을 넘어 질적 내실화를 이루기 위한 필연적 진전이라 할 수 있다. 체육(신체활동 중심)교과의 분리가 그 첫 단추가 되어, 향후 다른 교과들의 발전적 변화도 유도할 수 있을 것이다.

방향 설정과 방법 마련의 골든타임, 2026년

1~2학년군 체육(신체활동 중심) 교과의 신설은 단순한 제도 변화가 아니라, 대한민국 교육이 아이들의 몸과 마음, 현재와 미래를 모두 돌보는 교육으로 한 걸음 더 나아가는 출발점이 될 것이다. 35년 만의 초등 저학년 체육 교과 분리를 준비하는 시기인 만큼 이론과 실제의 괴리는 우리가 경계해야 할 1순위 문제이다. 비록 시작은 현장 요구에 대한 논의를 심도 있게 진행하지 못해 삐걱거렸지만, 곧 다가올 가까운 미래의 교육을 준비하기에는 아직 시간이 남아 있다. 결국 학생들에게 교육을 제공하는 장소는 학교 현장이다. 현장에서 교육을 제공하는 역할은 교사들이 한다. 현장의 목소리에 귀를 기울이고 교육수요자의 목소리에 귀를 기울이면 이론과 실제의 괴리 문제는 발생하지 않는다.

나아갈 방향을 설정하는 방법에 있어서는 2022 개정 초등 체육 교육과정의 이론적 배경인 FMS를 충분히 고려하는 'Top Down' 방식도 좋고, 새로운 틀을 만들어 적용하는 'Bottom Up' 방식도 좋다. 중요한 것은 유아기와 중학년기를 연결하는 '가교' 역할을 해줄 1~2학년 체육(신체활동 중심) 교과의 신설을 목표로 한다는 것이다. 혼란을 최소한으로 줄이고 정확하게 목표로 가는 방법을 지금 찾아야 다음을 준비할 수 있다. 그런 의미에서 2026년은 중요하다. 교육과정 개정 고시와 현장 적용 방안을 탐색하고 준비할 골든타임이다. 다른 무엇보다 학생들의 건강한 신체활동 경험을 위해 고민하고 머리를 맞대어 땀을 흘려야 할 때다. 2026년을 어떻게 준비하고 실행하느냐에 따라 앞으로 10년의 대한민국 체육교육 흐름이 정해진다. 지금이 바로 그 첫걸음을 내디뎌야 할 때이다.

에듀테크 수업을 더 가치 있게 만드는 방법, TPACK

유일환
전북특별자치도교육청 소속 중등교사
2022 개정 교육과정 기술·가정 교과서 집필
전북특별자치도교육청 에듀테크지원단
전북기술교과연구회 회장

디지털 전환 시기의 새로운 질문

요즘 교실은 예전과 많이 다르다. 학생들은 노트북과 태블릿으로 수업에 참여하고, 온라인에서 자료를 찾아보거나 인공지능을 활용하여 과제를 수행한다. 교사는 전자칠판과 학습관리시스템 Learning Management System 을 사용해 수업을 진행한다. 이런 변화 덕분에 학생들의 수업 참여가 늘어남과 동시에 교사의 피드백도 빨라졌다. 학습의 흔적이 데이터로 남는 점도 학생과 교사 모두에게 도움이 되고 있다.

하지만 활동이 많아질수록 다른 고민도 생긴다. 수업을 위해 새로운 도구를 사용하는 것이 아니라, 새로운 도구를 써보는 것 자체가 목표가 될 때가 있다. 에듀테크 연수에 참여하면 이 에듀테크 도구를 꼭 교육 현장에서 사용해야 할 것 같은 생각이 든다. 그러나 막상 에듀테크 활용 수업을 하면 학생들의 흥미를 높일 수는 있지만, 수업이 끝난 뒤 '무엇을, 왜 배웠는지' 분명하게 말하기 어려운 순간이 발생하곤 한다.

기술을 쓰는 것만으로 좋은 수업이라고 할 수는 없다. 무엇을 가르칠 것인지, 어떻게 수업을 구성할 것인지, 학생들에게 배움이 어떻게 일어나게 할 것인지를 먼저 고민해야 한다. 그다음에 기술을 어디에, 어떤 이유로 쓸지 결정해야 한다. 이때 도움이 되는 생각의 틀이 TPACK이다.

TPACK은 무엇일까?

TPACK은 Technological Pedagogical and Content Knowledge의 약자로 기술 지식 Technological Knowledge, TK, 교수학 지식 Pedagogical Knowledge, PK, 내용 지식 Content Knowledge, CK, 이 세 지식의 균형 있는 결합이다. 기술 지

식TK은 다양한 디지털 도구를 이해하고 활용하는 능력으로 요즘 말하는 에듀테크 활용에 해당한다. 교수학 지식PK은 수업을 설계하거나 학생들의 학습을 촉진하는 방법에 관한 전반적인 지식을 의미한다. 교과를 막론하고 교사에게 요구되는 수업 능력이라고 볼 수 있다. 내용 지식CK은 학생들에게 가르칠 교과의 핵심 내용, 원리, 구조 등을 이해하는 능력이다.

TPACK은 1986년 슐만Shulman의 PCKPedagogical Content Knowledge 개념에서 출발한다. '무엇을 가르칠까(CK)'와 '어떻게 가르칠까(PK)'를 분리하지 않고 이를 통합하자는 제안이었다. 여기에 미슈라Mishra와 쾰러Koehler가 2006년 논문을 통해 PCK에 기술 지식TK을 더하여 TPACK을 제시했다.

TPACK 개념이 처음 나왔을 때는 지금처럼 주목받지 못했다. 그때는 학교에서 디지털 도구가 널리 쓰이지 않았기 때문으로도 볼 수 있다. 하지만 지금은 상황이 다르다. 디지털 교과서, 스마트 기기, 인공지능(AI) 등 다양한 기술이 교실 속으로 들어왔다. 지금이 바로 교사들에게 TPACK 기반 수업 설계가 중요한 시기이지 않을까 싶다. 마치 인공지능(AI)의 정의와 이론이 수십 년 전부터 존재했

TPACK의 시각적 표현

출처_ http://tpack.org

지만, 최근에야 우리 삶에 본격적으로 등장한 것처럼 말이다.

세 지식은 따로 움직이지 않는다. 예를 들어 교과 개념을 어떤 표현 도구로 보여줄지는 내용 지식$_{CK}$과 기술 지식$_{TK}$이 만나서 정해진다. 또한, 어떤 도구로 활동을 구성하고 어떻게 질문을 던질지는 교수학 지식$_{PK}$과 기술 지식$_{TK}$이 만나서 정해진다. 이렇게 목표, 내용, 방법, 기술, 평가가 한 흐름으로 맞춰질 때 수업은 안정되고 깊이가 깊어진다. 좋은 수업의 핵심은 도구를 많이 쓰는 것이 아니라 적절하게 활용하는 것이다. 필요한 것을 적절하게 고르고 불필요한 것은 과감하게 빼는 선택이 수업의 밀도를 높일 수 있다. TPACK은 이 선택을 도와주는 렌즈 역할을 해줄 것이다.

기술 지식$_{TK}$의 의미와 역할

오늘날 교실에서 가장 빠르게 변하는 요소는 기술이다. 디지털 기기와 플랫폼, 그리고 인공지능 기반 서비스까지 수업에 속속 도입되면서, 교사가 갖추어야 할 기술 지식$_{TK}$은 선택이 아니라 필수 역량이 되고 있다. 기술 지식$_{TK}$은 단순히 새로운 도구를 사용할 줄 아는 능력이 아니라, 그 도구가 학습에 어떤 방식으로 기여할 수 있는지를 이해하고 맥락에 맞게 활용하는 안목까지 포함한다.

기술 지식$_{TK}$의 첫 번째 측면은 활용 능력이다. 교사가 디지털 도구의 기능을 충분히 익히고 숙지할 때 수업은 안정적으로 유지된다. 예를 들어, 화면 공유를 통해 자료를 즉시 제시하거나, 협업 문서로 학생들이 동시에 의견을 작성하게 하며, 퀴즈 플랫폼으로 즉각적인 피드백을 제공하는 일은 모두 기술 지식$_{TK}$에 기반한 활동이다. 특히, 교사가 도구의 사용법을 충분히 알고 있어야 학생들의 질문에 즉각 대응할 수 있으며, 돌발적인 기술적 문제에도 흔들리지 않고 대처할 수 있다. 즉, 기술 지식$_{TK}$은 수업의 흐름과 신뢰성을 보장하는 보이지 않는 기반이다.

두 번째 측면은 비판적 이해력이다. 모든 기술에는 장점과 한계가 공존한다. 개인정보 보호, 저작권, 알고리즘 편향 등은 수업 현장에서 반드시 고려해야 할 요소다. 교사가 이러한 가능성과 위험을 동시에 인식할 때, 기술은 단순한 유행을 넘어 교육적으로 신뢰할 수 있는 도구가 된다. 이는 무조건적인 도입이 아니라, 수업의 목표와 가치에 맞게 도구를 선별하고 적절히 적용하는 안목을 의미한다.

결국, 기술 지식TK은 수업을 혁신하는 촉매제다. 새로운 도구를 빠르게 익히고, 그 교육적 의미를 비판적으로 성찰하며, 학생의 학습 경험을 향상시키는 방식으로 활용할 때 기술 지식TK은 본래의 가치를 발휘한다. 기술 지식TK을 갖춘 교사는 변화하는 교육 환경 속에서 안정적으로 수업의 질을 높일 수 있을 것이다.

여전히 중요한 교수학 지식PK과 내용 지식CK

다양한 에듀테크 도구가 수업에 적용되면서 기술 지식TK이 수업의 중심처럼 보일 때가 많다. 하지만 TPACK의 핵심은 언제나 균형이다. 기술이 눈에 잘 띈다면, 그만큼 가려지기 쉬운 것이 교수학 지식PK과 내용 지식CK이다. 수업은 도구를 잘 쓰는 것만으로는 충분하지 않다. 적절한 교수법과 함께 교과의 핵심을 함께 붙잡아야 한다.

교수학 지식PK은 배움의 경험과 흐름을 만든다. 교수법, 발문 형식, 상호작용의 방식, 피드백의 타이밍 등은 기술이 대신하기 어려운 영역이다. 같은 내용이라도 교수학 지식PK이 다르면 전혀 다른 수업이 된다. 학생에게 배움이 일어나도록 이끄는 힘, 바로 그 힘이 교수학 지식PK에서 나온다.

내용 지식CK은 수업의 의미와 깊이를 만든다. 교과 개념의 핵심과 경계, 교육과정에서 요구하는 성취기준, 적절한 표현방식에 대한 교사의 이해가 탄탄할수록 학생은 '무엇을 배우는가'를 분명히 파악하게 된다. 내용 지식CK이 약하면 최신 도구로 수업이 멋지게 보여도 학생에게 남는 것은 표면적 인상일 뿐이다. 기술은 개념을 돋보이게 만드는 확대경이지, 개념 자체를 대신할 수는 없다.

TK·PK·CK는 경쟁하지 않는다. 내용 지식CK이 방향을 주고, 교수학 지식PK이 그 길을 열며, 기술 지식TK이 그 길을 밝힌다. 내용 지식CK과 교수학 지식PK이 분명할수록 기술 지식TK의 장점은 더 또렷해질 것이고, 반대로 내용 지식CK과 교수학 지식PK이 흐릿하면 기술 지식TK은 혼란을 확대시킬 것이다. 그래서 수업을 준비할 때 스스로에게 던질 질문은 기술의 선택보다 먼저 '학생이 어떤 개념을 이해하길 원하는가?' '그 이해를 어떤 사고와 대화로 이끌 것인가?'이다. 이 두 질문에 답이 선 뒤에야 기술의 장점이 진짜 힘을 발휘한다.

결국 TPACK의 균형은 어느 한 요소를 낮추거나 높이는 일이 아니라, 기존에 교사들이 노력하고 있던 두 축PK·CK을 더욱 견고하게 만드는 작업이다. 도구가 새로울수록 가르침의 원리와 교과의 핵심을 다시 한번 검토해보자. 그럴 때 에듀테크 수업은 과시가 아니라 학습을 돕는 강력한 조력자가 될 것이다.

TPACK 기반 수업 설계, 무엇을 어떻게 점검할 것인가?

TPACK을 기반으로 한 에듀테크 수업을 설계할 때 무엇을 점검해야 하는지 정형화된 한 가지 방법은 없다. 하지만 다음과 같이 다양한 관점에서 수업을 점검할 수 있을 것이다. 먼저 학습 목표와 기술이 얼마나 긴밀하게 연결되어 있는지를 확인해야 한다. 수업에 사용하는 도구가 학습 목표 달성에 실질적으로 기여하는지를 먼저 살펴보고, 선택한 도구가 학습 내용을 더 쉽고 깊게 이해할 수 있도록 돕는지 점검한다.

TPACK 기반 에듀테크 수업 설계를 위한 체크리스트

구분	점검 목록
목표 설정	학습 목표가 구체적으로 제시되었는가?
	학습 목표가 학습자의 수준에 적절하게 연결되어 있는가?
기술 지식	선택한 도구의 사용법을 충분히 숙지하고 있는가?
내용과 기술의 연계	선택한 도구가 학습 목표 달성에 도움을 주는가?
	선택한 도구가 학생들의 학습에 도움이 되는가?
학습자	학습자가 도구의 기능을 적절하게 이용할 수 있는가?
	학습자의 수준에 맞는 난이도로 활동을 구성했는가?
평가	평가 기준이 수업 목표와 동일한 언어와 방향을 가지고 있는가?
	평가 내용이 수업 활동과 연결되어 있는가?
접근성	디지털 기기 및 네트워크 환경에 문제는 없는가?
디지털 윤리	디지털 윤리(개인정보 보호, 저작권, 사용 연령, 알고리즘 편향 등)를 준수했는가?

다음으로 학습자 분석이 필요하다. 에듀테크 도구가 학생 수준에 맞는 기능을 제공하는지, 학생들의 배경지식은 어느 정도인지를 살펴본다. 이렇게 해야 기술이 학습에 방해가 되지 않고 자연스럽게 학습과정에 녹아든다. 만약 학습자가 다루기 어려운 에듀테크 도구라면 연습을 통해 사용 방법을 익힐 것인지, 아니면 과감하게 도구 사용을 포기할 것인지 결정해야 한다.

교수·학습 과정에서 기술이 맡는 역할도 명확히 해야 한다. 수업의 진행, 실습, 평가 등 각 단계에서 기술이 어떤 기능을 수행할지 구체적으로 설계하고, 기술이 단순 보조가 아닌 학습 흐름의 필수 요소로 작용하는지를 확인해야 한다. 이렇게 역할이 분명해질 때 기술은 수업의 질을 높이는 핵심 도구가 된다.

평가와 기술 활용의 일관성 역시 중요하다. 수업 중에 강조한 내용이 평가 문항에도 반영되어야 하며, 기술을 통해 수집한 학습데이터를 평가와 피드백에 적극적으로 활용하는 것이 필요하다. 평가 기준은 학습 목표와 같은 언어로 표현되어야 하며 이를 통해 학생은 무엇이 중요한지 명확히 이해할 수 있게 된다.

마지막으로 접근성과 윤리성을 점검해야 한다. 모든 학습자가 기술을 통해 안전하고 평등하게 참여할 수 있는 환경을 마련하는 것은 기본이다. 기기나 네트워크 환경이 잘 갖춰지지 않은 학생을 위한 대안을 마련하고, 디지털 윤리를 충분히 고려해야 한다. 이러한 기준을 지키는 것은 단순한 선택이 아니라 교육의 신뢰를 유지하는 필수 조건이라고 볼 수 있다.

학생 관점에서의 TPACK

에듀테크 활용 수업의 가치는 교사의 설계와 전문성에서 비롯되지만, 그 성과는 결국 학생의 경험 속에서 드러난다. 학생에게 TPACK 기반 수업이란 기술·교수법·내용이 하나로 어우러져 학습 목표가 선명하게 다가오는 수업이다. 세 요소가 균형을 이루면 학생은 '수업이 재미있었다'를 넘어 '무엇을 배웠는지, 왜 배웠는지'를 스스로 설명할 수 있게 된다.

따라서 에듀테크 활용 수업이 단순히 재미와 흥미에 그치지 않도록 주의해야 한다. 물론 동기유발이나 수업 참여도를 높이기 위한 도구 활용이 나쁘다는 의미가 아니다. 수업을 설계하면서 학생 관점에서 에듀테크 도구를 어떻게 받아들일지도 함께 고려해야 한다는 뜻이다. 기술이 화려할수록 수업의 핵심 목표가 흐려질 가능성이 있기 때문이다.

TPACK 기반 수업은 학생의 자기주도성을 강화하는 방향으로 설계되어야 한다. 학생 관점에서 TPACK의 가치는 '수업 참여의 재미'보다 '배움의 깊이'에 있다. 기술은 호기심을 자극하고, 교수법은 그 호기심을 유지하며, 내용은 호기심이 의미 있는 지식으로 전환되게 해야 한다. 교사가 세 요소의 균형을 지켜나갈 때 학생은 수업을 통해 단기적인 성취를 넘어 장기적인 학습 역량을 키우게 될 것이다.

에듀테크 시대, 수업의 본질을 다시 세우다

　에듀테크는 수업을 풍부하게 만든다. 다양한 자료와 내용을 쉽게 보여줄 수 있고, 학생별 맞춤 수업도 가능하게 도와준다. 그러나 기능이 많다고 해서 좋은 수업이라고 말하기는 어렵다. 수업은 여전히 교육과정, 평가, 기록과의 일체화 속에서 의미를 가진다.

　교실 안에선 이미 여러 기기와 플랫폼이 활용되고 있고, 디지털 환경은 점점 더 풍부해질 것이다. 이런 환경에서 수업의 성패를 가르는 것은 새 도구의 화려함이 아니라 설계의 탄탄함이다. '더 많이'가 아니라 '더 정확히', '더 화려하게'가 아니라 '더 깊게', '더 빠름'이 아니라 '더 의미 있게'라는 기준을 지키면 에듀테크는 수업을 더 의미 있게 만들어줄 것이다.

　결국, 수업을 바꾸는 것은 기술이 아니라 교사다. 기술을 어떻게 활용할지 판단하는 전문성, 서로 배우고 나누는 올바른 교직 문화, 더 나은 수업을 위해 고민하는 교사의 모습이 교실을 변화시킨다. 그 변화를 도와주는 도구가 TPACK이며, 에듀테크 시대의 수업을 가치 있게 만드는 가이드 역할을 해줄 것이다.

놀이로 키우는
미래 핵심 역량

4

서은철
인천광역시교육청 소속 초등교사
놀이교육연구회 '1분에듀' 대표
(사)교사크리에이터협회 놀이개발팀장
전문적학습공동체
'우리동네 예·체·능 놀이터' 대표

수업이 변화하고 있다

"공부만 잘하면 장땡이다"라는 말은 더 이상 통하지 않는다. 미래의 학교는 지식의 축적만을 목적으로 삼지 않는다. 대신, 함께 살아가는 힘을 기르고, 문제를 정의하고 협력해 해결하며, 감정을 읽고 표현하는 역량을 키우는 곳으로 변화하고 있다. 오랜 시간 대한민국의 학교는 '정답 찾기'에 최적화된 구조였다. 교과서를 중심으로 배운 내용을 시험을 통해 평가하고, 점수와 등수로 서열화하며, 또래와의 비교를 통해 자신의 가치를 가늠하게 했다. 그러나 지금, 그 구조에 균열을 내려는 교사들이 늘고 있다. 정답보다 '함께'에 가치를 두는 수업, 평가보다 '몰입'이 중요한 수업, 서열보다 '관계'를 먼저 배우는 수업이 조용히 자리를 잡아가고 있다. 교실에서 아이들이 함께 웃으며, 실수해도 괜찮은 경험을 하고, 스스로를 표현하며 타인을 존중하는 법을 배울 수 있도록 돕는 움직임이 생겨나고 있다. 이 흐름의 중심에는 '놀이'가 있다.

핀란드 교육은 이런 변화를 가장 먼저 교실에 담아낸 대표적 사례다. 'Playful Learning'은 유아교육에 머무르지 않고, 초·중등교육의 전반에 녹아 있다. 수업 중간에 자연스럽게 들어가는 짧은 게임, 프로젝트 기반의 체험활동, 실수와 도전을 장려하는 문화가 전반적인 교육 분위기를 이끌고 있다. '실수해도 괜찮다' '배움은 평가가 아닌 삶이다'라는 인식이 교사와 학생 모두에게 자연스럽게 배어 있다. 미국에서도 사회정서교육을 놀이와 결합한 수업이 확산되고 있다. 예를 들어, '감정 몸으로 표현하기 Feelings Charades'와 같은 활동은 아이들이 자신의 감정을 인식하고 표현하며, 타인의 감정을 해석하는 정서적 문해력을 기르는 데 효과적이다.

대한민국에서도 변화는 시작됐다. 특히 저학년 통합교과를 중심으로 신체활동 기반 놀이 수업이 점차 확산되고 있으며, 놀이와 배움의 경계를 허무는 시도들이 교실 곳곳에서 실험되고 있다.

꾸준히 진행해오고 있는 '기적의 신체놀이' 프로젝트도 그 흐름의 연장선상에 있다. 이 프로젝트를 통해 아이들은 교실에서 몸으로 놀며, 규칙을 익히고, 친구와 협동하며, 실수에도 웃을 수 있는 수업을 경험하게 된다. 놀이가 수업에 들어가는 순간, 아이들의 눈빛이 바뀐다. 배움에 대한 내적 동기와 소속감, 협력의 기쁨이 자연스럽게 스며든다.

기억에 남는 놀이 수업 중 학부모 공개수업에서 진행한 '뒤돌아 안아주기 놀이'가 있다. 아이들은 눈을 감고 서 있는 부모의 뒷모습을 보고, 자신의 부모를 찾아 조심스럽게 다가가 부른다. 부모는 목소리를 듣고 뒤돌아서 아이를 안아준다. 이 짧은 놀이 안에는 공감, 창의적 표현, 협력, 관계 형성이라는 미래 핵심 역량들이 모두 담겨 있다. 교실엔 웃음과 눈물이 함께 터졌고, 한 학부모는 "이런 수업을 기다렸다"며 행복해했다. 그날 교실은 분명히 '놀이터'이자 '삶의 연습장'이었다.

놀이는 어떻게 전략이 될 수 있을까?

이 글에서는 대한민국 교실이 맞닥뜨리고 있는 현실적 문제와 미래 교육의 변화를 바탕으로, 놀이가 어떻게 교육적 도구를 넘어 전략이 될 수 있는지를 살펴보고자 한다. 놀이를 '쉬는 시간'이 아니라 '배움의 시작점'으로, 아이들의 언어이자 교사의 방법론으로 다시 자리매김하고자 한다.

그러기 위해서는 먼저, 오늘날의 교실에 정말 필요한 역량이 무엇인지 살펴볼 필요가 있다. 요즘 교실은 조용하다. 학습 분위기가 잘 잡혀 있어서가 아니라, 어딘가 눌린 듯한 정적이 감돈다. 아이들은 질문을 던지기보다 대답을 피해가고, 친구와 협력하기보다 혼자 해결하려 한다. 발표보다는 작성, 토론보다는 정답 찾기에 익숙하다. 코로나19 이후 비대면 학습과 개인화된 학습 환경에 익숙해진 영향도 있지만, 더 근본적으로는 '실수하면 안 된다'는 무언의 압박이 교실 곳곳에 깔려 있기 때문이다. 틀림이 부끄러움으로, 질문이 불안으로, 도전이 회피로 이어진다. 그렇게 아이들은 스스로를 감춘다.

학생들의 정서적 변화는 특히 두드러진다. 사소한 말에 쉽게 상처받고, 관계 맺기를 어려워하고, 서로의 시선을 지나치게 의식한다. 한 학급에서 있었던 일이다. 학습활동 중 친구와 짝을 정하는 과제가 나가자, 몇몇 아이들이 "나랑 짝 해줄 사람?"이라는 말을 반복하며 교실을 서성였다. 늘 함께하던 친구가 다른 아이와 짝을 이루자 표정이 굳고, 수업 후 복도에서 울음을 터뜨리는 아이의 모습도 목격되었다. 관계의 밀도가 줄고, 신뢰가 약해진 사회에서 자란 아이들은 자연스럽게 '관계 맺는 법'을 배우지 못했다. 따라서 협력, 배려, 공감 같은 가치도 경험으로 축적되지 않는다.

또 다른 문제는 '정답 중심 사고'다. 요즘 아이들은 질문을 듣자마자 머릿속으로 '맞는 답말'을 찾으려 한다. 생각의 과정을 즐기기보다 정답을 빠르게 도출하는 데 익숙하다. 이는 오랜 시간 주입식 교육과 객관식 평가 구조 속에서 길러진 반사적 태도일지도 모른다. 하지만 문제 해결력, 창의성, 의사소통 능력 같은 미래 핵심 역량은 오히려 정답 없는 상황 속에서 더 자라난다.

과정 중심의 사고, 함께 탐색하고 조정하는 협력적 태도, 그리고 감정을 기반으로 한 표현력과 공감 능력이 그 어느 때보다 중요한 지금, 이 역량을 효과적으로 키워주는 강력한 교육도구가 '놀이'이다.

그렇다면 놀이는 어떻게 아이들에게 미래 핵심 역량을 길러주는가? 놀이는 본질적으로 사회적이다. 아이들은 함께 규칙을 만들고, 역할을 나누며, 서로 간의 감정을 읽고 반응하는 과정 속에서 관계의 감각을 키운다. 대표적으로 교실에서 자주 활용하는 '단체 줄넘기'를 예로 들어보자. 줄넘기는 원래 개인 운동이지만, 단체 줄넘기로 일정 수 이상을 함께 넘기도록 목표를 설정하면 전혀 다른 성격의 놀이가 된다. 줄을 돌리는 아이, 타이밍을 재는 아이, 들어가는 아이가 하나의 팀이 되어 호흡을 맞춰야 하고, 실수했을 때는 어떻게 위로하고 다음 순서를 어떻게 준비할지 함께 결정해야 한다. 누가 잘하고 못하고를 따지기보다는 '함께 해내는 경험'이 중심이 된다. 이 과정 속에서 자연스럽게 의사소통, 배려, 협력이라는 사회적 역량이 길러진다.

자신의 감정을 인식하고 조절하는 힘도 놀이 안에서 길러진다. 두 아이가 입에 물을 머금고 얼굴을 가까이하고 자신에게 해당하는 키워드에 눈을 뜨는 '참아 게임'처럼 감정 표현을 통제해야 하는 놀이에서는 웃음이 터지는 순간마다 감정의 무게를 체험하게 된다. 또, '기억소환 놀이'에서는 어릴 적 소중했던 경험이나 사람을 떠올리며 감정적으로 연결되는 경험을 한다. 이는 '정서 조절'과 '내면 성찰'이라는 측면에서 매우 중요한 교육적 순간이다. 실수를 긍정하는 분위기도 놀이에서만큼은 자연스럽다. 틀려도 웃고, 져도 재도전하면 된다. 경쟁이 존재하더라도 놀이 안에서는 그것이 상처로 이어지기보다, 관계의 일부로 수용되는 경우가 많다.

심미적 감성 역량 또한 놀이 안에서 길러진다. 정서적 공감과 예술적 감수성은 따로 떼어 가르칠 수 없다. 감정을 표현하고, 감각을 일깨우는 놀이 활동 속에서 자연스럽게 자란다.

'감정을 몸으로 말해요'라는 활동을 진행한 적이 있다. 배경음악을 들으며 떠오른 감정을 칠판 뒤에 몰래 적고, 그 감정을 오롯이 몸짓으로 표현해 친구에게 전달하는 놀이였다. 처음엔 쑥스러워하던 아이들이 시간이 지나자 서로의 동작에 웃고, 공감하고, "기뻐서 뛰는 건가?" "저건 외로움이야!" 하고 추측하며 감정의 결을 나누기 시작했다. 놀이는 감정을 분석하게 했고, 감정을 표현하게 했고, 감정을 나누게 했다. 이 과정에서 아이들은 누군가의 마음을 상상하고 느끼는 연습을 하고 있었다.

요즘 교실에서는 점점 감정 표현이 단순해지고, 놀람이나 기쁨, 감동과 같은 섬세한 감정이 드러날 틈이 줄어들고 있다. 놀이를 통해 다시 감정을 섬세하게 건드릴 수 있을 때, 아이들의 삶은 보다 풍성해진다. 예술이, 표현이, 감성이 중요한 이유는 단순한 감동을 넘어 삶을 살아갈 수 있는 에너지를 제공하기 때문이다. 놀이를 통해 감정을 안전하게 표현하고, 나와 다른 감정을 이해하게 되며, 이것이 곧 '공감 능력'과 '정서적 안정'이라는 미래 핵심 역량으로 연결된다.

또한 놀이의 반복성은 역량의 내재화에 강력한 힘을 가진다. 일회성 프로젝트나 특강과 달리, 매일 반복되는 짧은 놀이 속에서 아이들은 차곡차곡 감정과 태도를 축적한다. 놀이는 정답이 없는 질문을 던지게 하고, 때론 규칙을 새롭게 바꾸게도 한다. 이는 창의성과 비판적 사고를 동시에 요구하는 과정이다.

한 학급에서는 놀이를 마치고 돌아가는 시간, 아이들이 자연스럽게 서로 손을 잡고 복도를 걷는 모습을 볼 수 있었다. 놀이가 끝난 뒤에도 그 여운은 남아 교실 바깥으로 퍼져나간다. 놀이를 통한 관계, 놀이를 통한 감정, 놀이를 통한 자율성은 결국 아이들의 일상과 학습 전반을 바꾼다.

놀이 안에는 다양한 '역할'이 숨어 있다. 앞장서서 작전을 짜는 아이, 조용히 전세를 살피며 움직이는 아이, 다친 친구를 챙기는 아이, 공 하나로 분위기를 반전시키는 아이. 그리고 그 역할은 경기의 흐름에 따라 끊임없이 바뀐다. 이는 곧 유연한 사고와 협력적 태도를 익힐 수 있는 최적의 장이 된다. 예를 들어 '진화피구'는 단순한 공놀이가 아니다. 이 놀이에는 단계가 있다. 처음엔 모두 서서 수비하지만, 공에 한 번 맞으면 무릎을 꿇고, 두 번 맞으면 앉은 채로 수비해야 한다. 움직임이 제한되면서도 아이들은 자신이 할 수 있는 최선의 위치를 찾아 움직인다. 그런데 여기서 반전이 있다. 서 있는 친구가 공을 잡으면, 우리 팀 한 명을 한 단계 '진화'시킬 수 있다. 무릎 꿇은 친구를 다시 일으켜 세울 수 있고, 앉아 있던 친구를 무릎 꿇는 단계로 끌어올릴 수 있는 것. 상황을 뒤집을 수 있는 열쇠가 '서 있는 친구의 손'에 달려 있는 셈이다. 또 완전히 아웃된 아이는 경기장 밖에서 공격수가 되어, 이제는 상대를 겨냥하는 새로운 역할을 맡게 된다. 공 하나에 따라 역할은 계속 바뀌고, 아이들은 그 변화에 맞춰 팀 전략을 조율한다. 자연스럽게 협력, 배려, 리더십, 판단력 같은 역량이 놀이 안에서 키워진다. 누가 시켜서가 아니라 스스로 판단하고 움직이는 경험. 그것이 바로 놀이의 힘이다. 놀이는 단순한 활동이 아니라, 아이들이 '살아보는 연습'을 하는 진짜 삶의 장이다.

"오늘은 수업 대신 놀이나 할까?" 이 한마디에 아이들의 표정은 환해진다. 놀이가 주는 힘은 단순한 즐거움에 그치지 않는다. 그것은 마음을 여는 열쇠이고, 관계를 시작하는 매개이며, 교실의 공기를 바꾸는 촉매제다. 요즘처럼 불안과 조심스러움이 교실을 감싸고 있는 시기에, 놀이만큼 자연스럽게 아이들을 연결하는 도구도 드물다.

놀이가 과연 사회적 역량 이외에 사고력과 정보처리 능력 같은 역량들도 키워줄 수 있을까?

지금 교실 안의 아이들을 보면, 정답을 빠르게 말하는 능력에는 익숙하지만, 과정을 탐색하고 아이디어를 실험해보는 경험은 턱없이 부족하다. 놀이가 필요한 이유가 바로 여기에 있다. 정답 없는 상황에서 스스로 판단하고 조율하며 결과를 만들어내는 경험이 놀이 안에는 자연스럽게 담겨 있다.

• **창의적 사고 역량**: 창의성은 갑자기 솟구치는 번뜩임이 아니라, 다양한 시도와 실패, 변형의 과정을 통해 자란다. '비행기 멀리 날리기 대회'처럼 단순한 놀이도 마찬가지다. 누가 더 멀리 날릴 수 있을까? 처음에는 종이 한 장을 접어 기본형 비행기를 날리던 아이들이, 곧 날개를 넓히거나 꼬리 날개를 붙이며 구조를 바꾸기 시작한다. 어떤 친구는 종이 무게를 바꾸기 위해 종이를 덧붙이고, 또 어떤 친구는 비행기 코끝을 뾰족하게 다듬는다. 다른 모둠의 시도를 관찰하고,

자기만의 방식으로 변형하며 계속해서 시도하는 가운데, 놀이 속에서 '문제 해결'과 '실험'이 자연스럽게 이어진다. 이때 교사는 '왜 그렇게 접었는지' '다른 방법은 뭐가 있을지' 묻고 함께 고민해주기만 해도 수업은 순식간에 사고력 중심의 학습으로 전환된다.

• **지식정보처리 역량**: 지식정보처리 역량은 4차 산업혁명과 AI 기반 사회를 살아갈 아이들에게 반드시 필요한 핵심 역량이다. 하지만 지금의 교실은 여전히 '정보를 받아들이는 연습'에 몰입되어 있다. 이러한 흐름을 바꾸기 위해, 교실 수업에 '미션 교실탈출 놀이'를 도입한 적이 있다.

먼저 교사는 문제 제공 단계에서 교실 곳곳에 단서 카드를 미리 배치해둔다. 각 단서는 퀴즈, 실천 과제, 또는 짧은 정보로 구성된다. 모둠별로 출발 카드를 받은 아이들은 "이 속담은 어떤 상황에 쓰일까요? 다음 장소는 정답의 첫 글자로 시작하는 곳!"과 같은 미션을 받고 본격적인 활동을 시작한다. 학생들은 이 단서를 해석하고, 그 의미를 추론한 뒤 다음 장소를 추리하거나 문제를 해결해야만 다음 단서에 접근할 수 있다. 이렇게 탐험과 풀이를 반복하며 모둠은 점차 최종 목표 지점에 가까워지고, 마지막 미션을 완수한 팀은 교실을 탈출, 청소 없이 집으로 귀가하는 보상을 받고 활동을 마무리한다.

이 수업에서 아이들은 단순한 정보 소비자가 아니었다. 단서를 분석하고, 문맥을 읽고, 순서와 관계를 유추하며 스스로 전략을 세우는 과정에서 정보 처리의 주체가 되었다. 단편적인 암기보다 맥락 속에서 정보를 연결하고 의미를 구성하는 능력은 놀이를 통해 더욱 자연스럽고 강하게 길러졌다. 결국 이 활동은 아이들이 정보를 탐색하고 활용하며, '지식'을 넘어서 '지혜'로 다가갈 수 있도록 만들어준 경험이 되었다.

• **언어학습**: 놀이는 언어학습조차도 '지식 전달'이 아닌 '공동 창조'의 경험

으로 확장시킨다. 한 예로, 영어 알파벳을 배우는 시간에 '둘이서 알파벳 만들기'라는 놀이를 진행한 적이 있다. 아이들은 짝을 지어 바닥에 눕거나 몸을 세워 A부터 Z까지의 알파벳을 신체로 표현하는 미션을 수행했다. 한 친구는 팔을 길게 뻗고, 다른 친구는 몸을 반쯤 구부리며 서로의 모양을 조율해나갔다. 단순히 몸을 움직이는 퍼포먼스처럼 보이지만, 아이들 사이에서는 어떤 각도가 더 알파벳같아 보이는지, 서로의 위치와 역할을 어떻게 나눌지에 대한 관찰과 토론이 활발히 일어났다. 학습의 주체가 교사가 아닌 아이들이 되었고, 친구와 협업하며 만들어낸 결과물에 대한 만족감은 단순한 필기 학습보다 훨씬 오래 지속되었다. 이 활동은 그저 몸으로 만드는 퍼포먼스가 아니라 공간 지각, 신체 조절, 협력적 의사소통이 동시에 요구되는 복합적 놀이였다.

또 다른 사례로, 국어 독서 단원 수업에서 '동화 스탑앤플레이'라는 놀이형 프로젝트를 도입한 적이 있다. 모둠별로 동화 제목 카드를 받은 뒤, 아이들은 해당 동화를 어떻게 표현할지 짧게 의논했다. 누가 어떤 역할을 맡고, 어떤 장면을 어떤 동작으로 표현할지를 함께 고민하는 이 과정에서 자연스럽게 내용 이해와 표현 전략이 오갔다. 이후 한 모둠이 무대에 나서면, 나머지 친구들이 "하나, 둘, 셋, 스탑!"을 외치고 그 순간 정지한 동작을 보고 나머지 친구들이 동화를 유추했다. 아무도 맞히지 못하면 "플레이!"라는 구호에 맞춰 움직임과 대사를 덧붙여 힌트를 제공했다. 정답을 맞히면 문제를 낸 팀과 맞힌 팀 모두 점수를 얻는 방식이었고, 역할을 돌아가며 반복했다.

이 활동의 중심에는 단순한 표현이 아닌 의미 파악과 상징적 전달이라는 고차원적 사고가 있다. 아이들은 동화의 핵심 장면을 찾고, 그 장면을 어떻게 짧은 동작이나 정지화면으로 효과적으로 표현할지를 두고 깊이 고민했다. 이 과정에서 관찰력과 표현력, 맥락을 파악하는 해석 능력, 그리고 전략적으로 정보를 구성하는 사고력이 자연스럽게 자라났다. 무엇보다 팀원 간의 소통과 협력이 필수였기에, 의사소통 능력과 공동의 목표를 향한 협업 태도가 절로 길러졌고, 다양한 표현방식 속에서 서로의 다름을 이해하고 존중하는 태도도 함께 배워나갔다. 역할을 순환하며 문제를 내고 푸는 과정 속에서 자연스러운 몰입과 상호작용이 일어났고, 평소 말수가 적었던 아이들도 자기 생각을 표현하는 데 훨씬 적극적이 되었다.

이처럼 놀이는 활동 자체보다 그 과정 중 오가는 언어와 표정, 생각의 교류 속에서 진짜 배움을 만들어낸다. 교실이 다시 살아나는 순간은, 바로 이렇게 아이들이 함께 궁리하고 움직이며 웃는 시간 속에서 만들어진다.

"그럼 수업은 언제 하나요?" 놀이라는 단어를 들으면 여전히 일부 사람들은 걱정부터 꺼낸다. 수업은 교과서로 하고, 놀이는 쉬는 시간에 하는 것이라는 분절된 생각이 아직 있기 때문이기도 하고, 안타깝게도 모든 놀이가 학습이 되지는 않는다는 점 또한 사실이기 때문이기도 하다.

놀이가 교육의 중심에 설 수 있으려면 교육적으로 설계되어야 하며, 핵심 역량과 연결되어야 한다. 교육부에서 제시하는 여섯 가지 핵심 역량(자기관리, 지식정보처리, 창의적 사고, 심미적 감성, 의사소통, 공동체 역량)은 결국 아이들이 '혼자 잘 사는 것'이 아니라 '함께 살아가는 법'을 익히는 방향으로 나아간다. 놀이는 이러한 역량을 자연스럽게 길러주는 최적의 방식으로, 공동체성·자율성·창의성·감정 표현을 한 번에 담아낼 수 있는 유연한 틀이다.

교사로서 수많은 놀이 수업을 진행하며 확인한 사실 하나는 이것이다. 놀이를 단순히 '수업의 쉬어가기'로 여긴다면 아무것도 남지 않는다. 그러나 놀이가 수업의 출발점이자 중심이 될 때, 아이들은 그 안에서 놀라운 속도로 성장한다. 이것이 바로 놀이가 미래 교육의 메인 무대로 올라서야 하는 이유다.

놀이를 통해 교실은 달라진다

놀이를 통해 아이는 달라진다. 앞으로의 교육 개혁 논의는 '무엇을 가르칠까'에서 '어떻게 함께 성장할까'로 초점이 이동해야 한다. 그리고 그 중심에 놀이라는 키워드가 있다.

놀이를 전략으로 삼기 위해 교사는 세 가지 역할을 담당해야 한다.

> 첫째, 놀이를 '계획'하는 사람.
> 둘째, 놀이의 흐름을 '조율'하는 사람.
> 셋째, 놀이를 통해 배움의 '의미'를 짚어주는 사람.

가장 중요한 것은 의도적 설계다. 놀이를 수업에 도입할 때는 '무엇을 왜 길러주고 싶은가'에 대한 교사의 명확한 관점이 있어야 한다. 예를 들어, 감정 조절이 어려운 학급이라면 경쟁 대신 협동 요소가 강한 놀이를 선택하고, 소통이 부족한 경우라면 역할극 형태의 놀이를 설계해야 한다. 단순히 재밌는 놀이가 아니라, 수업의 목표와 학급의 상황에 맞게 구조화된 놀이여야 교육적 효과를 낼 수 있다.

다음으로는 교사의 개입 방식이다. 놀이가 시작되면 교사는 지도자가 아니라 관찰자이자 조율자가 된다. 아이들이 자발적으로 규칙을 만들고, 룰을 수정하며, 문제를 해결하도록 한발 물러선다. 그러다 갈등이 생기거나 흐름이 끊길 때, 최소한의 개입으로 분위기를 되살리는 정도의 역할만 수행한다. 이때 중요한 것은 통제하지 않고, 구조화하는 것이다. 규칙은 교사가 아니라 아이들이 만드는 것처럼 느껴지게 하고, 진행은 자연스럽게 흘러가게 돕는다.

무엇보다도 중요한 것은 놀이가 끝난 뒤다. 교사가 놀이를 학습으로 연결지어주는 언어를 던질 때, 그 경험은 단순한 재미를 넘어선다. "왜 그 장면에서 웃음이 터졌을까?" "가장 기억에 남는 순간은 언제였니?" "오늘 너는 어떤 역할을 한 것 같아?"와 같은 질문은 놀이를 내면화시키는 촉진제가 된다. 교사는 이처럼 놀이의 '마무리'로 역량의 언어를 부여한다. 배움은 놀이 속에서 자라고, 말 속에서 각인된다.

실제 교실에서 놀이를 수업 전략으로 활용했을 때 아이들의 변화는 뚜렷하다. 등교 거부를 하던 아이가 '놀이 영상 촬영 담당'이라는 역할을 맡은 뒤 자발적으로 아침 일찍 등교하기 시작했고, 학급 내에서 늘 고립되던 학생이 '숨바꼭질의 심판'으로 활약하며 친구들의 인정을 받기도 했다. 교실은 놀이를 통해 '이기는 사람'이 아니라 '필요한 사람'이 되는 공간으로 전환된다.

교사의 역할은 '재밌는 놀이를 잘 찾는 사람'이 아니라, 놀이를 교육으로 재해석하는 사람이다. 재해석이 이루어지는 순간부터 놀이는 수업의 도구가 아닌, 철학이 된다.

미래 교육에서 놀이는 어디에 위치해야 할까?

앞서 언급했듯이 미래 교육을 이야기할 때 가장 자주 등장하는 단어는 '역량'이다. 정해진 지식을 얼마나 많이 알고 있는가보다, 변화하는 세계에서 어떤 문제를 어떻게 정의하고, 누구와 함께 해결해나갈 수 있는가가 중요한 시대다.

놀이는 본능이자 권리이며, 동시에 교육의 본질에 가까운 활동이다. 정답 없는 세계에서 자신만의 전략을 짜고, 다른 사람과 소통하며 규칙을 조율하고, 몸을 움직여 감정을 표현하는 것. 이 모든 과정은 역량 중심 교육이 지향하는 목표와 완벽히 겹친다. 다시 말해, 놀이는 미래 핵심 역량을 키우는 가장 본질적이고 자연스러운 통로인 셈이다.

무엇보다 중요한 것은, 놀이는 아이들의 삶과 분리되지 않는다는 점이다. 놀이 시간이 따로 존재하는 것이 아니라, 삶의 흐름 안에 배어 있는 교육활동이 되어야 한다. 가르치기 위해 만드는 놀이가 아니라, 놀다 보니 배우고 있는 교실. 억지로 따라야 하는 수업이 아니라, 참여하고 싶어지는 학습 환경. 그것이 바로 '살아 있는 교실'이며, 우리가 지향해야 할 미래 교육의 모습이다.

한 아이가 수업을 마치고 조심스럽게 물었다.

"선생님, 우리 오늘은 수업 안 했어요?" "아니야. 너 오늘, 진짜 많이 배웠어." 그날은 '집에서 가져온 물건의 광고 만들기' 수업이 있던 날이었다. 아이들은 각자 집에서 한 가지 물건을 들고 와 소개하는 것으로 시작했지만, 수업은 단순한 발표에서 그치지 않았다. 물건의 특성과 용도를 분석하고, 그 장점을 어떻게 강조할지, 단점은 어떻게 보완할지를 함께 고민하며 전략을 세워나갔다. "이건 작아서 들고 다니기 편하니까, 휴대성을 어필하자." "광고에 할인 문구를 넣어야 더 잘 팔릴 것 같아." 아이들은 이미 마케팅 기획자이자 문제 해결자가 되어 있었다.

무엇보다도 아이들은 교실이라는 틀에 갇혀 있지 않았다. 광고 배경을 만들기 위해 미술실에서 색지를 찾아오고, 연출에 사용할 물건을 구하기 위해 교무실, 과학실, 복도를 누비며 자료를 수집했다. 어떤 모둠은 사물함 위에 삼각대를 세우고, 또 어떤 모둠은 계단을 내려다보는 장면을 찍기 위해 2층 복도를 점령했다. 교실과 학교 전체가 놀이의 무대이자 탐색의 공간으로 확장되었다. 교사는 그저 문을 열어주었을 뿐이다. 아이들은 스스로 방향을 정하고, 문제를 해결하며, 함께 협력해나갔다. 놀이처럼 자유롭게 움직이며 배운 그 하루는, 교과서 과정엔 없지만 가장 실감나는 수업을 한 날이었다. 자기 삶과 연결된 물건 하나에서 출발해, 아이들은 분석하고, 표현하고, 협업하며 진짜 배움을 일궈냈다.

미래 교육은 거창한 기술이나 유행하는 말들로 완성되지 않는다. 아이들이 삶 속에서 의미를 발견하고, 스스로 탐색하며, 서로의 시선을 존중하고 협력할 수 있도록 이끄는 것, 그것이 진짜 미래 교육이다. 놀이는 그 가능성을 품고 있다. 놀이가 교실에 들어오는 순간, 배움은 자연스럽고 유의미해진다. 놀이는 교실을 다시 숨 쉬게 만든다. 경쟁과 수치 대신 관계와 몰입, 표현과 성장이 중심이 되는 공간. 그것이 교실의 본래 얼굴이며 우리가 되찾아야 할 교육의 본질이다. 교실은 다시 놀이터가 되어야 한다. 그 안에서 우리는 아이들의 미래를 함께 길러낼 수 있다.

워크맨에서 Suno까지, 수학으로 노래하는 아이들

김성문
전라남도교육청 소속 중등교사
교육부 「행복한 교육」 명예기자

5

"너는 수학 시험 끝나면 뭐 해?"

"난 수학 노래 가사 써. 그리고 내 노래를 만들어."

처음엔 농담처럼 들렸다. 그런데 이제 교사인 나도 요즘엔 내가 쓴 가사를 AI 음악 생성 앱 Suno[1]에 넣어 '함수 랩'을 만들어낸다. 학생들은 친구들과 함께 수학 개념을 노래로 외우고, 학급 SNS에 공유하며, 리듬과 개념을 함께 익힌다. 더 이상 수학은 숫자만의 언어가 아니다. 음악이라는 감성의 옷을 입고 교실 속으로 스며들고 있다.

애플 아이팟과 디지털 음악의 대전환, 그 교육적 시사점

1990년대, 음악은 '소유'의 대상이었다. 워크맨과 CD, 그리고 CD플레이어는 X세대의 상징으로 음악을 담는 매개체이자 그 시대를 살아가는 신세대에게는 지금으로 말하자면 혁신 그 자체였다. 그러다 2001년, 애플은 아이팟iPod이라는 이름으로 세상을 뒤흔들었다. '1,000곡을 주머니에'라는 슬로건은 단순한 기술 혁신이 아니라, '경험'의 전환이었다. 음악은 이제 '소유'에서 '스트리밍'으로, '감상'에서 '창작'으로 이동했다.

교육도 마찬가지다. 예전에 교사는 암기 위주의 지식을 그대로 가르치고 학생은 무조건 외우는 것이 전부였고, 평가라는 것은 학생들이 외운 내용을 얼마나 올바른 형태 그대로 재현해내는가에 대한 판단이었다. 지금은 학생이 만들어내는 콘텐츠가 수업의 결과물이 되고, 그 결과물이 어떻게 제시되고, 어떻게 표현이 되는지가 평가의 기준이 된다.

---

[1] Suno는 미국에서 개발된 인공지능 음악 생성 앱으로, 별도의 작곡 기술 없이도 누구나 가사만 넣으면 1분 이내에 고퀄리티의 음악을 완성할 수 있다. 가입 직후 무료로 제공되는 10회의 생성 기회를 통해 학생들도 손쉽게 체험할 수 있다.

과거에 멋진 수업이란 도입, 전개, 정리의 3단계를 정확히 지키면서 교수학습 지도안에서 제시한 내용을 예쁜 판서와 함께 정확한 시간 내에 마무리 짓는 것이었다면 지금의 혁신 수업은 이미 존재하는 무궁무진한 지식을 교사가 적절한 에듀테크를 활용하여 학생들에게 이해시키고 학습 능력을 향상시키는 것이다.

대한민국 교실에서 '수학'을 노래하다
—Suno를 활용한 수업 혁신

한 고등학교 수학시간 마지막 차시, "오늘은 수학 노래 가사를 직접 쓰고 작곡하고, 노래를 제작합니다". 교사의 안내에 따라 학생들은 여러 번 해본 전문가처럼 본인의 태블릿 PC를 사용해 작업을 시작한다.

학생들은 전자칠판으로 안내된 모둠 구성표를 보고 별도의 자리 이동 없이 몇 번의 손가락 터치로 구글 공동문서에 접속하여 온라인 협업을 시작한다. 과거 본인의 책과 필기도구를 가지고 자리를 이동하는 모둠활동과는 사뭇 달라진 모습이다.

온라인을 통한 모둠별 프로젝트의 첫 시작도 불과 2~3년 전과 달라졌다. 각 모둠별 한 명의 학생이 인공지능 ChatGPT에게 다음과 같은 프롬프트를 입력한다. "함수에 대한 수학적 정의, 관련 공식, 그래프와 관련해 예시문제를 찾아줘." 예전에는 이 시기에 모든 구성원이 네이버, 구글 혹은 위키피디아를 통해 자료를 탐색하여 하나의 공동문서 플랫폼에 복사해서 붙여넣기의 바쁜 시간을 보냈다면 지금은 아니다.

각 모둠별 한 명의 대표학생이 인공지능 ChatGPT를 통해 찾은 자료를 구글 공동문서 작업에 한 번의 붙여넣기를 실시한 후, 모둠별로 진위여부를 검증하면서 수정하는 협업이 이루어진다. 이 과정에서 학생들은 자료에 대한 분석과 비판을 통해 자신의 수학적 사고능력을 신장시키고 온라인을 통한 팀내 협업은 자연스럽게 일어난다.

수집과 검증이 완료된 자료는 곧바로 가사 창작으로 이어진다. 학생들은 ChatGPT를 통해 모둠별로 검증이 완료된 수학 개념 자료를 수학 노래 가사로 재변형한다. 창작의 고통은 ChatGPT를 통해 1분 이내에 마무리된다. 그다음 Suno 앱을 열어 곡의 장르, 분위기, 속도 등의 간단한 프롬프트를 선택하고, ChatGPT가 만들어준 수학 노래 가사를 입력하면 바로 고퀄리티의 수학 노래가 만들어진다.

제작된 음악은 패들렛Padlet 플랫폼을 통해 수업의 모든 구성원들과 공유된다. 아이들은 서로의 음악을 들으며 수학 개념을 되짚어본다. 자신의 태블릿과 블루투스 이어폰을 통해 음악을 감상하고, 교실 내 전자칠판은 일부 학생들이 자신의 결과물(창작한 수학 노래)을 실시간 미러링하여 공유하는 공간으로 바뀐다.[2]

이처럼 예술과 결합된 수학 수업은 단순히 노래 만들기로 끝나지 않는다. 친구들의 노래를 함께 감상하고, 가사 속에 담긴 수학 개념을 추론·발표하는 활동으로 이어진다. 수업은 자연스럽게 요약, 정리, 표현, 그리고 '공유'로 구성되며, 수학적 사고력과 창의력은 더불어 길러진다.

세계 여러 나라의 '창작 기반 수업'의 흐름

세계 여러 나라에서는 음악과 인공지능을 결합한 창작 기반 학습Creative-

---

2 학생들이 작곡한 수학 노래
  일대일 함수: https://suno.com/s/8IpRDrN9ZGsVTCBs
  일대일 대응: https://suno.com/s/oiAFVeGvYctDQ2jl
  상수함수(1절), 항등함수(2절): https://suno.com/s/Im8p4YCT2nL2TWzM

based Learning이 확산되고 있다. 단순 감상을 넘어 학생이 주도적으로 콘텐츠를 제작하고 협업하며 공유하는 경험이 교실 속에 자리잡고 있다. 특히 AI 음악 생성도구는 음악·코딩·비판적 사고를 융합하는 교육 매개체로 주목받고 있다.

미국 조지아공대 : EarSketch 프로젝트[3]

미국 조지아공과대학교 Georgia Tech는 EarSketch라는 웹 기반 플랫폼을 통해 학생들이 Python이나 JavaScript를 사용해 음악을 작곡하도록 지도한다. 학생들은 사운드 라이브러리와 AI 기능을 결합해 리듬과 멜로디를 코딩하여 자신만의 곡을 제작한다. 이를 통해 음악 창작과 컴퓨터 과학교육이 자연스럽게 융합된다. EarSketch는 현재 전 세계 180여 개국에서 130만 명 이상이 사용 중이며, 미국 국립과학재단 NSF의 지원을 받아 발전하고 있다.

중국 대학 : LLM 기반 'Teachable Agent' 실험[4]

중국의 한 대학에서는 대규모 언어모델(LLM)을 기반으로 한 '교육 가능 대리자 Teachable Agent'를 활용해 음악 이론 수업을 진행한다. 학생들은 AI에게 개념을 설명하고, AI는 질문과 피드백을 제공하며 학습을 확장시킨다. 실험 결과 AI와 상호작용한 그룹은 전통적인 강의 스타일의 그룹보다 인지 부하가 낮고 학습 성취도가 높았다. 이는 AI가 학습 파트너로서 학생의 사고 과정을 촉진하고

---

[3] Georgia Institute of Technology, EarSketch Official Website, 2024
https://earsketch.gatech.edu
Alicia Coalition, Federal Funding Is Building a Bridge Between Music, Math, and STEM for Students, 2023
https://www.alicoalition.org/success-story/federal-funding-is-building-a-bridge-between-music-math-and-stem-for-students

[4] "Exploring the Impact of an LLM-Powered Teachable Agent on Learning Gains and Cognitive Load in Music Education.", Jin, L., et al., arXiv preprint, 2025
https://arxiv.org/abs/2504.00636

복잡한 개념을 체계적으로 정리하는 데 훨씬 효과적임을 보여준다.

국제 연구 : AI 보조 음악교육의 잠재력[5]

2024년 발표된 국제 학술 연구에서는 AI를 활용한 음악교육의 장점과 과제를 종합적으로 분석했다. 연구팀은 AI의 주요 활용 분야로 작곡 지원, 실시간 피드백, 지능형 튜터링 시스템, 협업 창작도구 등을 제시하며, 특히 개인 맞춤형 학습 경험과 창의성 증진의 가능성을 높게 평가했다. 반면 대한민국은 여전히 지필평가 중심이지만, 일부 혁신학교 및 연구학교에서 AI를 활용한 음악교육이 시도되고 있다. 특히 에듀테크에 친숙한 교사들이 주도한 이 변화는 학교 현장의 디지털 전환 속도를 끌어올리는 핵심 동력이 되고 있다.

교육의 본질, '경험의 전환'에 있다

음악을 '듣는' 도구였던 아이팟이, 학생들에게는 '만드는' 도구인 Suno로 진화했다. 이는 단순한 기술 변화가 아니다. 교육의 방향이 '정보 전달'에서 '경험 제공'으로 바뀌고 있음을 보여주는 상징적 모습이다.

앞으로의 교육은 더 이상 '무엇을 아느냐'가 아니라, '어떻게 표현하느냐'로 평가될 것이다. 에듀테크는 단순히 디지털 도구가 아닌, 학습의 언어와 문화를 바꾸는 '교육 인프라'가 되어야 한다. 그 시작점은 언제나 교실, 그리고 교사의 작은 실험이다. 아이팟이 음악을 개인의 손에 쥐어준 것처럼, Suno는 배움을 학생의 목소리로 만들어준다. 그리고 그 노래는, 시험지보다 오래 기억된다.

---

[5] "Artificial Intelligence-Assisted Music Education : A Critical Synthesis of Challenges and Opportunitie.", Merchán Sánchez-Jara, J.F., et al., Education Sciences, 14(11), 1171, 2024
https://www.mdpi.com/2227-7102/14/11/1171

해외 교육 교류 기회! 아는 만큼 가까워집니다

권기정
교육부 국립국제교육원 교육교류협력팀장
(前) '함께학교(교육부 디지털 소통 플랫폼)' TF 팀장
(前) 서울특별시교육청 교육연수원 교육연구관

6

"이런 게 있었나요?" "네, 있습니다." "진작 알았다면 정말 좋았을텐데…."

담당 사업에 대해 안내할 때 현장의 많은 교사로부터 가장 흔하게 듣는 반응이다.

'이런 것 어디 없을까?' 하는 생각에 마음먹고 찾아보면, 웬만한 사업은 이미 시행 중이거나, 양질의 자료도 적지 않음을 발견할 때가 많다.

교육부에서 근무하고 있음에도 주요 정책이나 사업에 대해 다 알지 못할 정도로 조직이 거대하고, 사업이 복잡하다는 것을 위안삼고 싶지만, 그럼에도 불구하고 담당자로서 진한 아쉬운 마음과 함께 사업 홍보에 좀 더 신경 써야겠다고 다짐하게 된다.

알고도 안 하는 것과 몰라서 못 하는 것은 큰 차이가 있지 않은가. 아무리 좋은 사업이라 한들 현장에서 모르면 아무 의미가 없다.

이름부터 생소한 국립국제교육원은 1962년 설립 이후 교육부 책임운영기관으로 60년 이상 글로벌 인재 양성과 국제 교육 교류 협력의 중심기관으로서 역할을 해왔다. 국제교류사업의 역사와 규모는 국력(경제력)에 정확하게 비례하는데, 본격적인 예산 투자와 사업 확대는 2000년대 이후부터 이루어져 체감 인지도가 조금씩 높아지고 있다.

한국어, 한국 문화에 대한 국제사회의 관심 덕분에 기관명보다 오히려 더 유명한 것이 한국어능력시험Test Of Proficiency In Korean, TOPIK인데, 외국인의 국내 유학·취업·체류자격 취득 등에 활용하는 바로 이 TOPIK 주관 운영기관이 국립국제교육원이다. 동시에 해외 우수 인재들을 선발하여 국내 대학(원)에서 학위과정 이수를 지원하여 지한知韓, 친한親韓파를 육성하는 국제장학 프로그램인 정부초청외국인장학사업Global Korea Scholarship, GKS도 기관의 핵심사업이라 할 수 있다.

이렇듯 국제사회에서 대한민국의 위상이 높아짐에 따라 그에 걸맞은 해외 인재의 전략적 유치와 학업을 지원하는 다양한 사업(In-Bound)을 운영하고 있다.

국내 인재의 해외 진출(Out Bound) 사업

국립국제교육원에서 주관 또는 관여하는 국제 교육 교류 사업으로는 국비 유학생 선발·파견 사업, 미국에서의 인턴십 기회를 제공하는 한·미 대학생 연수Work·English·Study·Travel, WEST, 상호 교류를 통해 학생과 교원의 양국 간 이해를 높이는 한·중 / 한·일 교육 교류 사업이 있다. 또한, 우리나라의 우수한 교원을 파견하여 ODA(Official Development Assistance, 공적개발원조) 국가의 기초교육 향상을 지원하는 교원 해외 파견 사업도 추진하고 있다.

교원 해외 파견 사업(Korean Government-Sponsored Volunteer Teacher Program)

우수한 우리나라 교원을 수원국(受援國, 원조를 받는 나라) 현지 교육기관에 파견하여 기초교육 향상을 지원하고 해외 교육봉사 활동 기회를 제공하여 교육 ODA 실현으로 국제사회의 일원으로서 책임을 다함과 동시에 우리나라 교원의 글로벌 교육 역량을 강화하는 사업이다. 2013년 사업이 시작된 이후, 현재까지 25개국[1]으로 총 726명의 우리 교원을 파견하였다. 파견국 및 파견 규모는 수원국의 요청, 예산 범위 등에 따라 매년 달라질 수 있다. 현지 초·중등학교 등 교육기관에서 주당 15시수 수준으로 전공 교과목 수업을 진행하는데, 경험자의 말에 의하면 행정업무가 전혀 없어 오롯이 교수 활동에만 집중할 수 있는 것이 큰 장점이다. 더욱이 내년부터는 사업 시행 후 처음으로 현직 교원은 '고용휴직'이 아니라 '파견'의 신분으로 나갈 수 있게 되었다. 실질급여 상승, 생애진로설계 연속 등 이점이 상당하여 우수한 현직 교원의 지원이 대폭 확대될 것으로 예상하고

---

1 태국, 말레이시아, 키르기스스탄, 우즈베키스탄, 카자흐스탄, 세르비아, 우간다, 파라과이 등 아시아, 동유럽, 아프리카, 중남미 등지의 ODA 국가

있다. 해당 사업에는 현직 교원뿐만 아니라, 교원자격증을 취득하고 현장에 나서기 전 예비 교원이나, 퇴직 교원도 지원할 수 있다.

또한 교·사대생(교육대학원 및 교직과정 포함)을 위한 단기 해외 교육봉사 사업도 빼놓을 수 없다. 방학을 이용해 4주간 ODA 국가의 현지 교육기관을 방문하여 교육봉사를 하는 프로그램으로 선후배와 함께 팀을 이뤄 진행하는 만큼 두려움은 줄이고, 교육봉사와 실습의 의미는 배가시킬 수 있다. 항공비, 현지 체재비, 프로그램 운영비 모두 선발팀에게 지원하는 금액(1억 원 이내)으로 충당이 가능하고, 다른 사업과 달리 ODA 국가라면 어느 국가든 스스로 선택이 가능하다는 것도 큰 장점으로 꼽힌다. 국제 교류 사업을 경험하고 싶은 꿈 많은 예비교원에게 꼭 추천하고 싶다.

한·일 / 한·중 교류 프로그램

마당을 같이 쓰는 이웃, 가깝고도 먼 나라. 아픈 역사를 가지고 있으면서도 전략적으로 가까이할 수밖에 없는 이웃 나라. 경제교역의 규모가 가장 큰 나라, 일본과 중국. 우리에게 정치적 영향을 가장 많이 끼치는 나라들로 교류 프로그램 역시 그로부터 완전히 자유롭지는 못하지만, 대체적으로 한·일, 한·중 간 교류는 확대되고 있다. 아무래도 일찍부터 선진국이었던 일본과의 교류 프로그램[2]이 더 다양하지만, 중국과의 교류 역시 증가하는 추세다.

일본과는 교사뿐만 아니라 고등학생이나 대학생까지 모두 교류할 수 있는 프로그램이 있다. 먼저 매년 고등학생은 200명, 대학생 및 교원은 각 100명 규모로 5일에서 9일까지 상대국을 직접 방문 체험하는 단기 프로그램이 있다. 모든 프로그램은 국립국제교육원에서 교육청으로 사업 안내 공문을 보내면, 교육

---

[2] 대표적으로 제네시스(Japan East Asia Network of Exchange for Students and Youth, JENESYS) 프로그램을 들 수 있다. 이는 일본 외무성이 운영하는 프로그램으로 한국을 비롯한 아시아 및 대양주 지역과의 인적 교류를 통해 일본 이해를 촉진하려는 목적이며 대학생 및 젊은 세대를 겨냥하고 있다.

청에서 적격자를 추천하여 대상자를 선발하고 있다.(대학생은 직접 지원)

　고등학교 졸업자 및 대학(원)생은 미래인재 초청, 교환학생, 고등교육 유학생 교류 프로그램을 통해 짧게는 몇 달에서부터 길게는 4~5년까지 등록금과 항공료는 물론 매달 학업장려금을 지원받으며 유학할 수 있다. 사업의 역사가 꽤 길어 경력이 많은 교사들도 잘 알고 있는 문부과학성 초청 교원 연수는 연간 10명 이내로 선발하며 일본어교사를 위한 방학 중 단기(3주) 연수 프로그램도 운영하고 있다.

　중국과는 중국어교사를 위해 단기 교류 프로그램(4주)을 진행하고 있으며, 일본과 마찬가지로 고등학생과 대학생 교류 프로그램을 운영하고 있다. 연간 100명 이내의 고등학생 교류 프로그램은 전국 17개 교육청을 통해 고루 선발하는 일본과는 달리, 국립국제교육원과 중국 교육부 간 협의를 통해 양국의 주관 교육청을 순차적으로 선발하여 해당 교육청 관내의 학생이 교류하고 있다. 한국에서는 2024년에는 인천시교육청, 2025년에는 전남교육청이 교류 주관 교육청이었으며, 2026년 교류대상 교육청은 선정 중에 있다. 중국어를 전공하고 있는 대학생의 경우 단기 어학연수라고 할 수 있는 다소 긴 기간(6개월) 동안 교류 협력 주관 대학에서 수학할 수 있다.

국비유학 / WEST 프로그램 / 해외 현지학교 한국어교원 파견

　교사를 직접 당사자로 하지는 않지만, 교사의 자녀나 친인척 등의 지인, 혹은 지도하는 학생 등을 위해 알아두면 좋을 프로그램에 대해 간단히 소개한다.

　먼저 국비유학 프로그램은 직관적인 사업명에서부터 이미 유추가 가능하리라 생각하는데 정부에서 석·박사과정의 해외유학 학위과정을 지원하는 프로그램이다. 정부 지원으로 해외에 나가는 사업 중 가장 큰 금액을 지원받을 뿐 아니라 한림원[3]의 멤버로 가입할 수 있는 영예까지 얻을 수 있어 항상 관심이 뜨겁다. 사회적 취약계층의 국외유학 기회 증진을 위하여 '꿈나래 전형' 지원 대상을 확대하고 첨단산업 분야 우수 인재를 위해 세부 전공별 지원율 편차를 고려, 응시자 지원 현황 등을 반영하여 세부전공별로 선발하고 있다.

　국비유학 장학생은 1977년 제1기를 선발, 파견한 이래 현재까지 다양한 분야의 인재 약 3,000여 명을 선발하여 국가 발전에 필요한 전략적 분야의 글로벌 인재로 양성하였으며, 외국에서 성공적으로 학업을 마친 유학생들은 귀국 후 전공별로 학계와 산업계, 행정계, 정치계 등 다양한 분야에서 괄목할 만한 활동을 보여 국가 발전에 크게 공헌하여왔다. 매년 60명 내외의 규모로 선발하며 최근 경쟁률은 10 대 1 정도 수준을 보이고 있다. 면접전형이 이루어지는 날은 각종 보안요원들로 인해 정상회의장을 방불케 한다.

참가자 정부 재정 지원 비율

구분	연도	기초생활수급자	1분위	2분위	3분위	4~5분위	6~7분위	8~10분위
참가비	2024	100%	100%	100%	100%	75%	50%	35%
	2023	100%	100%	100%	73%	53%	33%	23%
생활비 ($1,100~1,200)	2024	100%	100%	100%	100%	75%	50%	50%
	2023	100%	95%	90%	85%	75%	50%	50%

　한·미 정부 간 업무협약MOU을 통해 진행하는 WEST는 대표적인 해외 인턴십 지원 프로그램이다. 지원 자격은 대학 3~4학년 재학생이거나, 대학 졸업 후 1년 이내인 자로, 6개월 또는 12개월의 프로그램을 선택하여 지원할 수 있다. 총 310명 규모로 선발할 계획이며, 매월 지급하는 소득분위별 재정지원금도 인상할 예정이다.

3　국비유학한림원(The Korean Academy of Government-funded Scholars, KAGS)은 대한민국 정부(교육부) 국비유학생으로 선발되어 외국 대학에서 학위를 취득한 인재의 상호교류와 역량 발휘 및 사회 공헌의 체계적 지원을 통하여 국가 및 사회 발전에 기여함을 목적으로, 국비유학 장학생으로 선발되어 수학한 인재들을 회원으로 지난 2010년 8월 27일 출범한 교육부 등록 사단법인이다.

마지막으로 한국어 교육 수요가 확대[4] 됨에 따라 한국어 수업의 질 제고를 위해 해외 현지 초·중등학교에 원어민 한국어 교원을 파견하는 해외 현지 한국어 교원 파견 사업도 운영하고 있다. 교육부에서 주관하는 재재배정 사업으로 매년 보조사업자인 부산외국어대학교의 선발 공고를 살펴봐야 한다. 교원자격증이 아닌 한국어 교원자격증을 소지해야 하며 항공료를 포함, 월 체재비를 지원받을 수 있다.

국제 교육 교류! 기회가 온다면 교사 또는 학생, 일반인 누구나 그 기회를 잡고 싶어 할 것이다. 더욱이 자비 부담이 아니라 정부 지원이라면 마다할 이유가 없다.

교류사업의 역사와 규모는 국력에 정확하게 비례한다. 그렇다면 현재 우리나라의 국제적 위상은 어느 정도일까. 우리나라에 대해 스스로 평가하는 것이 생각보다는 어렵다. 자기객관화가 쉽지 않기 때문이기도 하지만 특유의 겸손의 문화도 한몫한다고 생각한다.

많은 사람이 알고 있는 것처럼 우리나라는 전후戰後 극심한 기아 등 어려움으로 다른 나라로부터 도움을 받던 수원국에서 최단기간에 도움을 주는 공여국으로 전환한[5] 국가다. 2021년에는 유엔무역개발회의UNCTAD로부터 선진국으로 공식 인정을 받기도 하였다. 이에 국제사회에서는 한국의 위상, 글로벌사우스Global South의 부상에 걸맞은 기여를 요청하고 있고 이는 교육 분야에서도 마찬가지이다. 특히 국경을 넘는 교육 협력 지원에 대한 글로벌 사회의 기대가 크다.

UN, OECD, UNESCO, WorldBank, ADB 등 다양한 국제기구를 뜻하는 이

---

[4] 한국어 수업 채택 학교 현황: ('20) 39개국 1,669교 159,864명 → ('21) 42개국 1,806교 170,563명 → ('22) 43개국 1,928교 186,583명 → ('23) 47개국 2,154교 202,745명
[5] 우리나라는 2010년 OECD 개발원조위원회(Developement Assistance Committee, DAC)에 가입하여 양적 질적 성장을 통해 현재 중견 공여국으로 자리매김하고 있다.

용어들이 이제는 더 이상 생소하지 않다. 꿈을 펼치고 싶은 젊은 세대들도 많다.

"우리나라 젊은이들의 업무 역량, 영어활용 능력은 이미 최상위 수준인데 반해 인턴십 경험이 부족한 것이 아쉽다. 국제기구에서는 우리나라의 공여 비율에 맞추어, 우수한 한국의 인재를 채용하고 싶지만, 교류사업 등지에서의 인턴십 경험이 부족한 것이 의미 있는 채용으로 이어지지 못하고 있다." 국제기구에서 고위직으로 근무한 경험이 있는 분의 말이다.

공개 채용(통상 시험과 면접 등)에 익숙한 우리와는 달리, 서양에서는 추천에 기반한 인턴십 채용방식을 택하고 있다. 믿을 만한 사람의 추천을 받고, 실제로 사람을 써보며 채용한다는 말이다.

역사·문화적 배경의 영향으로 채용구조가 상이한 것에 기인하는데, 아쉽지만 국제기구는 이러한 서양의 문화를 따르고 있다. 국제기구에서 보다 많은 한국인들이 활약할 수 있도록 다양한 국제교류를 통해 경험을 쌓고, 이해의 폭을 넓혀야 한다.

많은 사람이 관심을 가지게 되면 그만큼 알게 되고, 많이 알게 되는 만큼 지원자 수가 증가로 이어져 사업의 규모가 커진다. 사업의 규모가 커지게 되면, 예산이 증액되고 또 다른 신규 교류 사업이 생기는 등 교류 사업이 확대되고 깊이는 깊어진다. 그리고 결국 교류 사업에 관심 있는 수혜자에게 보다 많은 혜택이 돌아가게 된다. 그러니 용기를 가지고 적극적으로 지원해보자.

사업의 규모를 키워 꿈을 가진 분들에게 보다 많은 기회를 제공해 드리는 것이 사업담당자로서 해야 할 일이다. 게다가 지역이나 가정환경 등으로 인해 쉽사리 꿈꾸지 못하는 분들에게 국제 교육 교류 참여 기회를 보다 수월하게 제공할 수 있다면 더 바랄 것이 없겠다.

2025년 국제 교육 교류 사업 현황 (OUT-BOUND 사업을 중심으로)
〈교육부 국립국제교육원〉 대상별 교류사업 개요

대상	사업명	국가(지역)	지원자격	인원(명) ※추정치	일정 ※25년 기준으로 추정	선발	지원사항
교원	교원 해외 파견 -장기	아시아, 중남미, 동유럽, 아프리카 등 ODA 국가	현(전)직, 예비 교원 (교원자격증 소지자)	20	2026. 9. 1~ (1년, 연장 가능)	서류, 면접 2차 전형	항공(왕복), 체재비+지원비 (月 390만 원) 보험 및 검진 ★ '26년부터 현직 교원 고용휴직 → 파견 신분 전환
교원	해외 교육 봉사 -단기	희망국	예비 교원 (20명 이내 단체로 구성)	12개팀 (240명)	하계방학 ('26.7.~8.), 4주 또는 동계방학 ('27.1.~2.), 4주	교원양성대학 공모 → 제안서 심사	팀당 1억 원
교원	한·일 학술 문화 교류	일본	유·초·중등 현직 교원 (특수, 기간제 포함)	90	2026. 6월 초순, 9일	배정 인원 내 교육청 추천	항공(왕복), 숙박
교원	문화 협정 제2외국어 교원 국외 연수	중국	해당국 언어 담당 중등 교원	35	'26.7월 중~ 8월 중, 4주	배정 인원 내 교육청 추천	숙박 및 체재비 ※항공료는 시도에 따라 지원이 다름
교원	문화 협정 제2외국어 교원 국외 연수	일본	해당국 언어 담당 중등 교원	35	'26.7월 말~ 8월 중, 3주	배정 인원 내 교육청 추천	숙박 및 체재비 ※항공료는 시도에 따라 지원이 다름
교원	문화 협정 제2외국어 교원 국외 연수	독일	해당국 언어 담당 중등 교원	3	'26.7월 말~ 8월 초, 2주	배정 인원 내 교육청 추천	숙박 및 체재비 ※항공료는 시도에 따라 지원이 다름
교원	문화 협정 제2외국어 교원 국외 연수	프랑스	해당국 언어 담당 중등 교원	4	'26.7월 말~ 8월 초, 2주	배정 인원 내 교육청 추천	숙박 및 체재비 ※항공료는 시도에 따라 지원이 다름
교원	문부과학성 초청 교원 유학생	일본	5년 이상 교육경력 재직자	9	'26.12. ~ '27.3. (연수기간: 1년 6개월)	서류, 필기, 면접 3차 전형	항공(왕복), 수업료, 장학금 (月 143,000円)
일반	해외 현지학교 한국어 교원 파견	수원국 (태국, 우즈벡 등)	한국어 교원자격 소지자	90	부산외대 (보조사업자 공고 참고)		항공(왕복), 체재비(月 2,700 USD 내외) 등
	소계			526			

대상	사업명	국가(지역)	지원자격	인원(명) ※추정치	일정 ※25년 기준으로 추정	선발	지원사항
대학생	국비 유학	희망국	학부 졸업·석사과정생	65	'26. 5~7월 말 장학기간: 석·박사 최대 3년	서류, 면접 2차 전형	40,000~50,000 USD
	WEST	미국	3~4학년 재학생 또는 대학 졸업 후 1년 이내	310	'26. 상·하반기 모집 -단기: 6개월 -중기: 12개월	서류, 면접 2차 전형	항공(왕복), 참가비, 생활비* * 소득분위 차등, 月 450~1,300 USD
	한·일 고등 교육 유학생 교류	일본	학부 졸업·석사과정생 (이공계)	20	장학기간: 석사 3년, 박사 4년	주한일본대사관 추천 → 문부과학성 선발	항공(왕복), 등록금, 학업장려금 (年 1천7백만 원)
			재학생 (일본어, 문화)	30	장학기간: 1년		항공(왕복), 등록금, 학업장려금 (年 1천3백만 원)
			학부 단기	180	장학기간: 2~5주	일본 대학에서 선발	500만 원 이내
	한·일 교환학생 프로그램	일본	2학년 이상 재학생	100	'26.9월~ (장학기간: 4개월)	주한일본대사관 추천 → 문부과학성 선발	항공(왕복), 학업장려금 (月 110,000円)
	한·일 청소년 교류	일본	재학생 (전문학사 포함)	100	2026. 6월 말, 9일	서류 전형	항공(왕복), 숙박
	소계	5		805			
고등학생	한·일 미래인재 초청	일본	졸업 예정자	20	'26.11월~ (장학기간: 3~5년)	주한일본대사관 추천 → 문부과학성 선발	항공(왕복) 등록금, 학업장려금 (月 110,000円)
	한·일 교류	일본	일반	100	2026. 9월 중, 7일	배정 인원 내 교육청 추천	항공(왕복), 숙박
			일본어 선택	40	2026. 10월 말, 5일		
			직업계	45	2026. 9월 말, 7일		
	한·중 교류	중국	일반	80	2026. 8월 중, 7일	배정 인원 내 교육청 추천	항공(왕복), 숙박
	소계	3		285			
	합계	8		1,090			

일본이 그리는 미래 교육, 자유진도 학습과 교사 업무개혁

우스이 유타(薄井 祐太)
이바라키대학 교육학부 부설초 소속 초등교사
2023 ICT 꿈콘테스트 일본교육신문사상
2021, 2024 이바라키현 교육논문우수상

이경배
경기도교육청 소속 초등교사
에듀테크 교사연구회 'IT2EDU' 대표
요코하마국립대학교 국제교육교류 한국 코디네이터

7

Society 5.0 시대[1]의 교육 변화와 팬데믹이 부각한 교육 과제

인공지능(AI), 빅데이터, 사물인터넷IoT, 로봇공학 등 첨단기술이 모든 산업과 사회에 도입되며, Society 5.0 시대가 도래하고 있다. 이러한 사회 속 2020년 2월에 있었던 코로나19로 인한 일본의 전국적인 임시 휴교 조치는 학교가 단순히 학력을 보장하는 것을 넘어, 전인적인 발달 및 성장을 도모하고 안전한 보금자리이자 든든한 안전망으로서 복지적 역할까지 담당하고 있음을 다시금 확인시켜주었다. 또한 휴교 중 어떻게 학습을 진행해야 하는지 몰라 배움을 멈춰버린 아이들의 실태를 통해 기존 학교 교육에서는 '스스로 학습자自立的学習者'를 충분히 길러내지 못했던 것은 아닌가 하는 우려와 함께 과제도 부각되었다. 동시에 온라인 교육의 가능성이 주목받으며 디지털화의 가속이 이루어졌다.

교육 패러다임 전환의 필요성

이제는 새로운 시대에 맞는 학습이 필요해졌다. 크게 두 가지로 정리하면,

첫째, 학생이 자신의 특성과 흥미에 맞게 배움을 조절하며 능력을 기를 수 있는 '개별 최적의 학습個別最適な学び[2]'이다.

둘째, 다양한 타인과 협력하여 배움을 확장하고 심화하는 '협동 학습'이다.

---

[1] Society 5.0은 일본 정부가 「제5기 과학기술기본계획」(2016)에서 처음 제시한 개념으로, 사이버 공간과 물리 공간의 융합을 통해 경제 발전과 사회 문제 해결을 동시에 추구하는 인간 중심 사회를 뜻한다. 이후 「제6기 계획」(2021)에서는 지속가능성과 회복력, 국민의 웰빙을 강조하는 방향으로 확장되었다. (일본 내각부 과학기술·혁신정책추진회의, Society 5.0 공식 웹사이트)

[2] '개별 최적의 학습(個別最適な学び, Personalized Optimal Learning)'은 일본 문부과학성이 2021년 중앙교육심의회 답신 「레이와 시대 일본형 학교 교육」에서 제시한 개념으로, 학생 스스로 학습의 내용과 방법을 선택·조절하며 자율적 배움을 실현하는 것을 의미한다. (文部科学省 中央教育審議会答申, 「令和の日本型学校教育」, 2021. 1. 26)

이 두 가지가 어우러진 형태가 바로 '레이와[3] 시대의 일본형 학교 교육'이라는 새로운 모습이다.

아울러 급변하는 시대 속에서 '각 교과가 가진 고유의 관점을 활용하여 스스로 생각하고 표현하는 능력' '대화와 협력을 통해 지식과 아이디어를 공유하는 능력' '새로운 해답이나 납득할 만한 해답을 창출하는 능력' 등이 함양해야 할 역량으로 여겨진다. 그래서 일본에서는 학생들을 '스스로 학습자'로 만들기 위한 역량 향상을 최우선 학습 과제로 두고 있다.

과제 해결을 위한 구체적인 방법

위에서 언급한 과제 해결을 위해 두 가지 관점에서 살펴보려고 한다. 첫 번째 관점은 '학습 형태'이다. '개별 최적의 학습'과 '협동 학습'을 통합한 '단원형 자유진도 학습'을 실제 수업 사례를 통하여 구체적으로 살펴본다. 이는 정보통신기술ICT과 인공지능(AI) 시대에 적합하며, 교사에게 의존하는 형태의 학력 보장에서 벗어난 미래 교육방식이다. 현재 일본에서는 시행착오를 겪으면서 활발하게 실천과 검증이 이루어지고 있다.

두 번째 관점은 '근무방식'이다. 앞서 말한 교육 개혁을 지탱하는 기반으로서 간과할 수 없는 것이 '교사 부족' 문제이다. 아무리 교육방식이 발전하더라도, 이를 실천할 교사가 부족하다면 미래는 어두울 뿐이다. 이 문제의 해결책을 찾기 위해 한일문화교류 교사 방한단으로서 한국을 방문하였다. 이때 한국 교사와 교류하며 느낀 점을 토대로 '일본 학교의 근무 방식 개혁'에 대해 논하고자 한다.

---

[3] 레이와(令和)는 일본의 현행 연호(年号)로, 2019년 5월 나루히토(德仁) 일왕 즉위와 함께 시작되었다. '아름다운 조화를 이룬다'는 의미를 담고 있으며, 일본 정부는 레이와 시대를 배경으로 한 교육 개혁 구상을 '레이와 시대 일본형 학교 교육'이라는 이름으로 제시하였다.

일본 교육이 미래로 나아가기 위해서는 두 가지가 동시에 필요하다. 교사 스스로 배우고 성장하려는 노력과, 그 노력을 뒷받침하는 근무방식의 개혁이다. 두 바퀴가 함께 돌아갈 때만 교육은 앞으로 나아갈 수 있다. 이제 먼저 학습 형태의 관점에서 '단원형 자유진도 학습'을 살펴보자.

1) '개별 최적의 학습'과 '협동 학습'을 통합한 '단원형 자유진도 학습'

<그림1> 단원형 자유진도 학습 구조도

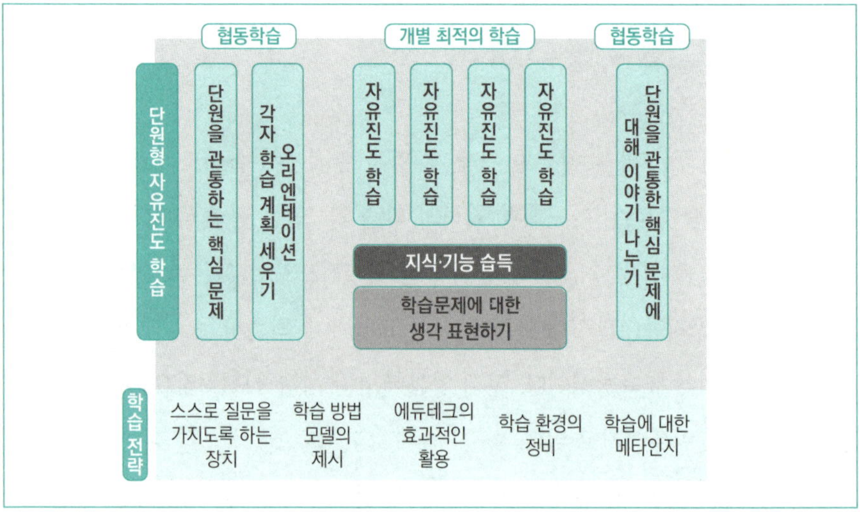

	협동학습	개별 최적의 학습	협동학습
단원형 자유진도 학습	단원을 관통하는 핵심 문제 / 각자 학습계획 세우기 / 오리엔테이션	자유진도 학습 / 자유진도 학습 / 자유진도 학습 / 자유진도 학습 지식·기능 습득 학습문제에 대한 생각 표현하기	단원을 관통한 핵심 문제에 대해 이야기 나누기
학습 전략	스스로 질문을 가지도록 하는 장치	학습 방법 모델의 제시 / 에듀테크의 효과적인 활용 / 학습 환경의 정비	학습에 대한 메타인지

출처_ 우스이, 이경배

자유진도 학습이란, '학생이 자신의 흥미나 관심, 이해도나 특성에 따라 학습 과제, 교재, 진행 방식, 속도 등을 스스로 선택 및 조절하며 학습하는 방법'이다. 급변하는 시대에 아이들에게는 스스로 삶을 이끌어나가는 능력, 지속가능한 사회를 만들어가는 능력, 그리고 자기자신의 가능성을 최대한으로 발휘하려는 능력이 요구된다. 기존의 주입식 교육이 아니라 스스로 과제를 찾아내고 이를 해결하는 능력이나, 다양한 사람들과 협력하여 새로운 해답 혹은 납득할 만한 해답을 창출하는 능력을 위해 필요하게 된 학습 형태이다.

여기서는 초등학교 6학년 대상의 사회과 역사 단원에서 학생이 스스로 학습을 진행하는 시간을 설정하는 '단원형 자유진도 학습' 사례를 이야기하고자 한다. 이 사례의 학교는 한 학급당 32명으로 구성되어 있으며, 논이 많은 지역의 중규모 학교이다. 학생에게는 1인당 1 태블릿PC가 지급되었고, 인터넷 접속이 가능한 환경이었다.

단원 전체의 흐름은 〈그림1〉과 같이 설계하였다. 총 7차시 수업[4]으로 구성하였다. 단원의 도입과 마무리는 전체 학습으로 진행하고, 이 중 4차시를 학생이 자유롭게 학습하는 방식이었다. 이러한 자유진도 학습이 가능하도록 하기 위해 다음과 같은 7가지 구체적인 실천 방안을 마련하였다.

① 질문을 만드는 능력 함양하기

단원 도입에서 학생이 스스로 해결하고 싶은 질문을 갖도록 유도하였다. 먼저 1번째 차시에서는 자료 등을 통해 이 단원에서 해결해야 할 큰 질문인 '단원을 관통하는 핵심 질문'을 만들었다. 예를 들어, 조몬 시대[5]와 야요이 시대[6]의 생활 모습을 재현한 그림을 보여주고 두 시대의 차이에 주목하게 하였다. 수렵 채집 시대였던 조몬 시대에서 쌀을 중심으로 한 농경 시대인 야요이 시대로 전환된 시점을 기반으로 '옛날 사람들의 삶은 왜 변했을까'라는 질문을 함께 생각하였다.

그리고 2번째 차시에서는 교사가 프레젠테이션을 통해 학습할 역사의 흐름을 설명하였다. 이때 세부적인 내용은 언급하지 않고, 학생들이 큰 흐름을 파악할 수 있도록 하는 것이 중요하다. 이를 통해서 학생들은 질문거리를 가질 수 있

---

4 차시는 수업을 나누는 단위로, 일본 초등학교의 1차시는 보통 45분 수업을 말한다. 다만 학교 실정에 따라 40분으로 운영하는 경우도 있다.

5 조몬 시대(縄文時代, 약 기원전 1만 5400년~기원전 300년)는 일본의 선사 시대로 수렵·채집과 토기 제작이 중심이 된 문화이다.

기 때문이다. 학생들은 설명을 들으면서 온라인 게시판에 궁금한 점을 실시간으로 게재하였다. 이처럼 질문을 공유함으로써 질문을 만드는 데 어려움을 겪는 학생도 다른 학생의 게시물에서 배우고 질문을 만드는 능력이 향상되었다. 질문 게시물의 수가 108건 → 143건 → 161건으로, 수업을 진행할수록 증가하였다.

또한, 수업 관찰에서 다음과 같은 변화가 나타났다. 수업 전에는 교사의 유도가 필요했던 학생 대부분이 자발적으로 '왜~일까' '~는 어떻게 결정되었을까'와 같은 질문을 던지게 되었다. 본 사례에서 관찰된 학생의 변화는 Deci & Ryan의 자기결정이론에서 언급한 '자율성autonomy' 향상과 일치하는 경향을 보였으며, 학습자 자신이 선택할 수 있는 기회가 증가함에 따라 내재적 동기가 높아지는 현상을 확인할 수 있었다.

② 학습 계획을 세우는 능력 함양

자유진도 학습이 이루어지기 위해서는 '질문'과 '계획'이 중요하다. 온라인 협업 플랫폼(여기서는 Microsoft Teams를 사용)에 게시된 질문을 바탕으로 '단원을 관통하는 핵심 질문'을 해결하는 데 도움이 될 만한 '작은 질문'을 선택하였다. 이때 자기 질문뿐 아니라 친구가 올린 질문도 자유롭게 활용할 수 있었다.

그리고 이렇게 선택한 '작은 질문'과 '단원을 관통하는 핵심 질문'을 연결하여 생각할 수 있도록 사고 도구인 '해파리 차트[7]'를 활용하여 〈그림2〉와 같이 학습 계획을 세우도록 유도하였다.

예를 들어, 조몬 시대와 야요이 시대 단원에서는 '왜 토기를 만들었을까' '벼

---

[6] 야요이 시대(弥生時代, 기원전 300년~기원후 300년경)는 벼농사와 금속기 도입으로 농경 중심 사회로 전환된 시기이다.

[7] 해파리 차트(クラゲチャート, Jellyfish Chart)는 단원의 큰 질문을 중심에 두고, 이를 해결하기 위한 작은 질문들을 방사형으로 연결하는 사고 도구이다. 전체 모습이 해파리처럼 보여 붙은 이름으로, 학생들이 학습 계획을 시각적으로 정리할 때 활용된다. (출처_「子供の議論を動かし授業を面白くする『思考ツール』の使い方」, みんなの教育技術, 2019. 10. 8)

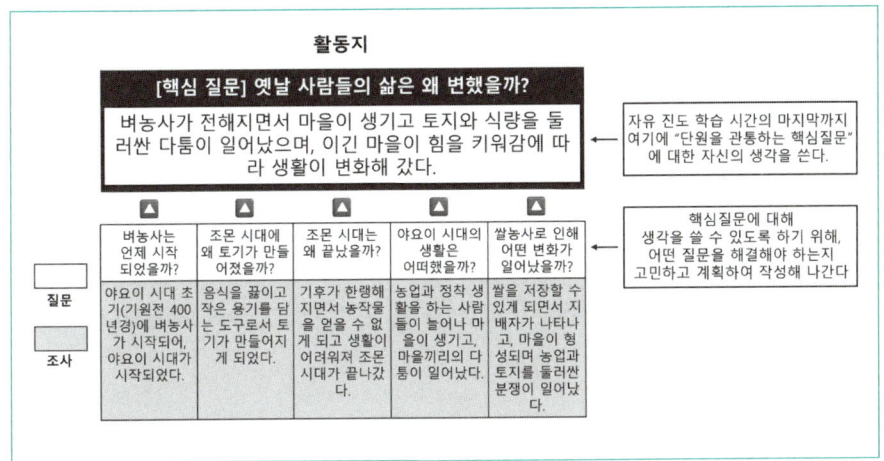

〈그림2〉 해파리 차트로 표현한 학습 계획 사례

출처_ 우스이, 이경배

농사는 언제 시작되었을까' '도래인[8]은 무엇을 전했을까' 등의 질문을 학생이 선택하고, 답을 찾는 것을 계획에 포함시켰다.

가. 개별 최적의 학습을 위한 환경 조성

학생이 각자의 진도에 맞춰 학습을 진행할 수 있도록 학습 환경을 조성하였다. 자유진도 학습 시간에는 학생이 자유롭게 돌아다니며 친구나 교사와 상의하여 학습을 진행할 수 있도록 하였다. 그리고 교과서, 책, 인터넷, 동영상(NHK에서 제공하는 NHK for School 콘텐츠) 등 다양한 자료를 자유롭게 활용할 수 있도록 환경을 정비하였다. 특히, 동영상 시청을 위해서는 빈 교실, 조사 학습을 위해서는 도서관도 개방하여 학생이 스스로 학습에 맞추어 필요한 자료에 접근할 수 있도록 하였다. 그리고 교사는 순회하며 진도 확인과 학습의 궤도 수정을 진행하

---

[8] 도래인(渡来人)은 기원전부터 7세기까지 한반도, 중국 등에서 일본 열도로 이주해간 사람들을 가리키는 역사적 용어이다.

였다.

나. 필요한 지식과 기능 습득을 위한 방안

자유진도 학습에서 기본적인 지식과 기능 습득이 간과되지 않도록 하는 것도 중요하다. 따라서 단원의 어느 시간에든 자유롭게 풀 수 있는 과제로, 학습의 기본이 되는 지식을 확실히 습득하기 위한 활동지를 준비하였다. 또한, 그때그때 교사가 필요하다고 느낀 내용을 쪽지 시험으로 내고. 학생은 구두로 답했다. 이를 통해 지식이 더 확실히 자리 잡고, 이해가 깊어졌으며, 스스로 말로 표현하는 경험도 할 수 있었다.

나아가, 필요한 학습을 마친 학생은 '카훗!(Kahoot! 온라인 퀴즈 플랫폼)'을 사용하여 학습 내용을 활용한 퀴즈로 만들었다. 만든 퀴즈를 공유함으로써 학생은 반복적으로 지식을 다져나갈 수 있었다. 이를 통해 학생은 지식이 학습의 기반이 됨을 실감하고, 학습 방법까지 익힐 수 있었다.

다. 생각을 공유하고 새로운 해답을 창출하는 협동적인 학습의 장 마련

자유진도 학습이 혼자만의 활동으로 끝나지 않도록 협동 학습도 함께 설계했다. 학생들은 개별 학습 중에도 Microsoft Teams를 통해 친구들의 질문에 답하거나 의견을 나누며, 서로의 지식을 공유하고 배움을 깊게 만들 수 있었다.

〈그림3〉 Microsoft Teams로 의견을 교환하는 사례

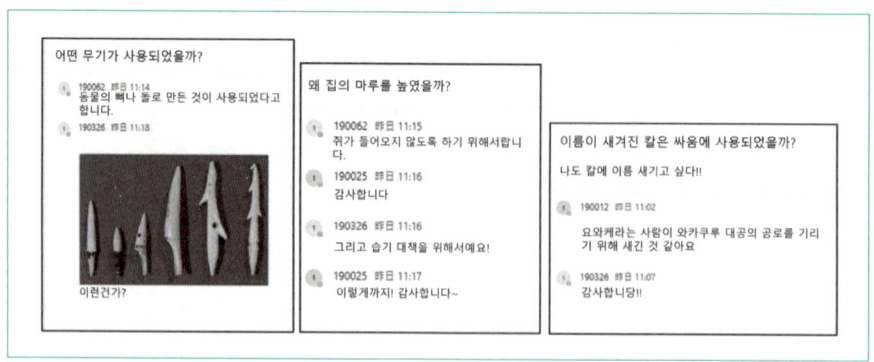

출처_ 우스이, 이경배

마지막 차시에는 '단원을 관통하는 핵심 질문'을 중심으로 각자가 탐구한 생각을 모아 조별 토의를 진행했다. 그리고 모두 함께 하나의 답을 만들고 이를 공유하면서, 서로 다른 시각을 접하고 생각을 넓히는 경험을 했다.

라. 사고력·판단력·표현력 함양을 위한 수행 과제

자유진도 학습 속에는 '단원을 관통하는 핵심 질문'을 탐구하는 수행 과제도 포함했다. 예를 들어, "에도 시대가 260년이나 이어질 수 있었던 이유는 무엇일까?"라는 질문을 두고, 학생들은 '다이묘 배치[9]' '무가제법도[10]와 산킨코타이[11]' '신분 제도[12]' '기독교 금지[13]' '무역 통제(쇄국)[14]' 중 하나를 선택해 그 이유를 설명했다.

〈그림4〉 핵심 질문에 대한 수행 과제 사례

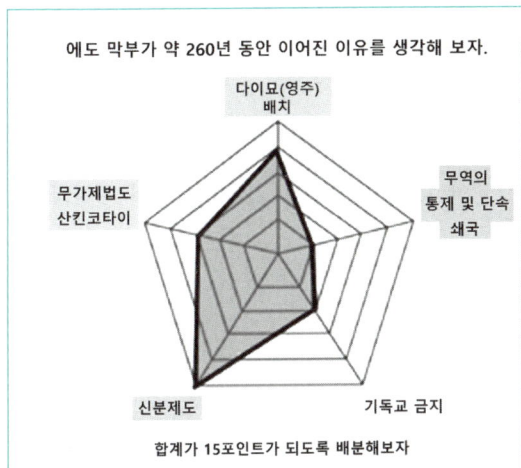

출처_ 우스이, 이경배

9 다이묘 배치(大名配置): 막부가 유력 다이묘를 전략적으로 배치해 반란을 억제한 제도
10 무가제법도(武家諸法度): 다이묘가 지켜야 할 규범을 정해 막부 권력을 유지한 법령
11 산킨코타이(参勤交代): 다이묘가 번과 에도를 번갈아 오가며 막대한 재정 부담을 지게 한 제도
12 신분 제도: 사무라이·농민·장인·상인으로 나눈 엄격한 계급 구조
13 기독교 금지: 기독교 확산을 차단해 정치적 불안을 방지한 정책
14 무역 통제(쇄국, 鎖国): 외국과의 교역을 엄격히 제한해 사회 통제를 강화

이 과정에서 학생들은 정책들을 비교·검토하며 자신만의 의견을 분명히 세우고 토의에 참여했다. 또 쪽지 시험에서는 "그 정책을 시행했을 때 어떤 결과가 나타났을까?"라는 질문을 던져, 단순한 정책 이해를 넘어 막부가 가진 공통된 의도까지 생각을 확장할 수 있었다.

마. 성찰을 통한 학습 방법 습득

학생이 스스로 학습을 돌아보고 성찰할 수 있도록 '학습 성찰 기록표'를 활용했다. 그날 무엇을 했는지, 자신의 학습에 대한 노력을 평가하고 기록하는 것이다.

학생들은 '오늘은 책을 사용하여 워크시트를 풀었다. 다음에는 동영상으로 더 자세히 알고 싶다' '오늘은 좀 집중하지 못했다. 다음에는 ○○까지 진행하고 싶다' 등 스스로가 더 나은 학습을 목표로 하는 방안이 되었다.

바. 수업을 통한 성과와 과제

이번 수업을 통해 학생들은 '스스로 알고 싶은 것을 조사하며 학습하는 것'이나 '과제를 찾아 계획을 세우는 것'에 대해 자신감을 가질 수 있게 되었다. 또한, 단원 평가에서도 필요한 지식과 기능뿐만 아니라 사고력과 판단력, 표현력을 습득하였다.

그러나 앞으로 풀어야 할 과제도 남아 있다. 제한된 시간 안에서 지식과 기능, 그리고 사고력과 판단력, 표현력을 어떻게 균형 있게 길러야 할지에 대한 고민이 필요하다. 또 수업마다 어떤 자질과 핵심 역량 함양에 초점을 둘 것인지 검토가 필요하다. 아울러 학생 개개인의 이해도를 교사가 세심히 살피지 않으면 학습 격차가 커질 수 있으며, 한국과 달리 교사 대상 온라인 커뮤니티가 활발하지 않은 일본은 교재 준비에 시간이 많이 소요된다는 점도 개선 과제다.

마지막으로 중요한 것은 마음가짐이다. 이런 학습은 처음부터 눈에 띄는 효과를 보기 어렵고, 학생은 시도했지만 잘 되지 않았다고 느낄 수가 있다. 따라서 '자유진도 학습은 학습 방법을 배워나간다'는 태도가 교사와 학생 모두에게 필요하다.

사. 자유진도 학습의 도전과 가능성

이번 사례는 단원 내에서 학생이 자유롭게 진행하는 시간을 확보하는 데 집중했지만, 어떤 학교들은 이를 단원에만 머무르지 않고, 교과 전체나 학년 수준으로 넓혀 적용하기도 한다.

어떤 방식이든 공통된 어려움이 있다. 학생을 깊이 이해해야 하고, 교재 연구 시간을 충분히 확보해야 하며, 수업 중에도 세심한 관찰과 격려가 뒤따라야 한다. 교사 입장에선 일제 수업보다 까다롭고 장단점이 공존하기 때문에, 모든 교사가 쉽게 받아들이기는 어렵다.

따라서, 여러 차례의 시도와 조정을 거쳐 더 나은 지도법을 확립해나가야 하며, 아직은 발전 과정에 있는 접근이라고 할 수 있다. 그럼에도 불구하고, 이 수업은 학습 속에서 학생의 주체성을 길러낼 수 있는 가능성이 크다. 바로 이것이 '레이와 시대의 일본형 교육'이 지향하는 방향 중 하나이며, 앞으로도 꾸준히 연구해나가야 할 과제다.

2) 학교에서의 근무 방식 개혁에 대하여

① 일본 학교의 근무 방식 개혁의 흐름

2013년 OECD에서 진행한 국제 교원 지도 환경 조사 TALIS[15] 에서 일본 교사의 노동시간이 OECD 국가 중 가장 길다는 사실이 드러났다.[16] '교사의 장시간

---

[15] TALIS(Teaching and Learning International Survey, 국제 교원·학습 조사)는 OECD가 주관하는 국제 비교 연구로, 교사와 학교 관리자의 근무 환경·전문성 개발·수업 문화 등을 정기적으로 조사하는 프로그램이다. 5년 주기로 실시되며, 교사들의 노동 시간과 업무 특성이 국가별로 비교된다. (OECD 공식 홈페이지)

[16] TALIS 2018 결과에서도 일본 교사의 주당 노동 시간은 초등학교 54.4시간, 중학교 56시간으로 OECD 국가 중 가장 긴 수준이었다. (Average working hours of teachers in Japan longest in OECD survey, 〈Kyodo News〉, 2019. 6. 20)

노동은 당연하다'는 일본 사회 내 인식이 바뀌어야 한다는 자성의 목소리가 나왔고 이때부터 학교에서의 근무방식 개혁 논의가 본격적으로 시작되었다.

2017년에는 문부과학성 중앙교육심의회[17]에 '학교에서의 근무방식 개혁 특별 부회'가 설치되었고, 정부는 2029년까지 교사의 시간 외 근무를 약 30% 단축하여 월 30시간 수준으로 낮추겠다는 목표를 세웠다. 교사의 근무시간 관리 강화, 동아리 활동 部活動의 지역 이관[18], ICT를 활용한 행정업무 효율화 같은 조치도 추진하고 있다. 이에 교사들에게도 '효율적으로 일하고, 아이들과 마주하는 시간을 확보하자'는 새로운 흐름이 생겨난 것이다.

그러나 여전히 넘어야 할 벽은 높다. 동아리 활동 업무[19]를 지역에 이관하려 해도 인력 확보가 어려워, 2025년 현재 동아리 활동 외부 위탁이 실현된 것은 운동계 동아리에서 약 10%, 문화계 동아리에서 약 5%에 머물고 있다. 또한, 교사의 초과 근무 수당을 대신하여 지급하는 '교직 조정액[20]'은 2031년까지 단계적으로 인상하기로 결정되었으나, 잔업 수당 지급 등으로의 근본적인 전환은 이루어지지 못하고 있다. 2013년 문제 제기로부터 10년 넘게 지난 지금, 현장에서 개혁이 진행되고 있다는 실감을 하기는 어려운 현실이다.

---

17 중앙교육심의회(中央教育審議会): 일본의 교육정책을 자문하는 대표적인 공적 기구로, 문부과학성 산하의 최고 자문기관이다. 교육과정, 교원정책, 교육제도 등 교육 전반에 관한 주요 사안을 심의하며, 문부과학대신에게 답신(答申) 형태로 권고안을 제시하며, 한국의 국가교육위원회 및 교육부 자문기구와 유사한 위치를 차지한다. (「中央教育審議会について」, 文部科学省, 2023)

18 일본 정부는 교사의 장시간 노동을 줄이기 위해 방과후 동아리 활동(부활동)을 학교 밖 지역사회 단체에 이관하는 정책을 추진하고 있다. 그러나 인력 확보가 쉽지 않아 외부 위탁 비율은 여전히 낮다. ("'Voluntary' school clubs face reform amid excessive burdens," 〈Japan Times〉, 2025. 4. 28.)

19 동아리 활동(部活動): 일본에서는 방과후·주말까지 이어지는 경우가 많아 교사 업무 과중의 원인으로 지적된다. ('Voluntary' school clubs face reform amid excessive burdens, 〈Japan Times〉, 2025. 4. 28)

20 교직 조정액(급여특별법, 給特法)은 일본 공립학교 교원에게 초과근무 수당을 지급하지 않고, 기본급의 일정 비율(기존 4%)을 일률적으로 가산해주는 제도이다. 1971년 「교원 급여 특례법」에 근거하며, 장시간 노동을 고착화시킨 원인으로 지적된다. 최근 법 개정으로 2031년까지 최대 10%까지 단계적으로 인상하기로 결정되었으나, 근본적인 잔업 수당 지급 체계로의 전환은 이뤄지지 못하고 있다. ("Japan passes bill to battle teacher shortage with pay boost, …", 〈Mainichi〉, 2025. 6. 11)

② 방한단으로 한국 학교를 방문하며 느낀 점

이러한 일본의 상황을 생각하며, 2024년에 방한단으로 서울에 있는 길원초등학교를 방문했을 때 인상 깊었던 점 중 하나는 교직원 구성이었다. 교직원이 약 100명인데, 이 가운데 교원이 67명이고, 나머지는 교무 지원, 청소, 보안, 수업자료 준비 등을 담당하고 있었다. 실제로 학교 내부를 둘러보면서 급식 배식용 컨테이너를 운반하는 자원봉사자, 수업 자료를 준비하는 직원을 볼 수 있었고, 그 인적 충실함에 감동한 기억이 선명하다.

사실 일본에서도 2019년 문부과학성 중앙교육심의회는 학교·교사가 담당하는 업무를 3가지로 나누어 제시했다. 첫째, '본래는 학교가 아닌 외부가 맡아야 할 일'이다. 등하교 안전지도나 학교 징수금[21] 관리(급식비, 수학여행비 등 학부모가 부담하는 각종 비용)가 여기에 포함된다. 둘째, '학교 업무이지만 반드시 교사가 직접 맡을 필요는 없는 일'이다. 각종 조사 및 통계 응답, 교내 청소, 쉬는 시간 생활지도[22], 동아리 지도 등과 같은 것들이다. 셋째, '교사 업무이지만 부담 경감이 가능한 일'이다. 급식 지도, 수업 자료 준비, 시험 채점 및 성적 처리, 행사 준비, 진로지도, 지원이 필요한 아동 및 가정 대응이 있다.

이 세 분류의 업무 체계는 이후 교원 근무방식 개혁의 기준이 되어 현재까지 유지되고 있다. 2023년에는 추진 상황이 다시 보고되었는데, 일부 지역에서는 급식 지도에 보조 인력을 배치하거나 시험 채점에 ICT를 활용하는 시도가 이루어졌다. 그러나 지역 간 격차가 크고 인력 확보가 쉽지 않아, 여전히 많은 업무가 교사에게 집중되는 현실도 드러났다.

---

[21] 학교 징수금: 학부모가 부담하는 급식비, 수학여행비, 특별활동비 등을 학교가 직접 걷어 관리하는 비용. 일본에서는 교사가 회계 관리까지 담당하는 경우가 있어 큰 부담이 된다. (「学校徴収金の適正な取扱いについて」, 文部科学省, 2018)

[22] 쉬는 시간 생활지도: 수업과 수업 사이 휴식 시간에 운동장, 복도 등에서 학생들의 안전과 생활을 관리하는 업무(学校·教師が担う業務に係る3分類, 文部科学省, 2023)

길원초등학교에서 본 급식에 대한 대응이나 수업 자료 준비는 일본 분류상 '교사 업무이지만 부담 경감이 가능한 일'에 해당한다. 한국에서는 이미 이 영역에서 어느 정도 분업이 이루어져 있어 교사가 교육활동에 집중할 수 있는 환경이 마련되어 있었다. 또한 초등학교 내 교사 업무 공간이 충분히 확보되어 있고, 담임교사가 교과 전담교사[23]로의 전환을 희망할 수 있다는 점도 인상적이었다. 이는 교사의 전문성과 처우를 보장하는 토대가 되고 있었다.

반면 일본에서는 2024년에 국립정책연구소가 보고서를 발표하여 "학교는 아이들의 보금자리에 초점을 맞춘 설계가 이루어졌으나, 교직원의 근무 공간에 대한 배려는 부족하다"고 지적하였다. 이런 차이를 고려하면, 길원초등학교의 환경은 한국에서 '교사'가 여전히 학생들이 되고 싶은 직업 상위권에 자리하고 있는 이유를 납득할 수 있는 훌륭한 사례였다.

③ 일본 교육의 장점과 딜레마

일본 학교 교육의 큰 특징은 학력 향상뿐 아니라 학생 지도까지 학교가 폭넓게 맡아왔다는 점이다. '지·덕·체'를 고루 기르는 전인교육을 중시해왔고, 청소, 급식 배식, 위원회 활동, 행사 운영 등을 아이들 스스로 하도록 제도화해 생활습관과 협동성을 기르는 데 힘써왔다. 학교는 안심할 수 있는 보금자리로서 기능하며 가정·지역의 안전망 역할도 해왔다는 점 등이 일본 학교의 특징이자 장점이다.

이러한 전통은 '레이와 시대의 일본형 학교 교육'에서도 이어지고 있다. 한국과 비슷한 담임교사 제도를 가지고 있지만, 일본에서는 청소와 학급활동 같은 생활교육이 정규 교육과정 속에 수업시간으로 제도화되어 있다는 점이 다르다.

---

[23] 교과 전담교사 : 특정 과목만 전담하여 수업하는 교사. 한국에서는 담임교사가 원하면 교과 전담교사로 전환할 수 있으나, 일본 초등학교는 여전히 담임제가 중심이고 일부 과목에서만 부분 도입 중이다. 또한, 초등학교 교사자격과 중학교 교사자격을 동시에 가진 경우에 교과 전담교사를 맡는 경우가 더 많다. (「小学校高学年における教科担任制に関する事例集」, 文部科学省, 2023)

예를 들어, 교실과 복도, 학교에 따라서는 화장실도 학생이 청소한다. 그 외에도 전교생이 함께하는 대청소, 6학년이 1학년의 청소를 도와주기도 한다. 학급회의 뿐만 아니라 위원회 활동을 통해 대다수 학생이 학교 전체 생활에 관여한다. 학교 규칙을 정하거나 행사를 준비하는 학급·위생·보건·체육 등 다양한 분야의 위원회 활동이 있기 때문이다. 그리고 스포츠·문화 등 다양한 동아리 활동[24]등이 있다.

반면 한국의 학급활동은 창의적 체험활동 안에 포함되어 운영되며, 학급회의나 학급 행사 준비 같은 활동은 가능하지만 실제 운영방식은 학교와 교사의 재량에 따라 차이가 크다. 또한 한국은 봉사활동·진로탐색·동아리 활동이 학급활동과 함께 강조되면서 생활교육보다는 자율성·진로개발 중심의 성격이 강하다. 이처럼 제도화된 생활교육을 통해 일본에서는 생활습관과 협동심 함양이 강조되며 결과적으로 '일본인다운 질서와 규범 의식'으로 나타난다.

또한, 국제학업성취도평가PISA와 국제수학·과학학업성취도 추이 연구TIMSS 등 국제 조사에서 일본은 하위권 학생이 적고 최상위권 학생이 두텁게 존재하는 것으로 나타났다. 지역 간 학력 격차가 작고, 전체 학력 수준도 높은 편이다. 이처럼 기존 일본 교육의 효과는 훌륭한 점이 많다. 여기에 더해 ICT나 AI를 도입하여 '개별 최적화 학습'과 '협동적인 학습'을 동시에 추진하는 것이 레이와 시대의 일본형 교육의 새 방향이다.

그러나 동시에 '교사가 아이들의 생활 전반을 돌봐주었으면 한다'는 학부모와 지역사회의 강한 요구가 존재한다. 이는 교사의 업무를 줄이려는 움직임과 양립하기 어려운 일본 교육이 안고 있는 딜레마이기도 하다. 따라서 일본 교육이

---

[24] 동아리 활동(クラブ活動): 일본 초등학교에서 특별활동(特別活動) 영역 안에 포함되어 정규 수업으로 편성되어 있다. 주로 4학년 이상 학생들이 참여하며, 같은 관심을 가진 학생들이 조직하는 동아리로 다른 학급 및 학년과 깊은 교류를 통해 공통의 관심과 흥미를 추구하는 정규 활동 시간이다. (「小学校学習指導要領」, 文部科学省, 2017)

미래 교육의 한 모델이 되기 위해서는 여전히 풀어야 할 과제가 많다. 그러나 전인교육의 전통과 높은 교육 수준이라는 강점을 바탕으로, 한국과 같은 업무 분담 시스템을 참고하여 점진적 개선을 이뤄간다면, 교사와 학생 모두가 만족하는 교육 모델을 만들 수 있을 것이다.

미래 교육 트렌드가 되기 위하여

중앙교육심의회는 2019년 정책문서에서 근무방식 개혁의 목적을 '수업을 개선하여 학생들에게 효과적인 교육활동을 할 수 있도록 하는 것'이라고 명확히 제시하였다. 또한, 업무의 3분류를 제시한 이유 역시 '교사만이 할 수 있는 본연의 업무에 집중하여 교육의 질을 높이기 위해서'였다. 즉, 업무의 범위를 명확히 하고, 수업 개선을 위한 시간과 학생들과의 접촉 시간을 확보하는 근무 환경이 필요하다는 것이다.

앞서 살펴본 '자유진도 학습'과 같은 수업 설계는 교재 연구, 준비, 평가, 피드백 등 많은 시간이 요구된다. 따라서 근무 방식 개혁과 수업 혁신은 서로 떼려야 뗄 수 없는 관계다. 한국 교육 현장에서 관찰된 업무 분담 시스템은 이 문제를 해결하는 데 중요한 시사점을 제공한다. 일본의 전인 교육 전통을 유지하면서 교사의 전문성을 최대한 활용할 수 있는 일본 고유의 시스템 구축이 필요하다.

미래를 향한 확신

교사가 생기 넘치게 일하고, 아이들이 주체적으로 배우는 모습. 그것이야말로 세계가 주목하는 '미래 교육'의 진정한 모습일 것이다. 일본 교육이 쌓아온 전인교육에 대한 이념과 높은 성취를 바탕으로, 새로운 시대에 적응한 교육시스템을 만들어간다면 세계 교육계가 주목하는 모델이 될 수 있다.

결국 변화는 한 사람 한 사람 교육관계자의 의식과 행동에서 시작된다. 교사는 새로운 지도법에 대해 도전하고, 관리자는 업무 환경 개선에 힘쓰며, 사회 전체가 교육의 미래를 함께 그려나갈 때 비로소 일본 교육은 진정한 의미에서 미래 교육의 방향을 제시할 수 있는 트렌드가 될 것이다.

▶▶▶ 참고자료

1부. 흔들리는 교실, 교육의 본질을 다시 묻다

〈선생님은 왜 학교를 떠나는가〉

「위기의 교사들(Teachers at Risk): 한국 초등교사의 교직 이탈 의향 분석」, 권순형·허주, 충청북도: 한국교육개발원, 2024

「누가 교직을 떠나려 하는가? 중학교 교사 교직 이탈 가능성 예측요인 분석」, 김지혜·변수용·전재은(2022), 교육사회학연구, 30, 89-112

「초·중등 교직 이탈에 관한 국내 연구동향 분석: 2018년-2024년 연구를 중심으로」, 류성창·신창기·김유정·김갑성(2025), 한국교원교육연구, 42(2), 31-53

「한국의 교사 파이프라인, 이대로 괜찮은가?」, 변수용, 글로벌 리포트, 2023

「2024 교육통계 분석자료집(유·초·중등교육통계편)」, 충청북도: 한국교육개발원, 2024

「젊은 초등교사 교직 이탈 시대의 원인과 해결방안: Honneth의 인정이론에 기반하여」, 한수현·강에스더(2023), 한국교원교육연구, 40(3), 171-200

Mobley, W. H. (1982). Employee Turnover: Causes, Consequences, and Control. Reading, M.A: Addison-Wesly

"작년 교원 7467명 교단 떠났다… '6년 새 최다'", 〈한국교육신문〉, 2025. 3. 5

"'교사 힘들잖아요, 월급도 적고' …교대 인기 뚝, 이탈자도 늘어", 〈머니투데이〉, 2025. 5. 14

"국·공립 신입 초등교사 연봉 3346만 원…대학 이수율 OECD 1위", 〈뉴시스〉, 2023. 9. 12

〈'한국형 사회정서교육'은 학생들의 마음건강 문제를 해결할 수 있을까?〉

CASEL(Collaborative For Academic, Social, And Emotional Learning)(2017). Social and emotional learning(SEL) competencies.

「'한국형 사회정서성장 지원 모델 마련' 연구」, 서완석·권용실·오인수·원승희·조소혜·최지욱, 한국교육환경보호원 연구용역사업 최종결과보고서, 2024

「사회정서교육 가이드라인 개발 및 효과성 검증 체계 마련을 위한 정책 연구」, 오인수·김현수·반지윤·이보람, 한국청소년정책연구원, 2025

「한국형 사회정서성장 지원 모델 마련 연구」, 서완석 외, 한국교육환경보호원, 2024

2부. 고교학점제와 내신5등급제, 선택의 명과 암

〈수행평가 논란, 그 해법은?〉

국가기록원_교육평가 정책

https://www.archives.go.kr/next/newsearch/listSubjectDescription.do?id=009155&pageFlag=&sitePage=&utm_source=chatgpt.com

"수행평가 개선 시급하다", 〈경향신문〉, 2002. 1. 28

"올바른 수행평가 시행을 위한 제언", 〈행복한 교육〉, 2016년 4월호

'학생도, 교사도, 부모도 무너졌습니다-수행평가 폐지 청원합니다', 유튜브 공부의신 강성태, 2025. 6. 15

https://www.youtube.com/watch?v=TZNM5JXFT9U

수행평가 제도 전면 재검토에 관한 청원

https://petitions.assembly.go.kr/proceed/onGoingAll/3792330C7B661384E064B49691C6967B

교육부_'중학교.고등학교, 2학기부터 과도한 수행평가 부담 해소한다', 교육부보도자료, 2025. 7. 2

https://www.moe.go.kr/boardCnts/viewRenew.do?boardID=294&boardSeq=103671&lev=0&m=0204

〈시·공간을 넘어 배움을 확장하는 경기이음온학교〉

2025 경기교육 주요업무계획, 경기도교육청(2025)

2025학년도 모든 학생의 성장을 지원하는 경기 고교학점제 추진 계획, 경기도교육청(2025)

2025학년도 경기이음온학교 길라잡이, 경기이음온학교(2025)

3부. AI 시대, 교육의 방향을 바꾸다

〈AI 시대 진로교육, 미래를 설계하다〉

「2022개정 〈진로와 직업〉 교육과정 어떻게 바뀌었나?」, 박나실·정윤경·정지은·안중석, 한국직업능력연구원, 2023

「한국의 진로교육 혁신 방안 연구」, 이지연·박화춘·이진솔·권효원, 한국직업능력연구원, 2019

「학교 진로교육 목표 및 성취기준 연구」, 한상근·정윤경·정지은·안중석, 한국직업능력연구원, 2021

〈기술의 시대, 감정의 언어를 배우다〉

「Keeping SEL Developmental: The Importance of a Developmental Lens for Fostering and Assessing SEL Competencies(사회·정서 역량을 길러내고 평가하기 위한 발달적 관점의 중요성)」, Denham 외, 2018

「The impact of enhancing students' social and emotional learning: A meta-analysis of school-based universal interventions(학생들의 사회정서학습 향상이 미치는 영향: 학교 기반 보편적 중재에 대한 메타분석)」, Durlak 외, 2011

「Mindfulness-Based School Interventions: A Systematic Review and Meta-Analysis(학교 기반 마음챙김 프로그램의 효과에 관한 체계적 검토와 메타분석)」, Phan 외, 2022

「우리반 금쪽이를 위한 사회정서 학습」, 신건철 외, 박영스토리, 2025

「학생의 성공적인 삶과 사회정서 학습」, 낸시 프레이 외, 밥북, 2021

〈AIDT, 실패를 딛고 차세대 교육 플랫폼으로〉

「AI 디지털 교과서 도입의 쟁점과 과제」, 조재범, 한국교육정책연구소 전문정책보고서 등, 2023

"내년부터 디지털교과서 쓸까? …해외 사례 살펴보니", 〈아시아경제〉, 2025. 1. 5

"[단독] 디지털교육, 핀란드·스웨덴·미국 다 실패", 윤근혁, 교육언론 〈창〉, 2024. 11. 29

"'AIDT 교육자료' 법안 국회 교육위 법안소위 통과… 발행사들 반발", 〈교육플러스〉, 2023. 6. 30

"AI 디지털교과서, 교육자료로 격하가 가져올 변화", 〈한국대학신문〉, 2025. 7. 1

"AIDT 교육 자료화 법안 소위 통과… 7월 처리 예정", EBS 뉴스, 2024. 6. 29

"AI in Education: Transforming Singapore's education system with SLS.", Singapore GovTech News, 2025. 1. 21

「디지털교과서의 법적 성격과 입법 과제」, 국회입법조사처, 2023

"디지털교과서 도입, 우려 목소리 커져…해외 사례는?", 〈Edukorea News〉, 2025. 6. 26

"디지털교과서 도입, 선진국의 실패에서 교훈 얻어야", 〈AI타임스〉, 2024. 12. 4

"AI 디지털교과서, 교과서 지위 유지…정부, 국회에 재의 요구", 〈전자신문〉, 2025. 1. 21

기타-OECD 보고서, 교육부 정책자료, 언론 보도 등. (※ 본 글에서는 이해를 돕기 위해 국내 언론기사 및 보고서의 일부 내용을 인용하였음)

〈디지털 문해력을 넘어 AI 문해력으로〉

「AI in education: Country reports」, OECD Publishing, 2024

https://www.oecd.org/education/ceri/AI-in-Education-Country-Reports-2024.pdf

「AI and education: Guidance for policy-makers」, UNESCO Publishing, 2021

https://unesdoc.unesco.org/ark:/48223/pf0000376709

「Elements of AI」, Reaktor, & University of Helsinki, 2018

https://www.elementsofai.com

「The Finnish model of future-oriented AI education」, CCE Finland. 2022

https://ccefinland.org

「AI for everyone (AI4E)」, AI Singapore, 2022

https://aisingapore.org/ai-for-everyone

「AI in education strategy overview」, Ministry of Education Singapore, 2023

https://www.moe.gov.sg

「Technology and learning in Ontario schools」, Ontario Ministry of Education, 2023

https://www.ontario.ca/page/education

「AI and ethics in Canadian classrooms: Emerging approaches」, Canadian Commission for UNESCO, 2021

https://en.ccunesco.ca

2022 개정 교육과정 고시, 대한민국 교육부, 2022

「AI 기반 디지털 교과서 시범 운영 보고서」, 교육부 & 한국교육학술정보원, 2023

https://www.moe.go.kr

「AI 리터러시 기반 디지털 시민교육 실행 가이드」, 경기도교육청, 2024

〈AI의 시대, 우리 아이는 가짜와 진짜를 구별할 수 있을까?〉

『청소년 미디어 이용 실태 및 대상별 정책대응방안 연구Ⅱ』, 한국청소년정책연구원, 2021

'아동·청소년 미디어 이용행태' 관련 분석/통계, KISDI/방통위, 2024 외

"The Misinformation Susceptibility Test"(공식 소개), University of Cambridge

"The Misinformation Susceptibility Test (MIST)", Maertens et al., Behavior Research Methods, 2024

「Future of Jobs Report 2020」, WEF

「Future of Jobs Report 2023/2025」, WEF

「Learning Compass 2030」

「Education 2030 콘셉트 노트(디지털/데이터 리터러시 강조)」, OECD

『2024년 학생 디지털 리터러시 수준 측정 및 발전방안 연구』, KERIS

"디지털 리터러시(학생) 2024 결과 요약", 통계청 사회지표 창

「지능정보윤리 이슈리포트」(2025)—2024 학생 디지털 리터러시 결과 요약 포함, NIA

「Media Literacy Index 2023 보고서/보도」, OSI-Sofia

Media & Learning 등 3rd-party 해설/재인용

Finland Toolbox 등 정부 산하 브리핑(핀란드의 지속적 1위 설명)

"Productive Failure", Kapur, Cognition and Instruction, 2008

「초등학생 반례 기반 오개념 교정 연구(ERIC)」, Widjaja, 2021

4부. 미래 교육의 실험실, 새로운 패러다임을 설계하다

〈1~2학년군 체육(신체활동 중심) 교과 신설과 나아가야 할 방향〉

「2022 개정 교육과정 총론 시안」, 세종: 교육부, 2022

「초등학교 교육과정 개정안 설명자료」, 세종: 교육부, 2023

「아동 기본운동능력(FMS) 발달과 체육참여 연구」, 스포츠커넥트, 호주 체육연구소 보고서, 2017

「초등 저학년 체육 수업 운영 현황 조사」, 서울: KEDI, 2022

〈에듀테크 수업을 더 가치 있게 만드는 방법, TPACK〉

「TPACK 기반의 신임교원 교수역량 개발 프레임워크 설계」, 강지연(2023), 『고등교육』, 6(1), 279-307

「온라인매체 활용 교육과 가상·증강현실 활용 교육에 대한 교사의 TPACK 수준 비교」, 고유정·신원석(2020), 『교육방법연구』, 32(2), 233-254

「TPACK에 대한 예비 교사의 인식 분석」, 장봉석(2021), 『실천공학교육논문지』, 13(2), 293-300

「예비교사와 현직교사의 TPACK 교육 요구 분석 및 비교」, 정재리·이은경·이영준(2025), 『한국컴퓨터정보학회논문지』, 30(3), 207-219

「체육과 테크놀로지 통합을 위한 과제: TPACK 프레임워크를 기반으로」, 최윤소·손환(2020), 『한국체육과학회지』, 29(30), 705-717

「Technological Pedagogical Content Knowledge: A Framework for Teacher Knowledge」, Mishra, P., & Koehler, M. J.(2006). Teachers College Record, 108(6), 1017-1054.

「Those who understand: Knowledge growth in teaching」, Shulman, L.(1986), Educational Researcher, 15(2), 4-14

〈일본이 그리는 미래 교육, 자유진도 학습과 교사 업무개혁〉

「제5기 과학기술기본계획」, 일본 내각부 과학기술·혁신정책추진회의, 2016

「제6기 과학기술기본계획」, 일본 내각부 과학기술·혁신정책추진회의, 2021

「『令和の日本型学校教育』の構築を目指して~全ての子供たちの可能性を引き出す、個別最適な学びと協働的な学びの実現~」答申, 文部科学省 中央教育審議会, 2021. 1. 26

「個別最適な学びと協働的な学びの一体的な充実」のためのサポートマガジン『みるみる』, 文部科学省, 2025. 4

「新しい時代の教育に向けた持続可能な学校指導・運営体制の構築のための学校における働き方改革に関する総合的な方策について」答申, 文部科学省 中央教育審議会, 2019. 1. 25

「『令和の日本型学校教育』を担う質の高い教師の確保のための環境整備に関する総合的な方策について」答申, 文部科学省 中央教育審議会, 2024. 8. 27

「小学校学習指導要領 特別活動」, 文部科学省, 2017

「学校徴収金の適正な取扱いについて」, 文部科学省, 2018

「小学校高学年における教科担任制に関する事例集」, 文部科学省, 2023

「学校・教師が担う業務に係る3分類」, 文部科学省, 2023

Teaching and Learning International Survey (TALIS), OECD, 2013

TALIS 2018 Results: Teachers and School Leaders as Lifelong Learners, OECD, 2019

Intrinsic Motivation and Self-Determination in Human Behavior, Deci, E. L., & Ryan, R. M.(1985), New York: Springer

「子供の議論を動かし授業を面白くする『思考ツール』の使い方」, みんなの教育技術, 2019. 10. 8

「縄文時代」, 「弥生時代」, 「渡来人」, 「令和」, Wikipedia. (n.d.)., Retrieved from

https://ja.wikipedia.org/

"'Voluntary' school clubs face reform amid excessive burdens", 〈Japan Times〉, 2025. 4. 28

"Average working hours of teachers in Japan longest in OECD survey", 〈Kyodo News〉, 2019. 6. 20

"Japan passes bill to battle teacher shortage with pay boost, …", 〈Mainichi〉, 2025. 6. 11

2026 대한민국 미래 교육 트렌드

초판 1쇄 펴냄 2025년 10월 31일
　　 2쇄 펴냄 2025년 12월 10일

지은이 미래 교육 집필팀

펴낸이 고영은 박미숙 | 펴낸곳 뜨인돌출판(주)
출판등록 1994.10.11.(제406-251002011000185호)
주소 10881 경기도 파주시 회동길 337-9
홈페이지 www.ddstone.com | 블로그 blog.naver.com/ddstone1994
페이스북 www.facebook.com/ddstone1994 | 인스타그램 @ddstone_books
대표전화 02-337-5252 | 팩스 031-947-5868

ⓒ 2025 미래 교육 집필팀

ISBN 978-89-5807-096-2　03370